utb 5267

Eine Arbeitsgemeinschaft der Verlage

Böhlau Verlag · Wien · Köln · Weimar
Verlag Barbara Budrich · Opladen · Toronto
facultas · Wien
Wilhelm Fink · Paderborn
Narr Francke Attempto Verlag · Tübingen
Haupt Verlag · Bern
Verlag Julius Klinkhardt · Bad Heilbrunn
Mohr Siebeck · Tübingen
Ernst Reinhardt Verlag · München
Ferdinand Schöningh · Paderborn
Eugen Ulmer Verlag · Stuttgart
UVK Verlag · München
Vandenhoeck & Ruprecht · Göttingen
Waxmann · Münster · New York
wbv Publikation · Bielefeld

Michael von Hauff

Nachhaltige Entwicklungspolitik

UVK Verlag · München

Prof. Dr. Michael von Hauff, geb. 1947, war von 1991 bis März 2016 Inhaber des Lehrstuhls für Volkswirtschaftslehre an der Technischen Universität Kaiserslautern. Seitdem ist er Seniorforschungsprofessor.

Online-Angebote oder elektronische Ausgaben sind erhältlich unter www.utb-shop.de.

Bibliografische Information der Deutschen Bibliothek

Die Deutsche Bibliothek verzeichnet diese Publikation in der Deutschen Nationalbibliografie; detaillierte bibliografische Daten sind im Internet über <http://dnb.ddb.de> abrufbar.

Einbandgestaltung: Atelier Reichert, Stuttgart
Einbandmotiv: © iStockphoto, Kee Seng Chew
Druck und Bindung: cpi Books GmbH, Leck

UVK Verlag
Nymphenburger Straße 48 · 80335 München
Tel. 089/452174-65
www.uvk.de

Narr Francke Attempto Verlag GmbH & Co. KG
Dischingerweg 5 · 72070 Tübingen
Tel. 07071/9797-0
www.narr.de

UTB-Band Nr. 5267
ISBN 978-3-8252-5267-0

Für

Lilia, Eluna und Lorelie

Vorwort

Die ersten Publikationen über die Probleme der Entwicklungsländer erschienen bereits in den 1940er Jahren. Als Begründer der Diskussion um die „nachholende Entwicklung" wird vielfach Paul Rosenstein-Rodan genannt. Mit den 1950er Jahren begannen vier aufeinander folgende Dekaden, in denen teilweise konträre Entwicklungstheorien und -strategien die entwicklungspolitische Diskussion prägten.

In den 1990er Jahren hat die Entwicklungspolitik dann einen inhaltlichen Wandel erfahren, der sich in den folgenden Jahren fortsetzte. Das gilt sowohl für die Theorie als auch für die Strategien und Konzepte der Entwicklungspolitik. Diese grundsätzliche Neuorientierung der Entwicklungspolitik wurde durch das Paradigma der nachhaltigen Entwicklung verursacht. Die Nachhaltige Entwicklungspolitik fand zunächst in der Millennium Declaration und den Millennium Development Goals (MDGs) und anschließend in der Agenda 2030 und den Sustainable Development Goals (SDGs) eine Konkretisierung.

Nach der Annahme der Agenda 2030 im Herbst 2015 durch die UN-Mitgliedstaaten haben sich alle Länder, d.h. Entwicklungs- als auch Industrieländer dazu verpflichtet, eine nationale Nachhaltigkeitsstrategie auf der Grundlage der Agenda 2030 und den 17 Nachhaltigkeitszielen zu entwickeln. In die nationale Nachhaltigkeitsstrategie sollen alle Politikbereiche, so auch die Entwicklungspolitik, integriert werden. Sowohl die Ausgestaltung der Entwicklungspolitik als auch deren Umsetzung erfordert einen Transformationsprozess und einen neuen Politikstil. Viele Länder, d.h. sowohl Industrie- als auch Entwicklungsländer befinden sich hierbei noch am Anfang.

Das Buch zeigt den Weg von dem Mainstream der entwicklungsökonomisch orientierten Entwicklungspolitik, wie sie in den ersten vier Dekaden dominierte, zu einer Entwicklungspolitik, die auf der Agenda 2030 basiert, auf. Der Schwerpunkt liegt dabei auf der nachhaltigen Entwicklungspolitik. Dadurch lässt sich der Prozess des inhaltlichen Wandels der Entwicklungspolitik nahvollziehen und die notwendige Weiterentwicklung aufzeigen.

Während der Mainstream der Entwicklungspolitik ganz wesentlich auf wirtschaftliches Wachstum ausgerichtet war, fordert die nachhaltige Entwicklungspolitik eine Zusammenführung der drei Dimensionen Ökologie, Ökonomie und Soziales. Ein weiteres konstitutives Merkmal nachhaltiger Entwicklung und damit auch einer nachhaltigen Entwicklungspolitik ist die intra- und intergenerationelle Gerechtigkeit. Auf der Dreidimensionalität und der Forderung nach Gerechtigkeit basieren auch explizit die Agenda 2030 und die 17 Nachhaltigkeitsziele. Das führt zu einem ganz neuen Gleichgewichts- bzw. Stabilitätsverständnis, wodurch die Komplexität des Transformationsprozesses schon erkennbar wird.

Einige Themen wurden nicht in der erwünschten Ausführlichkeit behandelt. Die angegebenen Literaturquellen ermöglichen jedoch eine Vertiefung. Das Buch wurde durch viele Diskussionen mit Studierenden, Kolleginnen und Kollegen, aber auch Freunden in Deutschland und in Entwicklungsländern bereichert. Für die Bereitschaft zum Dialog möchte ich mich bei allen Beteiligten sehr bedanken. Es ist mir jedoch nicht möglich, hier alle Namen zu nennen. Ein besonderer Dank gilt meiner Mitarbeiterin Julie Vesque, die mich bei der Suche nach neuerer Literatur, Statistiken und bei der Erstellung von Schaubildern sehr hilfreich unterstützt hat.

Kaiserslautern, September 2019 Michael von Hauff

Inhaltsübersicht

Inhaltsverzeichnis

Abbildungsverzeichnis

Tabellenverzeichnis

Abkürzungsverzeichnis

ADB	Asian Development Bank
BIP	Bruttoinlandsprodukt
DAC	Development Assistance Committees
ECLA	Economic Commission for Latin America
GWP	Global Water Partnership
HDI	Human Development Index
HLPF	High level Political Forum on Sustainable Development
IDG	International Development Goals
IDS	International Development Strategy
IKT	Informations- und Kommunikationstechnologien
ILO	International Labour Organisation
IWRM	Integrated Water Resource Management
LDC	Less Developed Countries
MDG	Millennium Development Goals
NGO	Non-governmental Organisation
NRO	Nicht-staatliche Organisation
NWI	Nationaler Wohlfahrtsindex
ODA	Official Development Assistance
OECD	Organisation for Economic Cooperation and Development
PPG	Pro Poor Growth
SAP	Strukturanpassungsstrategie
SDG	Sustainable Development Goals

1 Einleitung

1992 fand in Rio de Janeiro die *United Nations Conference on Environment and Development (UNCED)* statt, auf der sich 178 Nationen zu dem Leitbild der nachhaltigen Entwicklung verpflichteten. Inhaltlich war dies auch für die Entwicklungspolitik der Beginn einer grundlegenden Neuorientierung. Dabei setzte sich die Erkenntnis einiger internationaler Organisationen, von NGOs aber auch von Expertinnen und Experten der Wissenschaft durch, dass die entwicklungspolitischen Ergebnisse der bis dahin dominierenden Entwicklungspolitik der letzten vier Dekaden insgesamt nicht befriedigend waren. In diesem Zusammenhang sprach man teilweise auch von dem Versagen der Entwicklungstheorie und -politik.

Bei der Konferenz in Rio de Janeiro erfuhr die handlungsorientierte Agenda 21 eine besondere Beachtung. Sie ist als Programm nachhaltiger Entwicklung für das 21. Jahrhundert zu verstehen. Dieses Aktionsprogramm war darauf ausgerichtet, Umwelt- und Entwicklungsaspekte zusammen zu führen. Die Agenda 21 benennt alle wesentlichen Politikbereiche, die für eine zukunftsorientierte Entwicklung notwendig sind. Diese Entwicklung zielt auf eine ökologisch, ökonomisch und sozial gerechte Entwicklung heutiger und zukünftiger Generationen ab. „*Die Agenda 21 ist Ausdruck eines globalen Konsenses und einer politischen Verpflichtung auf höchster Ebene zur Zusammenarbeit im Bereich von Entwicklung und Umwelt. Ihre erfolgreiche Umsetzung ist in erster Line Aufgabe der Regierungen*" (UNCED 1992, S. 9). Zur Problemsituation wird in der Präambel festgestellt:

„*Die Menschheit steht an einem entscheidenden Punkt ihrer Geschichte. Wir erleben eine zunehmende Ungleichheit zwischen Völkern und innerhalb von Völkern, eine immer größere Armut, immer mehr Hunger, Krankheit und Analphabetentum sowie eine fortschreitende Schädigung der Ökosysteme, von denen unser Wohlergehen abhängt. Durch eine Vereinigung von Umwelt- und Entwicklungsinteressen und ihre stärkere Beachtung kann es uns jedoch gelingen, die Deckung der Grundbedürfnisse, die Verbesserung des Lebensstandards aller Menschen, einen größeren Schutz und eine bessere Bewirtschaftung der Ökosysteme und eine gesicherte, gedeihliche Zukunft zu gewährleisten. Das vermag keine Nation allein zu erreichen, während es uns gemeinsam gelingen kann: in einer globalen Partnerschaft, die auf eine nachhaltige Entwicklung ausgerichtet ist.*" (Quelle: Agenda 21 Abschnitt 1.1 aus der Präambel (UNCED 1992))

Nach einer ersten globalen Euphorie kommt anlässlich der Konferenz Rio+20, die 2012 wieder in Rio de Janeiro stattfand, Dittmar zu der ernüchternden Erkenntnis:

"The scientific data about the state of our planet, presented at the 2012 (Rio+20) summit, documented that today's human family lives even less sustainably than it did in 1992. The data indicate furthermore that the environmental impacts from our current economic activities are so large, that we are approaching situations where potentially controllable regional problems can easily lead to uncontrollable global disasters." (Dittmar 2014, S. 282)

Auch wenn es in einzelnen Bereichen zumindest regional Fortschritte gibt, so ist die Mehrzahl der in der Agenda 21 benannten Ziele und Aufgaben bis heute noch nicht befriedigend erfüllt.

Das Leitbild nachhaltiger Entwicklung ist eine normative Vereinbarung der Weltgemeinschaft, die im Grundsatz in den folgenden Dekaden eine breite Zustimmung gefunden hat. Der Ausgangspunkt vieler Beiträge zur nachhaltigen Entwicklung ist die Definition des Brundtland-Berichts. Die Brundtland-Kommission legte im Jahr 1987 der „World Commission of Environment and Development (WCED)" ihren Bericht „Our Common Future" vor. In dem Brundtland-Bericht wird nachhaltige Entwicklung wie folgt definiert: „Dauerhafte Entwicklung ist Entwicklung, die die Bedürfnisse der gegenwärtigen Generation befriedigt, ohne zu riskieren, dass künftige Generationen ihre eigenen Bedürfnisse nicht befriedigen können" (Hauff 1987, S. 46).

Die Definition des Brundtland-Berichts enthält im Prinzip zwei Zielrichtungen:

- Zunächst geht es um einen gerechten Ausgleich zwischen den Lebenslagen der Menschen in Industrieländern und Entwicklungsländern, also um intragenerative Gerechtigkeit. Die intragenerative Gerechtigkeit zielt aber auch auf Gerechtigkeit in den einzelnen Ländern ab.
- Die zweite Forderung zielt darauf ab, dass zukünftige Generationen in ihrer Bedürfnisbefriedigung nicht durch die Lebensweise der gegenwärtigen Generation beeinträchtigt werden sollen (intergenerative Gerechtigkeit).

Die Übereinkunft zur nachhaltigen Entwicklung auf der Weltkonferenz in Rio de Janeiro ist so zu interpretieren, dass die drei Dimensionen Ökologie, Ökonomie und Soziales gleichrangig zu berücksichtigen und zusammen zu führen sind. Diese Dreidimensionalität findet auf internationaler Ebene einen breiten Konsens. Sie ist das am meisten verbreitete Kriterium für die zahlreichen inhaltlichen Abgrenzungen zur nachhaltigen Entwicklung. Seit der Rio-Konferenz von 1992 wurden eine Reihe von Aktivitäten zur lokalen Agenda 21 sowohl in Industrie- als auch Entwicklungsländern initiiert.

Aber auch auf nationaler und internationaler Ebene entstanden zunehmend handlungsorientierte Ansätze in Politik, Wirtschaft und in bürgerschaftlichem Engagement. Schließlich beschleunigte die zweite Weltkonferenz in Johannesburg 2002 die Erstellung von Nachhaltigkeitsstrategien auf nationaler Ebene. Bereits 1997 hatten sich die Länder dazu verpflichtet. Eine Nachhaltigkeitsstrategie soll gemäß Agenda 21 die nachhaltige Entwicklung kooperativ, partizipativ und umfassend umsetzen:

„Governments, in cooperation, where appropriate, with international organizations, should adopt a national strategy for sustainable development based on, inter alia, the implementation of decisions taken at the Conference, particularly in respect of Agenda 21. This strategy should build upon and harmonize the various sectoral economic, social and environmental policies and plans that are operating in the country. The experience gained through existing planning exercises such as national reports for the Conference, national conservation strategies and environment action plans should be fully used and incorporated into a country-driven sustainable development strategy. Its goals should be to ensure socially responsible economic development while protecting the resource base and the environment for the benefit of future generations. It should be developed through the widest possible participation. It should be based on a thorough assessment of the current situation and initiatives." (UNCED 1992, Kapitel 8.7)

2012 kam es – wie schon erwähnt – in Rio de Janeiro zu einem weiteren Weltgipfel Rio+20. Dabei wurden der politische Wille und die Bemühungen für eine nachhaltige Entwicklung erneut eingefordert und konkretisiert. Das Abschlussdokument hat den auffordernden Titel „*The future we want*", das bereits bei dem Vortreffen ausgehandelt wurde. Die zentrale Forderung dieses Weltgipfels war, nachhaltige Entwicklung im Rahmen einer „Green Economy" umzusetzen. Die europäische Kommission versteht darunter eine Wirtschaftsweise, „*die Wachstum generiert, Arbeitsplätze schafft und Armut bekämpft, indem sie in das Naturkapital, von dem langfristig das Überleben unseres Planeten abhängt, investiert und dieses erhält*" (KOM 2011, S. 2).

Die Diskussion zur nachhaltigen Entwicklung bzw. die Entwicklung und Umsetzung einer Nachhaltigkeitsstrategie weist einen hohen Grad an Komplexität auf. Die vielfältigen Zusammenhänge sollen an einem einfachen Beispiel, d. h. an den Auswirkungen der Kohlendioxid-Emissionen veranschaulicht werden: Kohlendioxid ist wegen der Einwirkung auf das Klima zunächst ein großes ökologisches Problem. Die Umweltschäden haben aber durch den Klimawandel auch ökonomische und soziale Auswirkungen, etwa auf das Gesundheitsniveau der heutigen und der nachfolgenden Generationen. Weiterhin kommt es durch die Klimaveränderungen zu einer Zunahme von Extremwetterereignissen, die zu Überflutungen bzw. Trockenphasen, aber auch zu Stürmen und Unwettern führen, die große wirtschaftliche Schäden verursachen. Das wirkt sich besonders auf die Lebenssituation vieler Menschen in Entwicklungsländern sehr negativ aus, indem sich Armut und Hunger in den betroffenen Regionen verschärfen. Andererseits kommt es in bestimmten Regionen zu einem milderen Klima, was sich für landwirtschaftliche Aktivitäten positiv auswirken kann.

Das Beispiel verdeutlicht, dass es im Rahmen von nachhaltiger Entwicklung eine Vielzahl von Handlungsfeldern gibt, die wiederum in vielfältigen Beziehungen zueinanderstehen. Bevor die Handlungsfelder nachhaltiger Entwicklung jedoch konkretisiert und die Beziehungsstrukturen analysiert werden können, gilt es zunächst den Handlungsrahmen aufzuzeigen, wie er von der Völkergemeinschaft auf der Konferenz von Rio de Janeiro im Rahmen der Agenda 21 beschlossen wurde. Dieser Handlungsrahmen wurde durch die Agenda 2030, die 2015 von den UN-Mitgliedsstaaten beschlossen wurde, weiter konkretisiert (v. Hauff, Schmidt, Wagner, 2018). Dadurch erhalten Regierungen, Entwicklungsorganisationen, nationale und internationale NGOs und Unternehmen einen Handlungsrahmen. Auf dieser Grundlage lässt sich der Handlungsauftrag, den sich die Völkergemeinschaft selbst vorgegeben hat, aufzeigen.

Zunächst ist jedoch zu berücksichtigen, dass das Leitbild nachhaltiger Entwicklung relativ neu ist und in den Jahrzehnten davor eine umfassende und teilweise auch heterogene bzw. kontroverse entwicklungsökonomische Diskussion stattfand. Das „Neue" an dem Leitbild nachhaltiger Entwicklung lässt sich erst dadurch verdeutlichen, dass die wesentlichen Ansätze und Strategien des entwicklungsökonomischen Mainstreams aufgezeigt und von dem Leitbild nachhaltiger Entwicklung abgegrenzt werden. Daher wird in dem folgenden Kapitel zunächst ein Überblick über den Mainstream der entwicklungsökonomischen Diskussion gegeben. Ausgangspunkt sind die zentralen Problemstellungen der Entwicklungsländer und die daraus abgeleiteten Ziele der UNO für die einzelnen Entwicklungsdekaden. In dem folgenden Abschnitt werden einige entwicklungsökonomische Ansätze in chronologischer Reihenfolge vorgestellt. Abschließend werden wesentliche entwicklungsökonomische Strategien kurz aufgezeigt.

Die folgenden Kapitel wenden sich dann ausschließlich den Grundlagen des Leitbildes nachhaltiger Entwicklung zu. In dem Kapitel drei geht es zunächst um eine kurze Darstellung des Handlungsrahmens und des Handlungsauftrags, wie ihn die Agenda 21 vorgibt. Dabei ist zu berücksichtigen, dass die Agenda 21 schon wesentliche Grundlagen für die inhaltlichen Anforderungen aber auch für die Umsetzung legte. Daher ist es heute noch lohnend sich der Agenda 21 zuzuwenden. Anschließend werden weiterführende Anforderungen an die Implementierung aufgezeigt. Sie wurden in dem „*Plan of Implementation of the World Summit on Sustainable Development*", der auf der Konferenz von Johannesburg im Jahr 2002 beschlossen wurde, ausgeführt.

Kapitel vier wendet sich der theoretischen Begründung nachhaltiger Entwicklung zu. Dabei wird deutlich, dass es diesbezüglich bis heute Kontroversen gibt, die sich weitgehend unversöhnlich gegenüberstehen. Ziel dieses Kapitels ist es daher, die theoretischen Ansätze, die auf dem Anspruch des Leitbildes nachhaltiger Entwicklung basieren, vorzustellen. So lässt sich aufzeigen, wie die theoretischen Ansätze das Leitbild begründen und in welchem Maße sie dem normativen Anspruch des Leitbildes gerecht werden.

Das gilt auch für die theoretische Begründung intra- und intergenerationeller Gerechtigkeit. Auch hier sollen verschiedene theoretische Ansätze von Gerechtigkeit auf ihre Kompatibilität mit dem Anspruch des Leitbildes nachhaltiger Entwicklung betrachtet werden. Die Relevanz dieses Vorgehens ist nicht nur von akademischem Interesse. Die Entwicklung einer Strategie bzw. eines konkreten Konzeptes nachhaltiger Entwicklung hängt ganz wesentlich von der theoretischen Begründung des Leitbildes nachhaltiger Entwicklung ab.

In Kapitel fünf werden dann die drei Dimensionen nachhaltiger Entwicklung, d. h. Ökologie, Ökonomie und Soziales, inhaltlich abgegrenzt und erläutert. Nach der inhaltlichen Abgrenzung und Darstellung der drei Dimensionen lässt sich aufzeigen, wie sie zusammengeführt und vernetzt werden können. Dabei lassen sich Synergieeffekte aber auch Konflikte verdeutlichen die im Rahmen einer Nachhaltigkeitsstrategie gestärkt bzw. verringert bzw. beseitigt werden können.

Das Kapitel sechs wendet sich schließlich der methodischen Vorgehensweise zur Entwicklung einer Nachhaltigkeitsstrategie zu. Die ersten Nachhaltigkeitsstrategien, die nach Vereinbarung der Völkergemeinschaft bereits 2002 vorgelegt werden sollten, unterschieden sich nach Struktur und inhaltlichen Schwerpunkten teilweise grundlegend. Das erklärt sich daraus, dass die Agenda 21 für die Ausgestaltung nationaler Nachhaltigkeitsstrategien keine klaren Vorgaben machte. Dies änderte sich erst mit der Agenda 2030 und den 17 Nachhaltigkeitszielen, die sowohl für Entwicklungs- als auch für Industrieländer ein gemeinsames Verständnis von Nachhaltigkeit aufweist und auch klare Ziele vorgibt.

Eine Nachhaltigkeitsstrategie erfordert einen adäquaten politischen Ansatz. Dieser lässt sich durch das Konzept Good-Governance aufzeigen. Daher wendet sich das Kapitel sieben der Frage zu, welche Merkmale leistungsfähige Good-Governance-Strukturen haben sollten, damit es zu einer erfolgreichen Implementierung nachhaltiger Entwicklung kommen kann. Dies wird an der Länderstudie Indien konkretisiert. Viele der in diesem Kapitel gewonnenen Erkenntnisse lassen sich jedoch zumindest in ähnlicher Form auf andere Entwicklungsländer übertragen. Wichtige Erkenntnisse werden in dem letzten Kapitel, d. h. den Schlussfolgerungen, noch einmal zusammengeführt.

2 Von den entwicklungsökonomischen Mainstream-Theorien und -Strategien zu dem Leitbild nachhaltiger Entwicklung

Seit dem aufkommenden Bewusstsein über die Existenz und die spezifischen Probleme sogenannter Entwicklungsländer kam es zu einer Vielzahl und Vielfalt von theoretischen Erklärungsansätzen mangelnder Entwicklung bzw. Unterentwicklung. Dieses Kapitel beschränkt sich auf die ökonomisch begründeten Theorien und Strategien. In diesem Zusammenhang wird aufgezeigt, wie es von den verschiedenen entwicklungsökonomischen Erklärungsansätzen zu dem Leitbild nachhaltiger Entwicklung kam (vgl. auch v. Hauff, Kuhnke, Hobelsberger 2017, S. 3 ff).

Für den Beginn einer Neuorientierung der entwicklungsökonomischen Diskussion waren die 1980er Jahre von großer Bedeutung. Das begründet sich daraus, dass sich die Probleme vieler Entwicklungsländer besonders in den 1980er Jahren drastisch verschärften. Die Schuldenkrise, die Zunahme der absoluten Armut und die Verschlechterung der Umweltbedingungen waren Symptome für die Verschärfung der Krise in vielen Entwicklungsländern. Daraus erklärt sich einerseits die in der Literatur viel diskutierte These der Krise der Entwicklungstheorien und -strategien und andererseits die von der „*World Commission of Environment and Development* (WCED)" in Auftrag gegebene Studie über die zukünftigen Anforderungen einer dauerhaften Entwicklung. Aus dem Auftrag entstand der 1987 vorgelegte Brundtland-Bericht.

Das Krisenmanagement der 1980er Jahre war ganz wesentlich durch die Stabilisierungs- und Strukturanpassungsstrategie (SAP) des IWF und der Weltbank dominiert. Sie zielten auf eine makroökonomische Stabilisierung der Volkswirtschaften der meist hochverschuldeten Entwicklungsländer ab. Verteilungs- und umweltpolitische Aspekte wurden zumindest zunächst vernachlässigt. In den 1990er Jahren wurde den beiden Organisationen dann vielfach angelastet, dass sie mit diesen Strategien die Krise in vielen Entwicklungsländern, bezogen auf die konkreten Lebensbedingungen der Menschen, noch verschärft hätten.

Vor dem Hintergrund der sich verschärfenden Krise in vielen Entwicklungsländern bzw. dem weitgehenden Versagen der dritten UN-Entwicklungsdekade (s.u.) kann festgestellt werden, dass die Strategiediskussion zu Beginn der 1990er Jahre in Bewegung geriet. Hierzu stellte Lawrence Summers, damaliger Vizepräsident der Weltbank, auf der entwicklungspolitischen Jahrestagung der Weltbank im April 1991 fest:

„Wie können wir dazu beitragen, Milliarden von Menschen aus der Armutsfalle zu befreien und auf den Weg einer dauerhaften positiven Entwicklung zu führen? Die Hauptpriorität für die Weltbank und selbstverständlich auch für die ganze internationale Gemeinschaft im nächsten Jahrzehnt wird mehr denn je darin bestehen, bessere Entwicklungsstrategien zu entwickeln und durchzusetzen. Diese Strategien müssen stärker als bisher auf der Übertragung und Umsetzung von Wissen beruhen, damit der zu erwartende geringere Umfang der Entwicklungshilfe in den letzten Jahren dieses Jahrhunderts kompensiert werden kann. Kurz: Wenn es im kommenden Jahrzehnt nicht mehr so viel Geld für die Entwicklungshilfe geben wird, ist es besser, eine Menge guter Ideen zu haben." (Summers 1991, S. 2)

Auffällig ist, dass es in dem folgenden Jahr schon zu der UN-Konferenz in Rio de Janeiro kam, auf der die Agenda 21 beschlossen wurde. Damit wurde für die entwicklungsökonomische Theorie- und Strategiediskussion ein neues Paradigma vorgegeben, das in der entwicklungsökonomischen Literatur bisher jedoch noch nicht die angemessene Beachtung gefunden hat. Nach diesem Paradigma geht es nicht mehr primär um die theoretische Begründung von ökonomischer Entwicklung bzw. Unterentwicklung und den daraus abgeleiteten Strategien zur Überwindung der Probleme. Das Paradigma nachhaltiger Entwicklung fordert vielmehr eine Neuorientierung der theoretischen Begründung und Gestaltung der zukünftigen Entwicklung. Dabei sollen die drei Dimensionen Ökologie, Ökonomie und Soziales gleichrangig berücksichtigt werden. Dabei bedeutet Gleichrangigkeit einen Idealzustand, bei dem die Entwicklung der drei Dimensionen in einem ausgewogenen Verhältnis zueinandersteht und zu einem neuen Gleichgewichtsverständnis führt.

Bevor nun die einzelnen entwicklungstheoretischen Erklärungsansätze und Entwicklungsstrategien vorgestellt werden, geht es zunächst darum, wichtige Entwicklungstrends in den vergangenen Entwicklungsdekaden aufzuzeigen.

2.1 Entwicklungstendenzen und -trends der vergangenen Entwicklungsdekaden

Die Entwicklungsländer zeichneten sich von Beginn an durch eine ausgeprägte ökonomische und soziale Heterogenität ihrer Ausgangssituation und ihrer Entwicklungswege aus. Daher wurde schon früh darüber diskutiert, ob es die Gruppe der Entwicklungsländer bzw. die Kategorie „*Dritte Welt*" überhaupt gibt. So sah Abdalla beispielsweise schon Ende der 1970er Jahre „*The End of Third World*" gekommen (Abdalla 1978, S. 245 ff). Es gibt keinen Zweifel: Die Dritte Welt stellte sich – wie oben angedeutet – schon in der Phase der Dekolonisation nach 1945 sowohl hinsichtlich der Größe der einzelnen Länder als auch ihrer ökonomischen und sozialen Strukturen als heterogenes Länderkonglomerat dar.

Dritte Welt ist also eher ein politischer Begriff, mit dem eine Abgrenzung zu der Ersten (Industrieländer) und Zweiten Welt (sozialistische Länder) vorgenommen wurde.

Daraus begründete sich von Beginn an eine Differenzierung in Ländergruppen, auch wenn die Frage gerade bei Entwicklungsländern der *„adäquaten Indikatoren"* für die Differenzierung in entsprechende Ländergruppen bis heute kontrovers diskutiert wird. Während die Weltbank eine Differenzierung der Länder in Gruppen nach dem Pro-Kopf-Einkommen vornimmt, kam es zu abweichenden Indikatoren wie jenem des Human Development Index (HDI) der UNDP. Der HDI ist ein mehrdimensionaler Indikator, der u. a. die Lebenserwartung, aber auch die Schulbildung berücksichtigt.

Die Vereinten Nationen proklamierten seit 1960 die folgenden Jahrzehnte als Entwicklungsdekaden (v. Hauff, Kruse 1993, S. 20 ff). Die erste Entwicklungsdekade wurde 1961 verkündet. Für die einzelnen Entwicklungsdekaden wurden von der UN-Vollversammlung sogenannte *„Dekadenstrategien"* beschlossen, die zur Realisierung globaler und sektoraler Wachstumsziele beitragen sollten. Einerseits hatten die Strategien einen weitgehend unverbindlichen Charakter. Andererseits enthielten sie eine entwicklungspolitische Orientierung, die öffentlich gemacht wurde.

Für die erste Entwicklungsdekade war von Bedeutung, dass zwischen 1945 und 1960 etwa 50 asiatische, afrikanische und karibische Länder ihre formale Unabhängigkeit erreichten. Aber auch Anfang der 1960er Jahre kam noch eine Reihe von Ländern zu der Gruppe der Entwicklungsländer hinzu, die sehr spezifische Probleme auslösten bzw. zur Folge hatten. Ein wesentliches Problem bestand darin, dass viele dieser Länder nicht auf die Unabhängigkeit vorbereitet waren und vielfach in einem politisch und wirtschaftlich desolaten Zustand *„ihrem Schicksal"* überlassen wurden.

Erste Entwicklungsdekade

Die erste Entwicklungsdekade lässt sich aus ökonomischer Sicht und unter Berücksichtigung der Zielvorgaben für die Mehrzahl der Entwicklungsländer insgesamt positiv werten. Die inländischen Investitionen stiegen auf 18% des Bruttoinlandsprodukts (BIP), während sie in den 1950er Jahren nur auf 10% bis 12% stiegen. Das BIP der Entwicklungsländer erhöhte sich durchschnittlich um 6% pro Jahr. Insofern konnte die Zielvorgabe für diese Entwicklungsdekade mit einem Mindestwachstum von 5% pro Jahr sogar übertroffen werden.

Bei näherer Betrachtung sind diese Wachstumserfolge jedoch zu relativieren. So blieb das Wirtschaftswachstum in der Landwirtschaft, besonders in den afrikanischen Ländern und in Südasien, deutlich darunter. Die Wachstumserfolge beschränken sich primär auf den industriellen Sektor. Weiterhin betrug das Wachstum pro Kopf in den drei Entwicklungskontinenten aufgrund der Bevölkerungszunahme nur zwischen 1,5% und 2,5%, was natürlich ein Durchschnittswert ist, der nicht allen Mitgliedern der jeweiligen Gesellschaft zukam. Das Wachstum des industriellen Sektors führte jedoch in zahlreichen Entwicklungsländern, besonders in Asien und Lateinamerika, zu erheblichen Veränderungen der Produktions- und häufig auch der Sozialstrukturen. Dadurch wurde auch die Einkommensverteilung zwischen dem primären und sekundären Sektor ungleicher.

Die Industrialisierung wurde in vielen Entwicklungsländern durch eine entsprechende Industriepolitik des Staates vorangetrieben. Im Mittelpunkt standen die Industrieplanung und Industrieförderung, protektionistische Maßnahmen für den Handel, Entwicklungsfinanzierung und öffentliche Investitionen in Schlüsselindustrien. Das führte auch zu einer verstärkten Produktion von Konsumgütern für den inländischen Markt. Besonders in den größeren Entwicklungsländern wie Brasilien, China und Indien kam es aber auch zu einem beachtlichen Auf- bzw. Ausbau der Investitionsgüterindustrien.

Die Wachstumserfolge der ersten Entwicklungsdekade stehen jedoch in engem Zusammenhang mit den zunehmenden Aktivitäten multinationaler Konzerne. Daraus erklärt sich, dass von dem Wirtschaftswachstum nur eine kleine Minderheit der Bevölkerung in Entwicklungsländern profitierte und viele Probleme mangelnder Entwicklung nur geringfügig verringert werden konnten. Dies begründet in dieser Phase die rasche Zunahme von Basisorganisationen und -bewegungen sowohl in ländlichen als auch städtischen Regionen. Die Non Governmental Organiations (NGOs) waren eine Reaktion auf eine unzureichende Berücksichtigung ökonomischer, sozialer, kultureller und politischer Bedürfnisse der Menschen, die von den staatlichen Institutionen nicht hinreichend wahrgenommen oder von ihnen ignoriert wurden (Böll 1991, S. 3 ff). Daraus wird deutlich, dass sich schon sehr frühzeitig unterschiedliche Vorstellungen über Entwicklung und Entwicklungskonzeptionen bzw. -strategien entwickelten und sich teilweise auch unversöhnlich gegenüberstanden.

Zweite Entwicklungsdekade

Die zweite Entwicklungsdekade zeichnete sich ebenfalls durch eine Fokussierung auf wirtschaftliches Wachstum und industrielle Entwicklung aus. Das globale Wachstumsziel wurde auf 6 % pro Jahr festgesetzt. Die Wachstumserfolge der 1960er Jahre konnten jedoch nicht in gleichem Maße fortgesetzt werden. Sowohl die monetäre Instabilität, die sich Anfang der 1970er Jahre weltweit verschärfte, als auch der Ölpreisschock von 1973 und 1979 trugen ganz wesentlich zum Rückgang des Wirtschaftswachstums vieler Entwicklungsländer bei.

Besonders die ölimportierenden Entwicklungsländer erfuhren eine deutliche Verschlechterung der Rahmenbedingungen. Daher ist die Wachstumsrate der 1970er Jahre besonders regional sehr differenziert zu bewerten. Während beispielsweise Länder südlich der Sahara noch verstärkt durch Klimakatastrophen starke Einbrüche der Wachstumsraten zu verzeichnen hatten, konnten die ölexportierenden Entwicklungsländer beachtliche Wachstumsraten aufweisen.

Die sogenannten Wachstumserfolge und die einseitige Förderung von Wachstum wurden jedoch schon früh kritisch hinterfragt. Besonders hervorzuheben ist der Pearson-Bericht, der schon 1969 die Krise der Entwicklungshilfe, aber auch die drastische Zunahme der Verschuldung in den 1960er Jahren anprangerte. Dieser Bericht wurde von dem damaligen Weltbankpräsidenten Robert McNamara in Auftrag gegeben, während der kanadische Ministerpräsident und Friedensnobelpreisträger Lester Pearson die „*Kommission für Internationale Entwicklung*“ leitete. Der Auftrag an die Kommission war es, die Resultate der Entwicklungspolitik der letzten 20 Jahre zu evaluieren und Empfehlungen für die zweite Entwicklungsdekade zu formulieren.

Weiterhin ist die Kritik an dem Wachstumskonzept durch den damaligen Weltbankpräsidenten Robert McNamara hervorzuheben, die er in seiner berühmt gewordenen Rede von 1973 vortrug (McNamara 1973). In seiner Rede beklagte er besonders das unbewältigte Problem der absoluten Armut und die Folgen für die Betroffenen:

„*Die absolute Armut ist durch derart katastrophale Lebensumstände gekennzeichnet, dass die Entfaltung der Gene, mit denen die Menschen bei der Geburt ausgestattet sind, unmöglich gemacht und die menschliche Würde beleidigt wird. Und doch sind diese Bedingungen so weit verbreitet, dass sie das Los von etwa 40 % der Menschen in den Entwicklungsländern bestimmen.*“

Auffällig an seiner Rede war, dass er im Prinzip die Wachstumspolitik für das Problem der absoluten Armut mitverantwortlich machte und als Konsequenz die Verteilungsfrage aufwarf. Es ging ihm jedoch nicht darum, Verteilung und Wachstum als Antipoden zu verstehen, d. h. Produktionszuwächse infrage zu stellen.

Der Weltbankdirektor Mahbub Ul Haq brachte die Beziehung von Wachstum und Verteilung schon Ende der 1970er Jahre sehr treffend auf den Punkt, als er feststellte:

„*Wir haben erkannt, dass das Wachstum des BSP absolut notwendig ist, aber dass es auf die Probleme der Massenarmut hingelenkt werden muss*“ (Ul Haq 1978, S. 12).

Es kam noch zu weiteren kritischen Stellungnahmen zu der dominierenden Wachstumsstrategie und zur Formulierung einer Reihe von alternativen Entwicklungsmodellen z. B. des Weltmodells der argentinischen Bariloche-Stiftung, die auf eine Verringerung der Massenarmut abzielten. Eine besondere Popularität erfuhr in diesem Zusammenhang die grundbedürfnisorientierte Strategie, die im Abschnitt 2.4 noch dargestellt wird.

Die Nord-Süd-Kommission (Stiftung Entwicklung und Frieden 1991), die als „*Unabhängige Kommission für internationale Entwicklungsfragen*" 1977 unter dem Vorsitz von Willy Brandt von Robert McNamara gegründet wurde, reflektiert sehr treffend die unbewältigten Probleme des Wirtschaftswachstums der ersten und zweiten Entwicklungsdekade. Dabei weist sie darauf hin, dass es nur in den seltensten Fällen gelungen ist, mit Wirtschaftswachstum die vorhandenen strukturellen Ungleichgewichte abzubauen.

Das Wirtschaftswachstum hat zwar in vielen Ländern zum Auf- bzw. Ausbau einer kleinen Mittelschicht geführt, aber eben auch zu einer Vergrößerung der Einkommenslücke zwischen Arm und Reich. Abgesehen von einigen wenigen Ausnahmen hat das Wirtschaftswachstum somit nicht zu mehr nationaler Einheit und Stabilität oder zu einem stärkeren gesellschaftlichen Zusammenwachsen geführt. Weiterhin wurde das Ziel verfehlt, den sozialen und ökonomischen Status von Frauen nachhaltig zu verbessern.

Dritte Entwicklungsdekade

Diese Entwicklungsdekade wird vielfach als das „verlorene Jahrzehnt" bezeichnet. Während die UN-Generalversammlung das jährliche Wachstumsziel 1980 für die dritte Entwicklungsdekade auf 7% festsetzte, kam es in den folgenden Jahren bei vielen Entwicklungsländern zu drastischen Einbrüchen der Wachstumsraten. Obwohl es in einigen Entwicklungsländern in der zweiten Hälfte der 1980er Jahre wieder zu einem Anstieg der Wachstumsrate kam, reichte dies nicht aus, die wirtschaftliche Krise und das steigende Bevölkerungswachstum auch nur annähernd aufzufangen. In diesem Zusammenhang ist auch die deutliche Zunahme der Least Developed Countries (LDC), d.h. der ärmsten Entwicklungsländer, zu erwähnen, die sich von 31 auf 42 Länder erhöhte. Im Dezember 1991 wurden dann fünf weitere Länder in diese Ländergruppe aufgenommen.

Das Ziel der Entwicklungspolitik für diese Entwicklungsdekade war es, das wirtschaftliche und soziale „*Nord-Süd-Gefälle*" zu verringern. Es kam jedoch tendenziell zu einer gegenläufigen Entwicklung, die sich u. a. in einer Verschlechterung der Lebensverhältnisse breiter Bevölkerungsgruppen in vielen Entwicklungsländern zeigte (Nuscheler 1992 S. 158 ff.). Die wirtschaftliche Krise, die in vielen Entwicklungsländern in der dritten Entwicklungsdekade zu beobachten war, begründet sich ganz wesentlich durch den Ausbruch bzw. die Verschärfung der Verschuldungskrise, die durch die Bemühungen um ein Krisenmanagement nicht aufgehalten werden konnte.

Die Verschuldung der Entwicklungsländer ist jedoch bereits seit 1970 angestiegen. Sie betrug 1970 ca. 70 Mrd. US-$ und erreichte 2017 einen Stand von ca. 7.000 Mrd. US-$. Dies ist eine Veränderung von über 8.000 % innerhalb von viereinhalb Jahrzehnten. Die Verschuldung hat sich in vielen Ländern durch die internationale Finanz- und Wirtschaftskrise noch verstärkt, wie aus dem folgenden Schaubild zu entnehmen ist, d.h., dass die Verschuldungsproblematik seit dem Jahr 2009 noch einmal deutlich zugenommen hat.

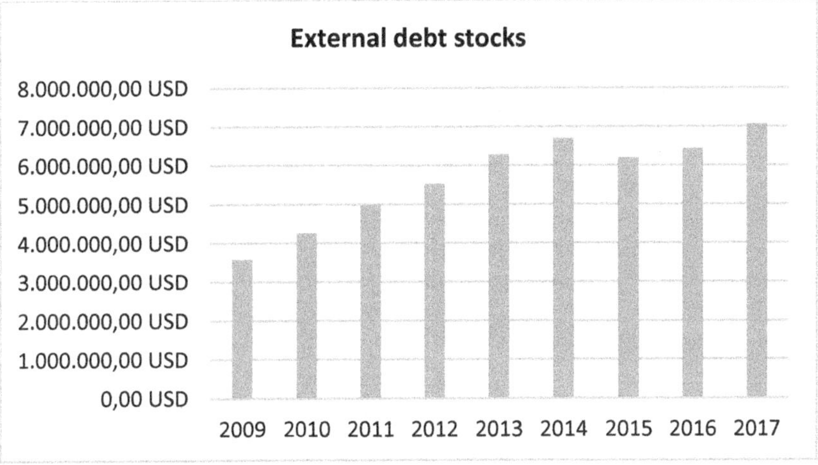

Abbildung 1: Gesamtverschuldung der Entwicklungsländer
Quelle: International Debt Statistics, The World Bank, 2019

Die Konsequenzen der Verschuldung für die Schuldnerländer lassen sich dadurch verdeutlichen, indem die Entwicklung der relevanten Indikatoren näher betrachtet wird. So hat sich beispielsweise der Schuldendienst von 20 Mrd. US-$ in den 1970er Jahren auf knapp 170 Mrd. US-$ im Jahr 1990 erhöht und betrug im Jahr 2010 1742,21 Mrd. US-$. 2012 waren es bereits 2005,85 Mrd. US-$. Daraus begründet sich der steigende Netto-Kapitaltransfer von Süd nach Nord, der bei den Schuldnerländern zu einer Verringerung der Ausgaben für entwicklungspolitisch relevante Bereiche wie Bildung und Gesundheit geführt hat.

Die Dominanz der Schuldenkrise in den 1980er Jahren erklärt auch, dass den Strategien des Internationalen Währungsfonds und der Weltbank eine besondere Beachtung zukam. Dabei wurde von vielen Experten von Beginn an kritisch hinterfragt, ob die Stabilisierungspolitik des IWF und die Strukturanpassungspolitik der Weltbank geeignet sind, die eigentlichen Ursachen der Verschuldung nachhaltig zu lösen (v. Hauff, Werner 1992, S. 111 ff.). Aus dieser Situation heraus begründet sich, dass die Entwicklungsperspektiven der Mehrzahl der Entwicklungsländer für die vierte Entwicklungsdekade so bedrohlich wurden, dass die Suche nach neuen Entwicklungswegen und Entwicklungsstrategien dringender als je zuvor erschien.

Vierte Entwicklungsdekade

Im Jahr 1990 kam die Generalversammlung der UN zu dem selbstkritischen Beschluss, dass die Ziele der dritten Entwicklungsdekade der Vereinten Nationen nicht erreicht werden konnten. Daher wurde es notwendig, für die vierte Entwicklungsdekade neue Prioritäten und Ziele, besonders für das Wachstum der Entwicklungsländer, festzulegen:

"We, the states members of the United Nations, adopt the following international development strategy (IDS) and designate 1 January 1991 to 31 December 2000 as the Fourth United Nations Development Declare. The global consensus reached in the declaration on international economic cooperation, in particular the revitalization of economic growth and development of the developing countries, contained in the annex to general assembly resolution S 18/3, provides the basis for the Strategy. We pledge ourselves individually and collectively to undertake the measures necessary to implement the Strategy." (United Nations 2000, S. 125).

Im September 1990 kam es zur zweiten Konferenz der Vereinten Nationen über die am wenigsten entwickelten Länder (LDCs). Dabei wurden die Industrieländer aufgefordert, ihre Anstrengungen gegenüber dieser Ländergruppe auszubauen. Den Entwicklungsländern wurde empfohlen, ihre Industrialisierung um 8 bis 10 % zu erhöhen und eine Steigerung der jährlichen Nahrungsmittelproduktion um 4 % anzustreben. In dieser Entwicklungsdekade sollte weiterhin eine deutliche Verbesserung der Lebensbedingungen für die Menschen in Entwicklungsländern erreicht und die Kluft zwischen reichen und armen Ländern verringert werden.

Die Verbesserung der Lebensbedingungen sollte ohne eine weitere Belastung der Umwelt erfolgen. In dieser Entwicklungsdekade sollten alle Männer und Frauen in die wirtschaftliche und politische Entwicklung mit einbezogen werden. Weiterhin sollten die kulturelle Identität und alle notwendigen Maßnahmen des Überlebens angestrebt werden. Die Entwicklungsstrategie soll eine Atmosphäre schaffen, wonach in allen politischen Systemen die Menschenrechte, aber auch die sozialen und wirtschaftlichen Rechte gefördert werden und die Systeme sich durch Gleichheit und Gerechtigkeit gegenüber allen Bürgern auszeichnen.

Um diese grundlegenden Ziele zu erreichen, wurden sechs miteinander in Verbindung stehende Ziele formuliert. Dabei handelt es sich um folgende Ziele:

- A surge in the pace of economic growth in the developing countries;

- A development process is responsive to social needs, seeks a significant reduction in extreme poverty, promotes the development and utilization of human resources and skills and is environmentally sound and sustainable;
- An improvement of the international systems of money, finance and trade so as to support the development process;
- A setting of strength and stability in the world economy and sound macroeconomic management, nationally and internationally;
- A decisive strengthening of international development cooperation;
- A special effort to deal with the problems of the least developed countries, the weakest among the developing countries.

Diese Ziele stellten eine große Herausforderung dar und können als Vorläufer des auf der internationalen Konferenz in Rio de Janeiro 1992 von Vertretern aus 178 Nationen verabschiedeten Leitbildes der nachhaltigen Entwicklung eingeordnet werden. Die „*International Development Strategy* (IDS)“ basiert auf dem Grundsatz, dass die entwickelten Länder den größten Einfluss auf die internationalen wirtschaftlichen Rahmenbedingungen und Entwicklungen haben. Damit haben sie auch eine besondere Verantwortung für einen stärkeren Erfolg der Entwicklungsbemühungen. Hervorzuheben ist, dass die Entwicklung bzw. Förderung des wirtschaftlichen Wachstums in einem sehr viel breiteren Kontext gesehen wurde:

„Human resources development, entrepreneurship and innovation, and the energetic application of science and technology, in a context of political freedom, respect for human rights, justice and equity, are all essential and relevant to growth and development."

Bei der Bewertung dieser Dekade muss zunächst berücksichtigt werden, dass ein Jahr nach dem Beginn der Dekade die ehemalige UdSSR „*auseinanderfiel*“ und somit sowohl die politische als auch die wirtschaftliche Weltstruktur maßgeblich verändert wurde. Weiterhin gilt festzustellen, dass in dieser Dekade das Leitbild der nachhaltigen Entwicklung von der Völkergemeinschaft beschlossen wurde. Als Handlungsrahmen ist in diesem Zusammenhang noch einmal die Agenda 21 zu nennen. In der Folge der Rio-Konferenz kam es zu weiteren Folgekonferenzen in Wien, Kairo und Kopenhagen, auf denen ökologische, aber auch soziale Schwerpunkte gesetzt wurden.

Insofern kann man bei der vierten Entwicklungsdekade der UN von einer Neuorientierung des Entwicklungsverständnisses sowohl für Entwicklungs- als auch für Industrieländer ausgehen. Die Diskussion und Ausgestaltung des Leitbildes nachhaltiger Entwicklung, beispielsweise im Rahmen von nationalen Nachhaltigkeitsstrategien bzw. nachhaltigen Managementsystemen auf Unternehmensebene, wurde dann in der folgenden Dekade fortgesetzt (v. Hauff 2014). Hervorzuheben ist u.a. die Folgekonferenz zu der Rio-Konferenz in Johannesburg im Jahr 2002 und die weitere Folgekonferenz, die im Jahr 2012 stattfand. Abschließend lässt sich noch feststellen, dass die Umsetzung des Leitbildes nachhaltiger Entwicklung nach der Euphorie, die während der Rio-Konferenz 1992 aufkam und damit hohe Erwartungen verbunden waren, langsamer als erwartet voranschreitet, jedoch auch erste Erfolge sowohl auf nationaler als auch auf internationaler Ebene festzustellen sind.

2.2 Die zentralen Entwicklungsprobleme der 1990er Jahre

Das von der *„World Federation of UN Associations"* konzipierte Millennium-Projekt führte 15 „Globale Herausforderungen für die Menschheit" auf (siehe Nuscheler 2010, S. 163 ff). Die Weltbank hat jedoch bereits in ihrem Weltentwicklungsbericht von 1990 das zentrale Entwicklungsproblem der vierten Entwicklungsdekade aufgezeigt: Es geht um das Problem der zunehmenden Armut und um die Folgen für die betroffenen Entwicklungsländer. Die wichtigste Erkenntnis aus den vergangenen drei Entwicklungsdekaden sollte somit sein, dass die Massenarmut im *„Süden"* nicht allein durch zusätzliches Wirtschaftswachstum gelöst werden kann. Weiterhin ist zu berücksichtigen, dass eine gezielte und forcierte Wachstumspolitik auch negative Effekte haben kann:

- Eine Steigerung des Wirtschaftswachstums konnte bis dahin nur mit einer zunehmenden Umweltbelastung realisiert werden. Es lässt sich für viele Entwicklungsländer nachweisen, dass die Umweltbelastung zumindest für bestimmte Umweltmedien schneller als das wirtschaftliche Wachstum gewachsen ist. Das führte in einigen Ländern zu einer bedrohlichen Verknappung des Wassers oder zu einer dramatischen Luftbelastung zumindest in den urbanen Regionen. Die Erkenntnis, wonach die Stabilität der Ökosysteme und der Biodiversität eine zentrale Voraussetzung für eine positive wirtschaftliche Entwicklung ist, hat sich bis heute nicht in ausreichendem Maße durchgesetzt. Kommt es zu einem Überschreiten der Leitplanken von Ökosystemen und Biodiversität, besteht die Gefahr, dass Volkswirtschaften zusammenbrechen.
- Eine Steigerung des Wirtschaftswachstums besonders im primären Sektor, aber auch eine gezielte Förderung des Exportsektors kann zu einem Verelendungswachstum führen, worauf Bhagwati schon früh aufmerksam gemacht hat (Bhagwati 1958). Bei einer Expansion industrieller Exporte kann es zu einer tendenziellen Verschlechterung der terms of trade des betreffenden Landes kommen, die zu einem Verelendungswachstum (pauperization growth) führt (Hemmer 2002, S. 659). Das Problem besteht einerseits darin, dass die

Angebotskapazitäten der betreffenden Industrie schneller zunehmen als die internationale Nachfrage nach den Produkten, und andererseits, dass sich mehrere Entwicklungsländer zur selben Zeit auf die Produktion derselben Produkte spezialisieren.

Die zentralen Probleme vieler Entwicklungsländer in den 1990er Jahren waren die steigende Massenarmut und die aufkommenden Umweltkrisen sowie die damit verbundenen Folgeprobleme. Das wurde sowohl durch den Human Development Report 1990, den Weltentwicklungsbericht der Weltbank 1990 als auch durch die Berichte des World Watch Institute übereinstimmend bestätigt. Die folgende Abbildung zeigt jedoch, dass die Anzahl der extrem Armen vor allem seit 1993 zurückgegangen ist. Die Weltbank spricht in diesem Zusammenhang von extremer Armut, wenn der durchschnittliche tägliche Konsum 1,90 US-$ oder weniger beträgt.

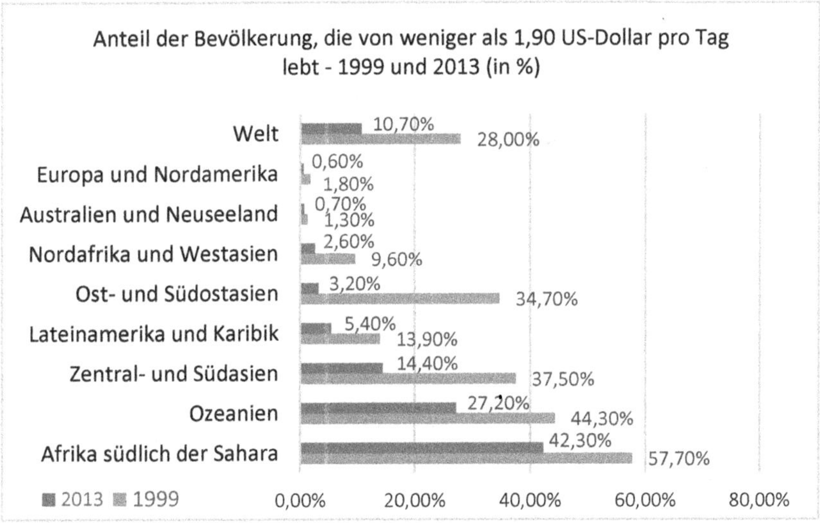

Abbildung 2: Anteil der Bevölkerung, die von weniger als 1,90 US-Dollar pro Tag lebt –1999 und 2013 (in %)
Quelle: Vereinte Nationen: Ziele für nachhaltige Entwicklung, Bericht 2017, 2017

Betrug die Anzahl der Armen im Jahr 1981 noch 1.913 Mio., konnte bis zum Jahr 2010 eine Verbesserung auf nur noch 1.199 Mio. erzielt werden. Dies trifft jedoch nicht auf alle Regionen zu. Afrika (ohne Subsahara) ist die einzige Region in der Welt, in der die Zahl der Armen zwischen 1981 und 2010 beständig anstieg. Die Abbildung verdeutlicht auch, dass die Armutsproblematik vor allem in den Regionen Asien (besonders in Indien) und Afrika noch stark präsent ist. Weiterhin sollte die Bevölkerung stärker berücksichtigt werden, die durch Armut gefährdet ist bzw. sich knapp über der Armutsgrenze befindet.

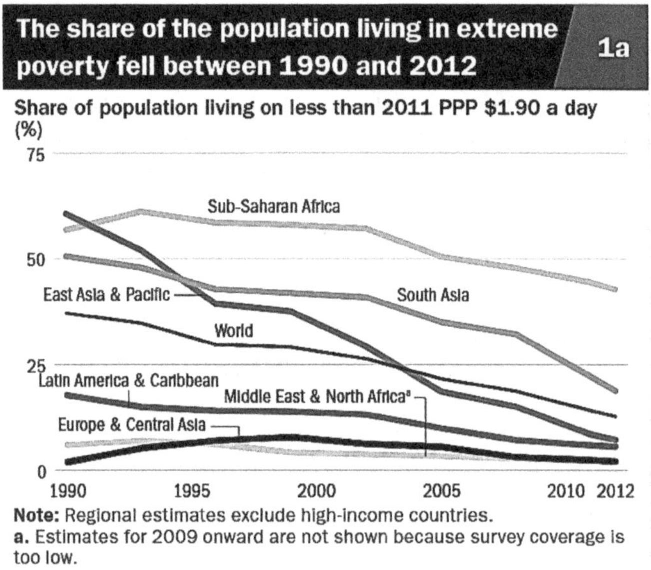

Abbildung 3: Entwicklungstendenzen extremer Armut
Quelle: Worldbank, 2016

Es lässt sich demnach feststellen, dass heute ca. 721 Mio. Menschen weniger an extremer Armut leiden als noch vor 30 Jahren. Die Rate der Armutsreduktion überstieg dabei sogar die Erwartungen des ersten Millennium Development Goal, welches eine fünfzigprozentige Reduktion extremer Armut bis 2015 anstrebte. Abbildung 3 verdeutlicht zudem, dass das Ausmaß extremer Armut im Durchschnitt aller Entwicklungsländer seit 1981 stetig abgenommen hat. Mehrere Faktoren spielen für die erfolgreiche Bekämpfung der Armut eine Rolle. So gibt die Abbildung 3 Aufschluss darüber, dass die Reduktion extremer Armut vor allem in Entwicklungsländern mit niedrigem Einkommensniveau weniger erfolgreich verlief. Demnach stieg die Zahl der extrem armen Menschen in Ländern mit niedrigem Einkommensniveau trotz der im Durchschnitt positiv zu bewertenden Entwicklungstendenzen um etwa 29 % (Abbildung 4).

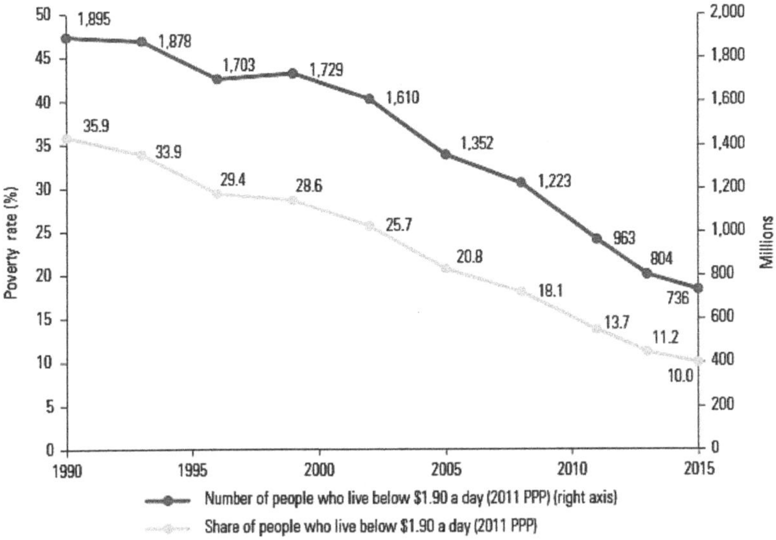

Abbildung 4: Entwicklungstendenzen extremer Armut
Quelle: International Bank for Reconstruction and Development, Worldbank, 2018

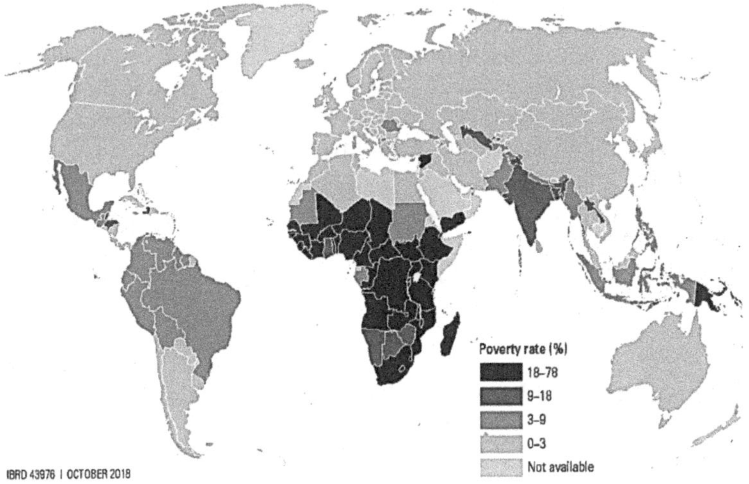

Abbildung 5: Extreme Poverty Rate pro Land, 2015
Quelle: International Bank for Reconstruction and Development, Worldbank, 2018

Die vorangegangen Ausführungen verdeutlichen zwar die positiven Entwicklungstendenzen hinsichtlich der Armutsbekämpfung. Sie verdeutlichen aber auch, wie komplex diese Analyse ist. Die 1,19 Mrd. an extremer Armut leidenden Menschen im Jahr 2010 machten ca. 18% der Weltbevölkerung aus. Die entwicklungshemmenden Probleme der Massenarmut können zumindest auf zwei Ebenen aufgezeigt werden:

- **Folgen für die Betroffenen:** Armut und vor allem extreme Armut führen für die Betroffenen zu psychischer und physischer Verelendung, u.a. durch unzureichende bzw. mangelnde Ernährung, Mangel an gesundheitlicher Versorgung, einen Mangel an Grund- bzw. berufsspezifischer Bildung und die Marginalisierung auf den Arbeitsmärkten. Daneben gibt es noch weitere Folgen der Armut, weshalb man heute zwischen der ökonomischen, der sozialen oder menschlichen und der politischen Dimension von Armut unterscheidet (Durth, Körner, Michaelowa 2002 S. 13 ff).. Die Betroffenen haben in der Regel nur in Ausnahmefällen eine Chance, sich aus der Armut und den Folgeproblemen herauszulösen, sodass häufig auch noch die nächste Generation darunter zu leiden hat. Dabei ist aber zu berücksichtigen, dass die Armutsgrenze keine unüberwindbare Hürde ist. Es gibt eine gewisse Mobilität, wonach sich ein Teil der Armutsbevölkerung – zumindest temporär – aus der Armut lösen kann, während andere unter die Armutsgrenze absinken.
- **Folgen für die Volkswirtschaft der betroffenen Länder:** Massenarmut erzeugt Folgeprobleme, zum Beispiel im Rahmen von Slumbildung in Städten, einer Verschärfung ökologischer Probleme, u. a. durch den Raubbau im landwirtschaftlichen Sektor und durch die mangelnde Nutzung des Humankapitalpotenzials. Massenarmut behindert auch die gesamtwirtschaftliche Dynamik, da die Nachfrage der Armutsbevölkerung sich auf existenziell notwendige Güter und Dienstleistungen auf niedrigem Niveau beschränkt.

Insofern lässt es sich nachvollziehen, weshalb gerade Anfang der 1990er Jahre die Konferenz von Rio de Janeiro stattfand und das neue Leitbild nachhaltiger Entwicklung für das 21. Jahrhundert als das neue Paradigma einer ausgewogenen Entwicklung von der internationalen Staatengemeinschaft aufgenommen wurde.

2.3 Entwicklungsökonomische Theorieansätze

Das Verständnis für die entwicklungsökonomische Theoriediskussion erfordert, dass zunächst zwischen Entwicklungstheorie und Entwicklungsökonomie unterschieden wird. Entwicklung lässt sich im allgemeinen Sinne als ein stufenweiser Prozess verstehen. Entsprechend wurden von Adam Smith bis zu Walt

Rostow (1963) Stufen- oder Stadientheorien wirtschaftlicher Entwicklung formuliert. Danach sind wachsende Volkswirtschaften sich entwickelnde bzw. evolutorische Ökonomien (Hagemann 2006, S. 193). Der Entwicklungsbegriff wurde ganz wesentlich durch Joseph Alois Schumpeters „*Theorie der wirtschaftlichen Entwicklung*" (1911) schon früh in den deutschen Sprachraum eingeführt. Schumpeter wies in diesem Zusammenhang darauf hin, dass Wachstum stets auch mit Schwankungen der wirtschaftlichen Aktivitäten verbunden ist, d. h., dass Zyklen von unterschiedlicher Länge und Intensität existieren.

Hiervon ist die Entwicklungsökonomie zu unterscheiden, die als eigenständige wirtschaftswissenschaftliche Teildisziplin hauptsächlich nach dem Zweiten Weltkrieg entstand. Die Entkolonialisierung nach dem Zweiten Weltkrieg hat ganz wesentlich zu der Entstehung der Entwicklungsökonomie beigetragen (zu einer Vertiefung vgl. Todaro, Smith 2015, S. 109 ff, Akude 2011, S. 71 ff). Vielfach wird der Beitrag von Rosenstein-Rodan – wie schon erwähnt – als Grundstein für die Entwicklungsökonomie aufgeführt (Rosenstein-Rodan 1943). In der Folge kam es zu einer Vielzahl von entwicklungsökonomischen Theorieansätzen, die sich teilweise bis heute unversöhnlich gegenüberstehen (eine ausführliche Übersicht leistet Menzel 2010, S. 11 ff). Eine der bedeutendsten Kontroversen war jene zwischen Modernisierungstheorien und Dependenztheorien.

Ein allgemeines Verständnis für die Entwicklungsökonomie soll im Folgenden durch eine chronologische Abhandlung wichtiger Theorieansätze vermittelt werden. Im Anschluss an die Darstellung der verschiedenen Theorieansätze werden dann die sich daraus ableitenden Strategieansätze vorgestellt. Dabei ist jedoch zu berücksichtigen, dass hier nur ausgewählte Theorie- und Strategieansätze vorgestellt werden können.

Betrachtet man hierzu die einschlägige Literatur, so lässt sich feststellen, dass die chronologische Systematisierung der Theorieansätze teilweise etwas voneinander abweicht. Sangmeister und Schönstedt erläutern beispielsweise nicht nur ökonomische Theorieansätze, sondern berücksichtigen auch soziologische und politikwissenschaftliche Theorieansätze (Sangmeister, Schönstedt 2009). Im Folgenden werden nur die im engeren Sinne einzuordnenden ökonomischen Theorieansätze erläutert. Hierbei handelt es sich um folgende vier Gruppen von Theorieansätzen (Todaro, Smith 2015, S. 109 ff):

- Theorien des Wachstums und der Modernisierung,
- Theorien des strukturellen Wandels,
- die Dependenztheorien,
- die neoklassische Theorie (Free Market Counterrevolution).

Wachstums- und Modernisierungstheorien

Als Begründer der modernen Entwicklungstheorien wird Paul Rosenstein-Rodan (1902-1985) genannt. Er ist den wenigen Ökonomen zuzurechnen, die in ihrer Zeit davon ausgingen, dass sich die Situation der rückständigen Länder von jener der fortgeschrittenen grundlegend unterscheidet. Wichtige Merkmale seiner Theorie waren die Rolle des Staates und die Notwendigkeit externer Kapitalzufuhr, mit denen es in den Entwicklungsländern zu einem Big Push in Richtung Industrialisierung kommen sollte. Bei seiner Analyse geht er davon aus, dass es nicht möglich ist, den Großteil der Menschen aus Entwicklungsländern in entwickelte Länder zu bringen.

Wenn man jedoch die Menschen nicht zu den Produktionsinstrumenten bringen kann, wie Rosenstein-Rodan feststellt, sollten die Produktionsinstrumente zu den Menschen gebracht werden. Das bedeutet, Experten und Kapital in Entwicklungsländer zu transferieren, um ihre Industrialisierung zu fördern. Ein weiterer wichtiger Aspekt in seinen Überlegungen ist die Förderung und Diversifizierung der landwirtschaftlichen Produktion.

„*Wenn wir uns vor Augen führen, dass der wichtigste Fortschritt einer Industrienation nicht so sehr auf dem quantitativen Wachstum der Industrieprodukte beruht, sondern auf deren zunehmender Vielfalt, dann sollte das Gleiche in sehr hohem Maße zutreffen.*“ (Rosenstein-Rodan 1943, S. 202)

Ein weiterer wichtiger Vertreter der Wachstums- und Modernisierungstheorien ist Walt Whitman Rostow (1916-2003). Er gilt als einer der bedeutendsten Stufentheoretiker. Sein wichtigstes Werk ist „*The Stages of Economic Growth*“. Er zeigt auf, dass jede Gesellschaft in wirtschaftlicher Hinsicht in eine Kategorie (Stadium) eingeordnet werden kann:

- Die traditionelle Gesellschaft,
- die Anlaufperiode, bei der die Voraussetzungen für den wirtschaftlichen Aufstieg (Take-off) geschaffen werden,
- die Periode des wirtschaftlichen Aufstiegs,
- die Entwicklung zur Reife,
- das Zeitalter hohen Massenkonsums.

Für Rostow war es nach seinen eigenen Erkenntnissen nicht möglich, etwas über die Entwicklung nach dem Konsumzeitalter auszusagen. Tendenziell geht er unter Betrachtung der amerikanischen Gesellschaft davon aus, dass es zu einem sinkenden Grenznutzen für dauerhafte Konsumgüter kommt. Ein zweites Merkmal ist für ihn die wachsende Bevölkerungszahl. Daraus lässt sich jedoch nach seiner Auffassung kein neues Wachstumsstadium ableiten. An der Rostow'schen Stadientheorie kam es zu einer umfassenden Kritik, bei der es hauptsächlich um die Frage geht, ob es sich hierbei um eine Theorie oder um eine Beschreibung von Entwicklungsprozessen handelt. Diese Kritik soll hier jedoch nicht weiter vertieft werden.

Als weitere Wachstumstheorie wird teilweise noch das Modell von Harrod und Domar genannt. Dabei geht es um die Frage, wie es längerfristig zu einem gleichgewichtigen Wachstum kommen kann. Hierbei berufen sich Harrod und Domar auf die Grundlagen der Keynesianischen Theorie. Bei dem Harrod-Domar-Modell handelt es sich somit um eine frühe postkeynesianische Wachstumstheorie, die Investitionen in den Mittelpunkt ihrer Überlegungen stellt.

Dabei wird von einem dualen Charakter der Investitionen ausgegangen. So ergibt sich zum einen aus der Investitionsgüternachfrage eine gesamtwirtschaftliche Einkommenssteigerung. Zum anderen werden der Kapitalbestand der Volkswirtschaft erhöht und somit nachfolgend auch die Produktionskapazitäten vergrößert (vgl. Engelkamp; Sell 2011, S. 289). Harrod und Domar berücksichtigten diesen längerfristigen Kapazitätseffekt und untersuchten die „*Bedingungen für ein Wachstum, bei dem sich Güterangebot und Güternachfrage im Gleichschritt entwickeln*“ (ebd.).

Die entwicklungsökonomische Debatte der 1950er und frühen 1960er Jahre wurde weitgehend auf wirtschaftliches Wachstum fokussiert. Dabei unterschieden sich zwei ökonomische Richtungen: die Vertreter eines ausgewogenen Wachstums, die dafür plädierten, dass es zu einem gesamtwirtschaftlichen Wachstum kommen solle. Sie grenzten sich von den Vertretern eines unausgewogenen Wachstums ab, die befürworteten, dass es in einigen bedeutenden Sektoren einer Volkswirtschaft zu Wachstum kommen solle (Hagemann 2016, S. 154). Diese beiden Ansätze werden in dem Abschnitt über die Strategien noch einmal näher erläutert. Sie führten dann zu den Theorien des strukturellen Wandels.

Theorien des strukturellen Wandels

Im Mittelpunkt dieser Theorieansätze steht der Mechanismus, nach dem weniger entwickelte Ökonomien sich von einer agrarisch orientierten Subsistenzwirtschaft zu einer modernen und auf Industrialisierung ausgerichteten Wirtschaft transformieren. Dabei bedienen sich die Vertreter dieser Theorieansätze in der Regel der neoklassischen Preistheorie und Ressourcenallokation und beschreiben, wie sich dieser Transformationsprozess vollzieht. In der Literatur wird besonders das Lewis-Modell hervorgehoben. William Arthur Lewis (1915-1991) analysierte in seinem Modell die duale Wirtschaft als wesentliches Merkmal von Entwicklungsländern. Er stellte dieses Modell erstmals 1954 in seinem Artikel „*Economic Development with Unlimited Supplies of Labour*“ vor.

In seinem Modell stellt er sich gegen die neoklassischen Annahmen, wonach der Produktionsfaktor Arbeit limitiert ist. Er geht vielmehr von der Annahme aus, dass in Entwicklungsländern im Prinzip eine unbegrenzte Anzahl von Arbeitskräften zur Verfügung steht. Auf dieser Grundlage geht Lewis von einer Dualität des Marktes aus und differenziert zwischen einem traditionellen Agrarsektor und einem modernen Industriesektor. Der Agrarsektor bietet die Möglichkeit, dem Industriesektor Arbeitskräfte zur Verfügung zu stellen. Dabei zeichnet sich der traditionelle Agrarsektor durch geringe Löhne, eine niedrige Produktivität und wenig Kapital aus.

Im Gegensatz dazu weist der moderne Industriesektor hohe Löhne, eine kapitalintensive Produktion und umfangreiche Investitionen auf. Der Überhang in dem Agrarsektor soll dazu beitragen, dass überschüssige Arbeitskräfte in den Industriesektor wechseln und dort zur Steigerung der Produktion und somit auch zur Erhöhung des Wachstums im Industriesektor beitragen. Da der industrielle Sektor in Entwicklungsländern grundsätzlich noch ein großes Potenzial an Wachstum aufweist, kann der Industriesektor die überschüssigen Arbeitskräfte absorbieren. Die Abwanderung von Arbeitskräften aus dem Agrarsektor in den Industriesektor führt dazu, dass hier langfristig eine gewisse Knappheit an Arbeitskräften auftritt und dadurch die Löhne im Agrarsektor steigen werden. Durch eine Steigerung der Produktivität im Agrarsektor kommt es zu keiner Beeinträchtigung dieses Sektors.

Das Lewis-Modell wurde besonders durch Theodore William Schultz kritisiert. Er argumentiert, dass die Abwanderung von Arbeitskräften in den Industriesektor den Output des traditionellen landwirtschaftlichen Sektors negativ beeinflusst. Damit bezweifelt er die Annahme von Lewis, wonach viele Arbeitskräfte im Agrarsektor eine Produktivität von Null besitzen und somit nicht am Output des Agrarsektors beteiligt sind. Positiv hervorzuheben ist, dass das Lewis-Modell zu einer umfangreichen Diskussion beitrug, die zu einer Vielzahl und Vielfalt von dualismustheoretischen Modellen führte.

Einen wichtigen Beitrag leistete beispielsweise der Holländer Julius Herman Boeke, der als Kolonialbeamter in Niederländisch-Indien (dem heutigen Indonesien) arbeitete. In seinem wichtigen Werk „*Economics and Economic Policies of Dual Societies*" erläutert Boeke seine eigenen Erfahrungen in Indonesien. Er zeigt auf, wie der einheimischen Gesellschaft ein moderner Plantagensektor aufgepfropft wurde, ohne den traditionellen Sektor zu absorbieren (Menzel 2010, S. 70). Danach entsteht also neben der traditionellen Gesellschaft ein moderner, exportorientierter Plantagensektor. Insofern stehen sich die Erkenntnisse des Lewis-Modells und des Boeke-Modells konträr gegenüber. Ein weiterer wichtiger Vertreter der Dualismustheorie war Myrdal (1959).

Die Dualismustheorie fand in den 1970er Jahren große Beachtung. Dualistische Strukturen erklären sich daraus, dass sich eine Gesellschaft bzw. eine Volkswirtschaft im Rahmen ihres historischen Entwicklungsablaufes in einen „*primitiven bzw. traditionellen*" und einen „*modernen*" Bereich oder Sektor aufspalten. Der „primitive bzw. traditionelle" Bereich entwickelt sich über einen langen Zeitraum und kann insofern als gewachsen bezeichnet werden. Dagegen ist der „*moderne oder fortschrittliche*" Bereich weitgehend importiert, indem viele Entwicklungsprozesse von außen stark beeinflusst bzw. mit aufgebaut wurden. Der moderne Bereich ist jedoch häufig in das gesamte Wirtschafts- und Gesellschaftssystem nur unzureichend integriert, wodurch sich die beiden Bereiche unverbunden gegenüberstehen. So kommt es in vielen Entwicklungsländern dazu, dass moderne und effiziente Produktionseinheiten entstehen, die dann der Subsistenzlandwirtschaft gegenüberstehen. Ein aktuelles Beispiel ist Indien, wo sich diese Strukturen bis heute noch beobachten lassen.

Nach Auffassung der strukturalistischen Dualismustheoretiker ist diese Wirtschaftsspaltung nicht zu überwinden. Die dualistischen Strukturen haben vielmehr die Tendenz, sich noch zu verstärken, indem Rohstoffe, Sach- und Humankapital vor allem in jene Bereiche wandern, die das höchste Entwicklungs-, d. h. Produktivitätsniveau aufweisen. Weiterhin hat der moderne Bereich einen direkten Zugang zum Finanzsektor, während die Subsistenzwirtschaft kaum Zugang zum Finanzsektor hat, was sich auf die wirtschaftliche Entwicklung der Subsistenzwirtschaft negativ auswirkt. Schließlich ist darauf hinzuweisen, dass die Effekte der Selbstverstärkung auch auf das Gebiet des technischen Wissens übergreifen, da der moderne Bereich von technischem Wissen deutlich mehr profitiert als der traditionelle Bereich.

Es besteht heute ein breiter Konsens, dass dualistische Strukturen durch Unterentwicklung verursacht werden und gleichzeitig Unterentwicklung durch dualistische Strukturen noch verschärft werden kann. Jedoch wurde schon relativ früh kritisch hinterfragt, ob sich eine „*teufelskreisähnliche Konstellation*" zwangsläufig fortsetzt. Gesellschaftliche Systeme sind in der Regel für soziokulturelle Veränderungen offen. Daher sind dualistische Strukturen kein unveränderliches Konstrukt. Weiterhin besteht heute weitgehend Einigkeit darüber, dass eine wirtschaftliche Spaltung in Entwicklungsländern nicht so tief ist, dass damit ein unüberwindbarer Graben besteht. Es kommt zu Interaktionen bzw. Austausch, auch wenn diese weniger intensiv ausgeprägt sind, als bei weitgehend homogenen Strukturen. So lässt sich beispielsweise feststellen, dass auch viele Industrieländer dualistische Entwicklungsphasen durchlaufen und überwunden haben.

Dependenztheorien

Die entwicklungsökonomische Theoriediskussion wurde Ende der 1960er, Anfang der 1970er Jahre einerseits durch die empirisch-ökonometrischen Untersuchungen der Weltbank beeinflusst und andererseits von der bereits in den 1960er Jahren in Lateinamerika entstandenen Dependenztheorie geprägt. Die folgenden Ausführungen konzentrieren sich zunächst auf die stark marxistisch beeinflusste Dependenztheorie. Sie wandte sich primär dem Zusammenhang von Kapitalismus und Unterentwicklung zu. Im engeren Sinne gab es nicht die Dependenztheorie, sondern dependenztheoretische Ansätze, die wesentliche Impulse durch das von Raul Prebisch (1950) bei der „Economic Commission for Latin America (ECLA)" der Vereinten Nationen entwickelte Kern-Peripherie-Modell enthielten.

Aber auch die von Paul A. Baran (1957) und Baran/Sweezy (1966) formulierten neomarxistischen Ansätze und die kubanische Revolution übten wichtige Impulse aus (Hagemann 2006, S. 196). Neben Cardoso und Furtado ist in diesem Kontext als wichtiger Vertreter der in Berlin geborene André Gunder Frank (1967) zu erwähnen. Er wirft in seinem Buch „Kapitalismus und Unterentwicklung in Lateinamerika" die These auf, dass die einzige politische und wirtschaftliche Lösung in einer unmittelbaren sozialistischen Revolution bestehe.

Obwohl es – wie schon erwähnt – im engeren Sinne nicht eine Dependenztheorie gibt, sondern eine große Bandbreite von theoretischen Begründungen und politischen Positionen, die darunter einzuordnen sind, lassen sich doch einige grundlegende Gemeinsamkeiten aufzeigen. Die Mehrzahl der Dependenztheoretiker wandte sich besonders gegen modernisierungstheoretische Erklärungen von Unterentwicklung als eine Folge von endogenen Defiziten. Sie weisen darauf hin, dass die Geschichte der Unterentwicklung zeige, dass diese auf die Eingliederung der ehemaligen Kolonien in den von kapitalistischen Metropolen beherrschten Weltmarkt zurückzuführen ist (vgl. Nuscheler 2005, S. 216).

Besonders die lateinamerikanischen Dependenztheoretiker knüpften bei ihrer Analyse der Entwicklungsprobleme an Lenins Imperialismuskritik an, wobei sie den Begriff der Abhängigkeit nicht nur an Handels- und Kapitalströmen, sondern auch an der Wirtschafts- und Sozialstruktur und den Klassen- und Herrschaftsverhältnissen festmachten. So kam es zur strukturellen Abhängigkeit als Folge der Einbindung in den Weltmarkt. Daraus begründet sich schließlich der entwicklungspolitische Imperativ der Abkopplung und der autozentrierten Entwicklung, d. h. einer nach innen gerichteten Entwicklung (ebd.).

Es lässt sich nicht bestreiten, dass die Dependenztheorien durch ihre Betonung der Verkettung, besonders von exogenen, aber auch von endogenen Strukturproblemen, einiges zum Verständnis von Unterentwicklung beigetragen haben.

Die monokausale Verortung der Ursachen von Unterentwicklung in der Einbindung in den Weltmarkt führte jedoch zunehmend zu einer kritischen Hinterfragung. Die großen Erfolge der vier asiatischen Tigerstaaten, aber auch einiger lateinamerikanischer Länder durch die Integration in den Weltmarkt führten schließlich dazu, dass empirische Erkenntnisse die dependenztheoretischen Ansätze weitgehend in Frage stellten. Dennoch gibt es auch heute noch Publikationen, beispielsweise des Genfer „*South Center*", aber auch von Vertretern des Südens, wie dem Thailänder Walden Bello oder dem Malaysier Martion Khor, die auf bekannte dependenztheoretische Argumentationslinien zurückgreifen (Khor 2000).

Zusammenfassend kann festgestellt werden, dass die dependenztheoretische Diskussion im Gegensatz zu vielen anderen entwicklungstheoretischen Diskussionen ganz wesentlich durch Vertreter aus lateinamerikanischen Ländern geprägt war. Die dependenztheoretischen Ansätze waren bis in die 1980er Jahre die populärste Alternative zu dem wachstums- und modernisierungstheoretischen Paradigma. Der zentrale Grundgedanke aller Dependenztheorien ist, dass es zu existenzhierarchischen Abhängigkeiten (Dependenzen) zwischen Industrie- (Metropolen) und Entwicklungsländern (Peripherie) gekommen ist. Erwähnt werden sollte auch, dass die Dependenztheorie besonders von der Befreiungstheologie aufgegriffen wurde.

Ausgangspunkt der dependenztheoretischen Erklärungsmuster ist, dass die fortdauernde Dependencia, d. h. die wirtschaftliche und politische Abhängigkeit vieler lateinamerikanischer Länder, ihren Ursprung in der Jahrhunderte andauernden Kolonialherrschaft habe. Die Einbindung der Kolonien in das entstehende kapitalistische Weltsystem führte zu einem permanenten Ressourcenabfluss, zunächst durch Plünderungen und später indirekt durch die aufkommenden Handelsbeziehungen. Der Ressourcenabfluss habe sich auch nach der offiziellen Erlangung der Unabhängigkeit lateinamerikanischer Staaten, so die Vertreter der Dependenztheorie, fortgesetzt. Nach Auffassung der Dependenztheoretiker haben sich lediglich die Akteure geändert: Während es zur Zeit der Kolonialherrschaft noch die Regierenden von Spanien und Portugal waren, sind es später die führenden Industriemächte wie Großbritannien und die USA, die diesen Ressourcenabfluss zu ihren eigenen Gunsten initiierten.

Später kam es zu einer Generalisierung der dependenztheoretischen Erklärung auf die Entwicklungsländer allgemein. Die zentrale Erkenntnis war, dass die Länder der Peripherie (Entwicklungsländer) abhängig von den führenden Industrieländern (Metropolen) seien, d. h. von dem Zentrum des kapitalistischen Weltsystems. Dabei wird das kapitalistische Weltsystem nicht nur durch die Industrieländer im weitesten Sinne, sondern ganz wesentlich auch durch die multinationalen Unternehmen und durch machtvolle Akteure in den Entwicklungsländern selbst bestimmt. Eine Unterentwicklung kann daher nicht nur durch eine Veränderung der Weltwirtschaftsordnung überwunden werden, sondern auch durch eine grundlegende Veränderung innergesellschaftlicher Strukturen der betroffenen Länder der Peripherie.

Die neoklassische Theorie (Free Market Counterrevolution)

In den 1980er Jahren kam es aufgrund der konservativen Regierungen in den Vereinigten Staaten, Kanada, England und Deutschland zu einer „*Neoclassical Counterrevolution*" in der ökonomischen Theorie und Wirtschaftspolitik (Todaro, Smith 2015). Dadurch bekam die Angebotsökonomie, aber auch die Privatisierung öffentlicher Unternehmen einen neuen Aufschwung. Auch die Weltbank und der Internationale Währungsfonds, als die beiden großen internationalen Finanzinstitutionen, haben sich dieser Neuorientierung angeschlossen. Dieser Position standen erwartungsgemäß die internationale Arbeitsorganisation (ILO), aber auch das United Nations Development Programme (UNDP) und die United Nations Conference on Trade and Development (UNCTAD) kritisch gegenüber.

Das wesentliche Argument der Vertreter der neoklassischen Gegenrevolution ist, dass mangelnde Entwicklung das Resultat einer unzureichenden Ressourcenallokation und Preisbildung in den entsprechenden Ländern sei. Ein weiteres Defizit zur Überwindung der Unterentwicklung seien die zu umfangreichen staatlichen Eingriffe in viele Bereiche der Wirtschaft. Die führenden Vertreter der „*Counterrevolution School*" wie Peter Bauer, Deepak Lal, Ian Little, Harry Johnson, Bela Balassa, Jagdish Bhagwati und Anne Krueger argumentieren, dass es besonders die staatlichen Interventionen in ökonomische Bereiche seien, die das wirtschaftliche Wachstum verlangsamen.

Die Attraktivität für ausländische Investoren lässt sich nach diesen Vertretern nur dann erhöhen, wenn die Wettbewerbsfähigkeit freier Märkte, die Privatisierung staatlicher Unternehmen, die Förderung des freien Handels und der Exportexpansion gestärkt würden. Insofern stehen die Vertreter der neoklassischen Gegenrevolution den Vertretern der Dependenztheorie konträr gegenüber, indem sie beklagen, dass der umfassende Staat Korruption und Ineffizienz, aber auch einen Mangel an ökonomischen Anreizen verursacht. Für die Überwindung von Unterentwicklung sind daher nicht die Reform des Weltwirtschaftssystems notwendig, sondern eine Stärkung der nationalen Märkte und eine Reduzierung der staatlichen Reglements.

Als positive Beispiele für diese Position werden die vier asiatischen Tigerstaaten Südkorea, Taiwan, Singapur und Hongkong genannt. In diesem Kontext fanden auch die endogene Wachstumstheorie und der Zusammenhang von Wachstum und Außenhandel eine besondere Beachtung. In jüngster Zeit wird jedoch in zunehmendem Maße die „*Neoclassical Counterrevolution*" durch das Paradigma der nachhaltigen Entwicklung in Frage gestellt. Dieses Paradigma wird in den folgenden Kapiteln inhaltlich konkretisiert.

Die 1980er Jahre waren weltweit durch amerikanische Ökonomen wie Romer, Arrow und Lucas, d. h. also durch Vertreter der endogenen Wachstumstheorie geprägt. Das gilt mit gewissen Abweichungen auch für die Entwicklungsökonomie, die aus einer einstmals weitgehend heterodoxen Teildisziplin stärker in den neoklassischen Mainstream integriert wurde (Usher 1996). Als Beispiel hierfür nennt Hagemann den von Stiglitz und Weiss (1981) entwickelten Ansatz der Kreditrationierung auf Märkten mit unvollkommenen oder asymmetrischen Informationen, der in Entwicklungsländern für nahezu die gesamte Ökonomie relevant ist (Hagemann 2006, S. 207).

Hinzu kommen noch die Arbeiten beispielsweise von Theodor W. Schultz (1980) und Abramovitz (1986) über die herausragende Rolle des Humankapitals. Danach erhielten die neueren Beiträge zur endogenen Wachstumstheorie auch in der Entwicklungsökonomie eine zunehmende Bedeutung. Hierbei geht es u. a. um die Relevanz von Ausbildung und der Effizienz von Bildungsmaßnahmen zur Steigerung des Wirtschaftswachstums. Weiterhin geht es im Rahmen der endogenen Wachstumsmodelle auch wesentlich um die Bedeutung des endogenen technischen Fortschritts für das Wirtschaftswachstum.

Diese Thematik hat dann auch die neue Außenhandelstheorie stark beeinflusst (v. Hauff, Jörg 2017, S. 88 ff). Hierbei geht es um die Frage, welche Bedeutung der Handel von Gütern und Dienstleistungen unter Berücksichtigung des technischen Fortschritts hinsichtlich einer Verbesserung des technologischen Niveaus in den Entwicklungsländern hat. Abschließend ist noch darauf hinzuweisen, dass besonders aus der entwicklungsökonomischen Theoriediskussion der 1990er Jahre noch viele partielle Ansätze hervorgingen (Todaro/Smith 2015). Sie können hier jedoch nicht im Einzelnen gewürdigt werden. In den vergangenen Jahren ging es weiterhin um das Bemühen, die ökonomische Analyse von Entwicklungsprozessen um politische, gesellschaftliche und institutionelle Aspekte zu erweitern (Durth, Körner, Michaelowa 2002).

Wie jedoch schon erwähnt, kam es in den 1990er Jahren kaum noch zu einer Weiterentwicklung der Entwicklungstheorien mit globaler Reichweite. In zunehmendem Maße wurde vielmehr konstatiert, dass sich die Entwicklungstheorie in einer Krise befand. Die Diskussion war dadurch gekennzeichnet, dass sich die Theoretiker mit dem Zustand der eigenen Disziplin selbstkritisch beschäftigten. Durch die Aufsplitterung in verschiedene Schauplätze konnte nicht mehr beansprucht werden eine große Theorie zu liefern (Menzel 2010, S. 147).

Ökonomische Entwicklungstheorien haben – wie aufgezeigt wurde – den Anspruch, den Begründungszusammenhang aufzuzeigen, der zu wirtschaftlicher Entwicklung führt. Wie in den verschiedenen Theorieansätzen jedoch deutlich wurde, weichen die einzelnen Theorieansätze zumindest teilweise hinsichtlich ihrer Begründung von wirtschaftlicher Entwicklung voneinander ab. Soll die erwünschte Entwicklung tatsächlich erreicht bzw. umgesetzt werden, ist hierfür die Entwicklung von sogenannten Entwicklungsstrategien notwendig. Das gilt auch für das Paradigma der nachhaltigen Entwicklung (vgl. hierzu Kap. 6). Entwicklungsstrategien sind grundsätzlich als zielorientierte strategische Handlungskonzepte zu verstehen und zeigen somit auch Handlungsanweisungen auf. Sie lassen sich aus Entwicklungstheorien ableiten. Die dominierenden Entwicklungsstrategien der vergangenen Entwicklungsdekaden waren hauptsächlich auf Wachstum ausgerichtet. Im Folgenden werden nun exemplarisch einige Entwicklungsstrategien aufgezeigt und kurz erläutert.

2.4 Ausgewählte Entwicklungsstrategien

Die wachstumsorientierten Entwicklungsstrategien, die nun zunächst vorgestellt werden, entsprechen den ökonomischen Vorstellungen der 1950er und 1960er Jahre, die Wachstum und Entwicklung analog gleichsetzten. Die vorherrschende Meinung war, dass mit steigendem Wachstum die Armut über den Trickle-Down-Effekt verringert werden könnte. Dabei ist unter Trickle-Down-Effekt zu verstehen, dass das Wachstum bis zu der Armutsbevölkerung durchsickert und somit Armut verringert bzw. beseitigt werden kann

Die Strategie des ausgewogenen Wachstums

Einer der wichtigsten Vertreter war Nurkse (1953), der den Kapitalmangel der Entwicklungsländer mit einer unzureichenden Investitionsbereitschaft der Unternehmer erklärte. Aber auch Rosenstein-Rodan ist unter den wichtigen Vertretern dieser Strategie einzuordnen. Er wurde besonders mit seinem Konzept des Big Push bekannt (Hagemann 2016, S. 161). Pessimistische Absatzerwartungen im Falle von Kapazitätserweiterungen veranlassen ein vorsichtiges Verhalten. Nach Nurkse sind es die Unternehmer, die latent vorhandene Ersparnisse nicht in produktive Investitionen einbringen.

Diese Situation lässt sich durch die Strategie des Balanced Growth überwinden, indem alle Wirtschaftszweige eines Landes so expandieren, dass sich die Angebots- und Nachfragesteigerung entsprechen. So kommt es zu einem ausgewogenen Wachstum, bei dem sich das sektorale Angebotswachstum am sektoralen Nachfragewachstum orientiert. Es betrifft jedoch nicht nur das Verhältnis der großen Sektoren wie Landwirtschaft, Industrie und Dienstleistungsbereich, sondern auch die Untergliederung der einzelnen Wirtschaftssektoren in kleine Subsektoren. Die optimale Expansion ist nach Auffassung von Nurkse dann erreicht, wenn in allen Sektoren die Wachstumsraten der Produktion mit den Wachstumsraten der Nachfrage übereinstimmen.

Die Strategie des unausgewogenen Wachstums

Während Nurkse der herausragende Vertreter der Entwicklungsstrategie des ausgewogenen Wachstums war, gilt Hirschmann mit seinem Plädoyer für ein ungleichgewichtiges Wachstum zum dominierenden Kritiker (Hagemann 2016, S. 170). Die bedeutendsten Vertreter der Unbalanced-Growth-Strategie wie Hirschman (1958/1967), aber auch Streeten (1959), gehen nicht mehr nur von der Marktenge aus, sondern sehen die eigentliche Ursache des Investitionsdefizits im sozio-psychologischen Bereich. Sie führen die unzureichende Kapitalbildung bei ausreichenden Ersparnissen auf einen Mangel an qualifizierten Unternehmern zurück. Bei den vorhandenen Ersparnissen kommt es nicht zu den Möglichkeiten notwendiger Investitionen. Aus entwicklungsökonomischer Sicht muss es daher darum gehen, das Defizit an qualifizierten Unternehmern möglichst rasch zu überwinden.

Hirschman vertritt hierbei die Auffassung, dass dies am ehesten durch einen Learning-by-Doing-Prozess möglich ist. Daher sind die einzelnen Teilsektoren oder Industriezweige so zu fördern, dass es zu Marktungleichgewichten zwischen Angebot und Nachfrage kommt. Das zwingt die Unternehmer dazu, durch die Eröffnung neuer Absatzmöglichkeiten oder den am Markt feststellbaren Nachfrageüberhang, d. h. bestehende Marktungleichgewichte durch eine Produktionsausweitung zu überwinden. Der Ungleichgewichtsmechanismus führt zu einer Kette von Ungleichgewichten zwischen Produktions- und Konsumstruktur, wodurch der Entwicklungsprozess beschleunigt wird.

Die beiden Wachstumsstrategien wurden in der Literatur ausführlich diskutiert und bewertet. Dabei wurde besonders darauf hingewiesen, dass es hierbei zu einer Überforderung des Staates kommt, da es kaum möglich sei, die „optimale Investitionssequenz" zu ermitteln und umzusetzen. Weiterhin wird kritisch angemerkt, dass es unzureichend ist, Unterentwicklung ausschließlich auf Investitionsdefizite zu konzentrieren. Auch die Vernachlässigung anderer Produktionsfaktoren wird kritisch hervorgehoben. Schließlich wird noch darauf hingewiesen, dass die Vernachlässigung des Außenhandels ebenfalls problematisch sei. Neben der Strategie des ausgewogenen Wachstums und des unausgewogenen Wachstums wurden noch die Strategie der Importsubstitution und Exportdiversifizierung entwickelt.

Importsubstitution versus Exportdiversifizierung

Diese beiden Strategien wurden lange Zeit als gegensätzliche Strategien gesehen. In diesem Zusammenhang zeigen Todaro und Smith prägnant den wesentlichen Unterschied auf: Looking outward or looking inward (Todaro, Smith 2015, S. 621). Die Importsubstitutionsstrategie ging von dem Paradigma aus, dass die relativ rückständigen und schwachen Binnenwirtschaften der Entwicklungsländer zunächst einer Stärkung und Förderung bedürfen, bevor sich die Länder dann dem Weltmarkt öffnen. Ziel ist es, dass sich die Binnenwirtschaft zunächst diversifiziert und alle wichtigen Güter im Land selbst hergestellt werden.

Obwohl dies primär auf den Industriesektor ausgerichtet war, können auch die beiden anderen Sektoren, d. h. der Landwirtschafts- und der Dienstleistungssektor mit einbezogen werden. Eine erfolgreiche Politik der Importsubstitution setzt im Prinzip voraus, dass auf dem Inlandsmarkt ausreichend Kaufkraft vorhanden und unternehmerische Talente, aber auch Risikokapital zur Verfügung stehen. Eine wesentliche Gefahr der Importsubstitutionsstrategie besteht darin, dass die Binnenwirtschaft im internationalen Kontext an Wettbewerbsfähigkeit verliert bzw. die Wettbewerbsfähigkeit nicht in ausreichendem Maße gefördert wird. Wichtige Vertreter der Importsubstitutionsstrategie waren Indien und einige südamerikanische Länder.

Die Strategie der Exportdiversifizierung strebt an, dass der Anteil der Exporte am Gesamtumsatz der Wirtschaft insgesamt bzw. auch in einzelnen Sektoren steigt. Dies bedeutet auch eine Diversifizierung des exportierten Güterangebots. Exportdiversifizierung erfordert häufig auch eine Exportsubstitution, was bedeutet, dass Primärgüter (landwirtschaftliche Produkte und Rohstoffe) beispielsweise nicht mehr unbearbeitet als Rohstoffe, sondern als verarbeitete Produkte ausgeführt werden.

Eine Politik der Exportdiversifizierung ist dann sinnvoll bzw. notwendig, wenn die Inlandsmärkte gewisse Sättigungstendenzen aufweisen bzw. die Wettbewerbsfähigkeit der Binnenwirtschaft gestärkt werden soll. Dies setzt jedoch motivierte und leistungsbereite Arbeitnehmer und Manager voraus und eine leistungsfähige Außenhandelsinfrastruktur wie einen leistungsfähigen Finanzsektor, ausreichende Marktinformationen und ein effizientes und ausgebautes Verkehrssystem.

Viele erfolgreiche Länder wie beispielsweise die asiatischen Tigerstaaten haben daher in den 1960er Jahren mit einer Importsubstitutionsstrategie begonnen und sind dann frühzeitig auf eine Exportdiversifizierungsstrategie übergegangen. Dagegen gab es eine Vielzahl von Ländern in Südamerika, aber auch im asiatischen Raum, die zu lange auf der Importsubstitutionsstrategie verharrten und dadurch eine weniger dynamische wirtschaftliche Entwicklung aufweisen als jene, die sich früher der Exportdiversifizierung zuwandten.

Die Strategie zur Befriedigung von Grundbedürfnissen

Zu Beginn der 1970er Jahre wurde erkannt, dass nach zwei Dekaden binnenorientierter nationaler Wachstumsstrategien bzw. einer modernisierungstheoretischen Ausrichtung der Entwicklungspolitik die Massenarmut in Entwicklungsländern nicht verringert werden konnte. Die Armut nahm vielmehr in vielen Entwicklungsländern in den ersten Entwicklungsdekaden zu. Die Verbesserung der Lebensbedingungen als übergeordnetes Ziel entwicklungspolitischer Anstrengungen war somit gescheitert. Das gilt auch für jene Entwicklungsländer, die eine Steigerung der Pro-Kopf-Einkommen erzielen konnten, ohne dass die Armut reduziert wurde.

Damit stand eine Überprüfung der bisher dominierenden Wachstumsstrategien an. Das wurde auch durch den „*Pearson-Bericht*" gestützt. Der von der „Kommission für Internationale Entwicklung" der Weltbank unter Leitung des ehemaligen kanadischen Außenministers Lester Pearson verfasste Bericht kam zu dem Ergebnis, dass die weltwirtschaftlichen Rahmenbedingungen, die für den Erfolg der Wachstumsstrategien in den Entwicklungsländern von großer Bedeutung sind, zu wenig berücksichtigt wurden.

Auf diesem Hintergrund kam es dann Mitte der 1970er Jahre zur Einführung des Grundbedürfniskonzeptes. Das Ziel war, dass die Beseitigung von Armut durch die Beseitigung von Defiziten in der Befriedigung der Grundbedürfnisse der Menschen langfristig auch zu mehr Wachstum führt (Lachmann 2004, S. 254). Die International Labour Organisation (ILO) hat das Grundbedürfniskonzept in einer programmatischen Formulierung von 1976 zu einem wichtigen Bestandteil der entwicklungsstrategischen Debatte gemacht (Sangmeister, Schönstedt 2009, S. 144).

Die Grundbedürfnisstrategie wurde – wie schon erwähnt – zunächst von der internationalen Arbeitsorganisation, dann aber auch von der Weltbank und von dem Bundesministerium für wirtschaftliche Zusammenarbeit (BMZ) vertreten. In diesem Zusammenhang wurde auch der Begriff der „*Self-Reliance*" in die entwicklungspolitische Diskussion eingeführt. Das Ziel von Self-Reliance war es, aus der „Zentrum-Peripherie-Beziehung" auszuscheren und eine Entwicklung aus „dem Inneren" heraus anzustreben. Dies war zweifellos die Forderung, die im Zusammenhang mit der Grundbedürfnisstrategie am weitesten ging.

Die grundbedürfnisorientierte Strategie erfordert hinsichtlich des Ziels der Entwicklung die Klärung verschiedener Aspekte:

- Es gilt die Kategorie Grundbedürfnisse inhaltlich zu konkretisieren und abzugrenzen.
- Es gilt zu klären, wie die Grundbedürfnisbefriedigung zur wirtschaftlichen Entwicklung beitragen kann.

- Es gilt die Beziehung bzw. den Zusammenhang zwischen Wachstum und Grundbedürfnisbefriedigung zu klären.

Zunächst wurden die Grundbedürfnisse in zwei Kategorien untergliedert. Bei der ersten Kategorie ging es um die existenziellen Grundbedürfnisse wie Ernährung, Gesundheit, Wohnung und Ausbildung. Die zweite Kategorie wendet sich dann besonders sozialen Grundbedürfnissen zu. Dabei stellt sich jedoch grundsätzlich die Frage, welche Indikatoren den Grad der Bedürfnisbefriedigung messen und mit welchen Kennziffern Versorgungsdefizite und Armutsprofile konkretisiert werden können. Welches sind, so ist die weitere Frage, die Toleranzgrenzen und kritischen Werte für die Bedürfnisbefriedigung.

Die Beziehung zwischen Wachstum und Grundbedürfnissen bzw. Verteilung ließen sich empirisch nicht eindeutig klären. Es gab Länder, die ein hohes Wachstum mit einer Tendenz zur Gleichverteilung aufwiesen wie beispielsweise Taiwan und Korea. Es gab aber auch Länder mit niedrigem Wachstum und einer Tendenz zur Gleichverteilung wie beispielsweise Sri Lanka, Tansania und Peru. Daneben gab es auch Länder mit hohem Wachstum und einer Tendenz zur Ungleichverteilung wie Brasilien und Kenia. Und schließlich ließen sich auch Länder identifizieren, die ein niedriges Wachstum und eine Tendenz zur Ungleichverteilung zu verzeichnen hatten. Zu dieser Gruppe gehörten besonders Indien und viele afrikanische Staaten.

Tendenziell lässt sich feststellen, dass wirtschaftliches Wachstum eine bedürfnisorientierte Strategie fördert, wenn es zu einem arbeitsintensiven Wachstum und Umverteilungsmaßnahmen kommt. Andererseits lässt sich auch feststellen, dass Umverteilung geradezu als notwendige Vorbedingung für Wachstum angesehen wird, da nur so Massenkaufkraft geschaffen werden kann (Chenery u. a. 1974). In einer Weltbankstudie wurden verschiedene Varianten hinsichtlich einer Verbesserung des Anteils der unteren Einkommensgruppen am Gesamteinkommen aufgezeigt, wobei die ärmsten 40% die Zielgruppe sind. Die Durchsetzung von Maßnahmen zur Erreichung der Grundbedürfnisziele setzt jedoch voraus, dass es zu einer Veränderung gegenwärtiger Einkommens- und Besitzverhältnisse sowie zur Überwindung vorherrschender politischer Machtstrukturen kommt. Lassen sich diese Bedingungen nicht verändern, werden Umverteilungsmaßnahmen wirkungslos bleiben.

Seit Mitte der 1980er Jahre hat die Grundbedürfnisstrategie an Bedeutung verloren. Wie bereits in der Theoriediskussion deutlich wurde, hat seit Beginn der 1980er Jahre die neoklassische Theorie wieder an Bedeutung gewonnen. Es kam hinzu, dass der Ausbruch der Verschuldungskrise in zahlreichen Entwicklungsländern seit Beginn der 1980er Jahre zu dem sogenannten Washingtoner Konsensus führte. Hierbei kam den beiden internationalen Finanzinstitutionen, der Weltbank und dem Internationalen Währungsfonds, mit der Strukturanpassungspolitik eine große Bedeutung zu. Es ging darum mit den Regierungen der hochverschuldeten Entwicklungsländer, die um einen Kredit bei der Weltbank nachsuchten, die Ursachen ihrer Verschuldung mit einem makroökonomisch orientierten Plan zu verringern. Dabei ging es u.a. um Kürzungen staatlicher Ausgaben, unter denen besonders die Armutsbevölkerung zu leiden hatte, die Verringerung der Inflation und die Stärkung der Marktkräfte.

Redistribution-With-Growth-Strategie

Die Beziehung zwischen Wachstum und Verteilung wurde vielfach kontrovers diskutiert. Diese Kontroverse sollte durch die Strategie Umverteilung mit Wachstum aufgelöst werden. Es geht also darum, neben dem Ziel eines hohen Wachstums auch eine Erhöhung des Einkommens der ärmsten Bevölkerungsgruppen zu erreichen. Hierzu wurden vier Basisstrategien entwickelt (Lachmann 2004, S. 260):

- Maximierung der Wachstumsrate des Bruttoinlandsproduktes durch eine Erhöhung der Ersparnisse und durch eine effizientere Allokation der Ressourcen;
- Umverteilung von investiven Mitteln zugunsten der Armen in Form von Bildungsausgaben, Zugang zu Krediten und öffentlichen Infrastrukturinvestitionen;
- Einkommensumverteilung zugunsten der armen Bevölkerung durch fiskalische Maßnahmen und durch direkte Zuteilung von Konsumgütern;
- Transfer bestehender Vermögensteile zugunsten der Armen, wie in Programmen zur Bodenreform vorgeschlagen wurde.

Die konkrete Ausgestaltung und Umsetzung der Strategie sollte an der Wirtschafts- und Sozialstruktur des Landes und an der konkreten Problemsituation der Armutsbevölkerung orientiert werden. Dabei lässt sich jedoch feststellen, dass die Umsetzung der Strategie ganz wesentlich von den Machtstrukturen, d. h. von dem Widerstand der wohlhabenden Bevölkerung und Lobbyisten bestimmt wird. So zeigte sich in vielen Ländern, wie schwierig bzw. unmöglich es war, Landreformen zum Nutzen der Armutsbevölkerung zu realisieren.

Pro-Poor-Growth-Strategie

Diese Strategie basiert im Prinzip auf der Kritik an den wachstums- und modernisierungstheoretischen Ansätzen. Danach führt Wirtschaftswachstum nicht grundsätzlich bzw. automatisch zu einer Reduzierung von Armut, da es häufig nicht zu dem erwünschten Trickle-Down-Effekt kommt. Der empirische Beleg hierfür ist, dass es in vielen Entwicklungsländern, in denen es zu einem beachtlichen Wirtschaftswachstum und damit auch zu steigenden durchschnittlichen

Pro-Kopf-Einkommen kommt, gleichzeitig eine wachsende Ungleichverteilung der Einkommen und eine steigende bzw. gleichbleibende Armut festzustellen ist.

Mit der Pro-Poor-Growth-Strategie (PPG-Strategie) soll ein breitenwirksames Wirtschaftswachstum erreicht werden, um die Armut nachhaltig zu reduzieren. Entsprechend muss es darum gehen, arme und benachteiligte Bevölkerungsgruppen, die von dem wirtschaftlichen Entwicklungsprozess abgekoppelt sind, in die Lage zu versetzen, zur wirtschaftlichen Entwicklung beizutragen und von ihr zu profitieren. Daher geht es um die Förderung sozial inkludierender Wachstumsprozesse.

In der internationalen Diskussion werden zwei unterschiedliche Abgrenzungen vorgenommen. Bei der relativen Definition von Pro-Poor-Growth (PPG) geht es darum, dass Arme von wirtschaftlichem Wachstum überproportional profitieren und ihr Anteil am Bruttoinlandseinkommen steigt. Damit geht es auch um eine steigende Reduzierung der Ungleichheit der Einkommensverteilung. Steigt beispielsweise das Durchschnittseinkommen der Armen um 5 %, während die gesamtwirtschaftliche Wachstumsrate nur 3 % beträgt, so wäre dies als Pro-Poor-Growth zu werten. Die absolute Definition bewertet Wirtschaftswachstum dann als Pro-Poor, wenn es dazu führt, dass eine möglichst große Anzahl armer Menschen durch Einkommenszuwächse über die geltende Armutsgrenze gehoben würden (Sangmeister, Schönstedt 2009, S. 180 ff).

Die beiden inhaltlichen Abgrenzungen werden jedoch häufig kritisiert, da nur die Einkommensdimension berücksichtigt wird und andere Dimensionen wie z. B. Gesundheit und Bildung, soziale Sicherheit, Umwelt und politische Partizipation vernachlässigt werden. Daher stellt sich die Frage, wie Wirtschaftswachstum erreicht werden kann, das zentral auf Armutsreduzierung in umfassenderem Sinne ausgerichtet ist. Aus diesem Grund sollte Wirtschaftswachstum vor allem in jenen Sektoren gefördert werden, in denen die Armutsbevölkerung beschäftigt ist. Das bedeutet, dass besonders in die ländliche Entwicklung investiert wird, da die meisten Armen in der Landwirtschaft beschäftigt sind.

Entsprechend lässt sich feststellen, dass eine erhöhte Wachstumsdynamik in der urbanen Wirtschaft die Armut in Städten überdurchschnittlich sinken lässt. Eine Pro-Poor-Growth-Strategie erfordert also zunächst eine umfassende Analyse der Armutsstruktur und der damit relevanten Wirtschaftsbereiche. Neben einer nachhaltigen Förderung der Landwirtschaft geht es u. a. auch um die Verbesserungen des Investitionsklimas für kleinere und mittlere Unternehmen, einen verbesserten Zugang zu Bildung für Jugendliche und besonders für Mädchen. Weiterhin sollten die Hürden des Zugangs zu der formalen Beschäftigung abgebaut werden. Auf diesem Hintergrund kann festgehalten werden, dass eine Pro-Poor-Growth-Strategie im Prinzip ein Vorläufer einer Nachhaltigkeitsstrategie ist.

2.5 Schlussfolgerungen

In diesem Kapitel wurde aufgezeigt, wie die wichtigen entwicklungsökonomischen theoretischen Begründungslinien bzw. Erklärungsansätze verlaufen. Sie sind überwiegend wachstumstheoretisch bzw. -politisch ausgerichtet, wenn man von den dependenztheoretischen Ansätzen absieht. Während einige Entwicklungsstrategien darauf abzielen das wirtschaftliche Wachstum zu fördern, haben andere Entwicklungsstrategien einen kompensatorischen Charakter. Sie versuchen wie beispielsweise die grundbedürfnisorientierte Strategie Defizite eines steigenden Wachstums auszugleichen bzw. zu kompensieren.

Dadurch werden die beiden zentralen Unterschiede zu dem Paradigma der nachhaltigen Entwicklung deutlich. Während die entwicklungsökonomischen Theorien eher ex post die mangelnde Entwicklung bzw. wirtschaftliche Unterentwicklung zu erklären versuchen, zielt das Paradigma der nachhaltigen Entwicklung auf die Begründung der Anforderungen zukünftiger Entwicklung ab. Der zweite wesentliche Unterschied besteht darin, dass das Paradigma nachhaltiger Entwicklung die gleichrangige und gleichgewichtige ökologische, ökonomische und soziale Entwicklung fordert und dabei die intertemporale Dimension mit eingeschlossen ist: nachhaltige Entwicklung ist so zu begründen und zu gestalten, dass zukünftige Generationen die gleichen Möglichkeiten der Bedürfnisbefriedigung haben wie die heutige Generation dies für sich beansprucht. Das bedeutet, dass wirtschaftliche Entwicklung mit der Entwicklung der Umwelt in Einklang zu bringen bzw. zu erhalten ist. Aber auch die soziale bzw. gesellschaftliche Dimension muss mit der wirtschaftlichen und ökologischen Entwicklung zusammengeführt werden. Dies wurde von der Völkergemeinschaft erstmals bei der Konferenz der United Nations on Environment and Development (UNCED) im Jahr 1992 angestrebt, wie im folgenden Kapitel näher ausgeführt wird.

3 Handlungsrahmen internationaler Vereinbarungen zur nachhaltigen Entwicklung – eine Chronologie

Auf der Konferenz der United Nations on Environment and Development (UNCED) im Jahr 1992 wurden die elementaren Grundsätze und das Programm für die Maßnahmen zur weltweiten Erreichung nachhaltiger Entwicklung im 21. Jahrhundert festgelegt. Im Jahr 1997 verpflichtete sich die Staatengemeinschaft, dass alle Länder bis 2002 eine erste nationale Nachhaltigkeitsstrategie vorlegen. Bei der Folgekonferenz 2002 in Johannesburg wurde die Verpflichtung gegenüber den Grundsätzen und des Programms noch einmal nachdrücklich bestätigt, zumal hinsichtlich des Fortschritts bei den Teilnehmern aber auch bei den interessierten Menschen weltweit eine deutliche Ernüchterung eingetreten war. Bei dieser Konferenz ging es dann primär um die Implementierung der Grundsätze und Maßnahmen der Agenda 21. Weiterhin hat sich die Staatengemeinschaft bei dieser Konferenz dazu verpflichtet, die Ziele der United Nations Millennium Declaration (Millennium Development Goals), aber auch die anderen Beschlüsse der Konferenzen der United Nations und internationaler Abkommen, die seit 1992 gefasst wurden, umzusetzen und zu erreichen.

2012 fand schließlich die dritte Konferenz „*Rio+20*" erneut in Rio de Janeiro statt. Dabei wurden der politische Wille und die Bemühungen für eine nachhaltige Entwicklung erneuert und konkretisiert. Das zentrale Thema, unter dem die Konferenz stand, war „*Green Economy*". Es war auf die Umsetzung nachhaltiger Entwicklung ausgerichtet. Die Europäische Kommission versteht darunter eine Wirtschaftsweise, „*die Wachstum generiert, Arbeitsplätze schafft und Armut bekämpft, indem sie in das Naturkapital, von dem langfristig das Überleben unseres Planeten abhängt, investiert und dieses erhält.*" *(KOM, 2011, S. 2)*. Entsprechend der UNEP soll eine nachhaltige Entwicklung, wie sie 1992 definiert wurde, auf der Grundlage einer Green Economy erreicht werden (v. Hauff/ Jörg, 2017, S. 153 ff.).

Auf der Rio+20 Conference einigten sich die UN-Mitgliedsstaaten darauf eine Arbeitsgruppe einzuberufen. Diese sollte eine Liste mit universellen Entwicklungszielen auf der Grundlage der Dreidimensionalität nachhaltiger Entwicklung erstellen (v. Hauff, Schulz, Wagner, 2018). In der Arbeitsgruppe waren 30 Sitze vorgesehen, die sich wegen des großen Interesses an der Arbeitsgruppe 70 Staaten teilten. Die Mehrzahl der Sitze wurde von Vertretern aus Entwicklungsländern wahrgenommen. Zu den Verhandlungen wurden aber auch international renommierte Experten hinzugezogen. Schließlich einigte sich die Arbeitsgruppe auf 17 Ziele, die Sustainable Development Goals (SDGs).

In der Agenda 2030 kommt es zu einer Zusammenführung von zwei zuvor getrennten UN-Verhandlungsprozessen: des 1992 begonnenen Rio-Prozesses mit der Agenda 21 und des Prozesses der Millenniumsdeklaration im Jahr 2000 mit den MDGs. Dies führte im Hinblick auf die nachhaltige Entwicklung zu einem Meilenstein der jüngeren Geschichte der Vereinten Nationen.

3.1 Grundsätze und Programm der Agenda 21

Da die Agenda 21 bis heute eine klare Handlungsorientierung für die nachhaltige Entwicklung bietet und auch klare Vorgaben für die Umsetzung nachhaltiger Entwicklung aufzeigt, soll sie im Folgenden umfassend vorgestellt werden. In der Präambel wird der Grundsatz wie folgt formuliert:

„Die Agenda 21 ist Ausdruck eines globalen Konsenses und einer politischen Verpflichtung auf höchster Ebene zur Zusammenarbeit im Bereich von Entwicklung und Umwelt. Ihre erfolgreiche Umsetzung ist in erster Linie Aufgabe der Regierung. Eine entscheidende Voraussetzung dafür sind politische Konzepte, Pläne, Leitsätze und Prozesse auf nationaler Ebene. Die auf nationaler Ebene unternommenen Anstrengungen sind durch eine internationale Zusammenarbeit zu unterstützen und zu ergänzen. Hierbei fällt dem System der Vereinten Nationen eine Schlüsselrolle zu. Auch andere internationale, regionale und subregionale Organisationen und Einrichtungen sind aufgefordert, sich daran zu beteiligen. Außerdem muss für eine möglichst umfassende Beteiligung der Öffentlichkeit und eine tatkräftige Mithilfe der nichtstaatlichen Organisationen (NRO) und anderer Gruppen Sorge getragen werden“ (UNCED 21, S. 9).

Diese Positionierung zeigt eindeutig auf, wer die verantwortlichen Träger nachhaltiger Entwicklung sind: Zunächst sind die nationalen Regierungen zu nennen. Aber auch die Nichtregierungsorganisationen (NRO) und die internationalen Organisationen, die einen Auftrag im Bereich der Entwicklungszusammenarbeit haben, sind für die Planung und Umsetzung von Konzepten zur nachhaltigen Entwicklung verantwortlich. Und schließlich sind die Unternehmen wichtige Akteure und haben bei der Umsetzung nachhaltiger Entwicklung einen klaren Auftrag. Hinsichtlich der internationalen Zusammenarbeit haben die Vereinten Nationen eine Schlüsselrolle. Weiterhin besteht Konsens, dass die entwicklungs- und umweltpolitischen Ziele der Agenda 21 neue bzw. zusätzliche Finanzmittel für die Entwicklungszusammenarbeit zwischen Industrie- und Entwicklungsländer in erheblichem Maße voraussetzen. Die Größenordnung der erwarteten Kosten wird in den einzelnen Programmbereichen aufgeführt.

Die einzelnen Programmbereiche der Agenda 21 werden durch eine Ausgangsbasis sowie bestimmte Ziele und Maßnahmen zur Umsetzung konkretisiert. Dabei wird die Agenda 21 als ein dynamisches Programm verstanden. Sie muss von den einzelnen Akteuren im Einklang mit den jeweiligen Gegebenheiten, Möglichkeiten und Prioritäten in den jeweiligen Ländern und Regionen umgesetzt werden. Daher wird es auf der Grundlage veränderter Bedürfnisse und Umstände durchaus zu einer Fort- bzw. Weiterentwicklung bzw. Anpassung der Programme kommen.

Die Agenda 21 untergliedert sich in vier thematisch eigenständige Teile. Der **Teil I** wendet sich den sozialen und wirtschaftlichen Dimensionen nachhaltiger Entwicklung zu. Die internationale Zusammenarbeit zur Beschleunigung nachhaltiger Entwicklung in den Entwicklungsländern und die damit verbundene nationale Politik erfordert von den Staaten, eine neue globale Partnerschaft einzugehen. Die Partnerschaft verpflichtet alle Staaten zur Teilnahme an einem kontinuierlichen und konstruktiven Dialog. Hierzu wird eine Vielzahl von Zielen formuliert, wie beispielsweise die Schaffung besserer Marktzugangsmöglichkeiten für die Exporte aus den Entwicklungsländern in die Industrieländer.

In dem folgenden Kapitel geht es um die Armutsbekämpfung, d. h. um eine nachhaltige Sicherung der Existenzgrundlagen armer Bevölkerungsgruppen. Da die Ursachen sowohl im nationalen wie auch im internationalen Bereich angesiedelt sind, erfordert Armutsbekämpfung länderspezifische Programme und internationale Bemühungen zur Unterstützung nationaler Anstrengungen. Die Formulierung konkreter Ziele geht daher von der Erkenntnis aus, dass der Kampf gegen die Armut in der gemeinsamen Verantwortung aller Länder, aber auch jedes einzelnen Landes liegt.

Das Kapitel vier wendet sich der Notwendigkeit einer Veränderung der Konsumgewohnheiten besonders in Industrieländern zu. Dabei geht es zunächst um die Erfassung von Produktions- und Verbrauchsgewohnheiten, die eine nicht nachhaltige Entwicklung verursachen und verstärken. Daraus lassen sich eine nationale Nachhaltigkeitspolitik und nationale Nachhaltigkeitsstrategien ableiten, die eine Änderung nicht nachhaltiger Verbrauchsgewohnheiten herbeiführen. Die Notwendigkeit der Veränderung der Konsumgewohnheiten ist überaus vielschichtig und wird daher in verschiedenen Teilen der Agenda 21 erläutert (besonders im Zusammenhang mit der Energie-, Verkehrs- und Abfallpolitik, aber auch in den Kapiteln über das wirtschaftspolitische Instrumentarium und über den Technologietransfer).

Der Zusammenhang zwischen Bevölkerungsdynamik und nachhaltiger Entwicklung wird in Kapitel fünf aufgezeigt. Dieser Zusammenhang basiert auf der Erkenntnis, wonach die wachsende Weltbevölkerung und der Anstieg der Weltproduktion im Verbund mit nicht nachhaltigen Verbrauchsmustern die Lebenserhaltungskapazität unseres Planeten einer immer größeren Belastung aussetzt. Als Messkonzept bietet sich der „*Ecological Footprint*“ oder ökologischer Fußabdruck (Original „*Appropriated Carring Capacity*“) an. Darunter wird die biologisch produktive Fläche auf der Erde verstanden, die notwendig ist, um den Lebensstil und Lebensstandard eines Menschen dauerhaft zu ermöglichen. Dabei wird die Nutzung natürlicher Ressourcen durch eine ausgiebige Berechnung zusammengefasst. Als Äquivalenzmaß gelten die nachwachsend bewirtschafteten Flächen (Wackernagel, Rees 1996; Wackernagel, Beyers 2010).

Der Ecological Footprint ist somit ein Maß für den Versorgungsgrad einer Wirtschaftsregion – üblicherweise von Nationen – mit erneuerbaren und nichterneuerbaren Ressourcen sowie mit dem Potenzial zur Aufnahme der ausgestoßenen Kohlendioxide. Das Ergebnis des Ecological Footprint wird in der Regel als Hektar pro Kopf ausgewiesen. Die Biokapazität bezeichnet analog die verfügbaren Potenziale regenerativer Naturressourcen in ihrer Funktion als Quelle und als Senke. In der folgenden Abbildung wird durch den Farbton deutlich wie hoch der Belastungsgrad ist: je dunkler der Farbton, umso stärker ist die Übernutzung. Dabei ragen die USA und einige asiatische Länder besonders heraus. Es gibt nur wenige Länder (heller Farbton) die einen sehr geringen Ökologischen Fußabdruck aufweisen.

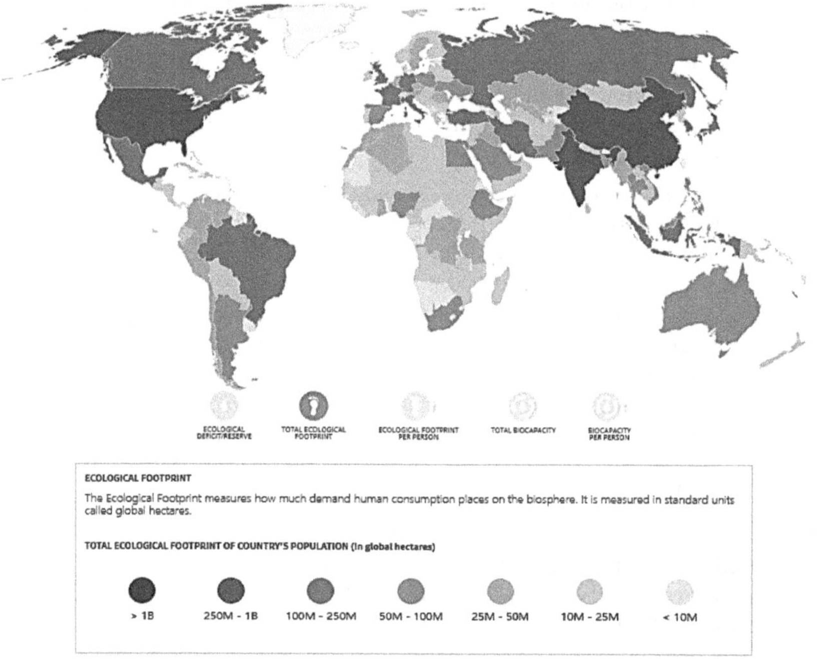

Abbildung 6: Total Ecological Footprint
Quelle: Global Footprint Network, http://data.footprintnetwork.org/#/).

Als ein zentrales Ziel der Lebenserhaltungserhaltungskapazität unseres Planeten wird daher die Herbeiführung eines verbesserten Verständnisses für die Zusammenhänge zwischen Bevölkerungsdynamik, Technologie, kulturell bedingtem Verhalten, natürlichen Ressourcen und lebenserhaltenden Systemen gefordert. Dabei kommt dem Kapitel sechs *„Schutz und Förderung der menschlichen Gesundheit“* eine große Bedeutung zu. Auf der Grundlage des Zusammenhangs zwischen Gesundheit, umweltbezogenen und sozialökonomischen Verbesserungen sind sektorübergreifende Maßnahmen erforderlich. Hierzu gehören der Bildungsbereich, der Wohnungsbau, die öffentliche Hand, aber auch Wirtschaftsunternehmen, Schulen und Universitäten sowie religiöse Gruppen, Bürgerinitiativen und kulturelle Organisationen, die hierzu ihren Beitrag leisten sollen. Eine der größten Herausforderungen in diesem Zusammenhang ist eine flächendeckende und nachhaltige Wasserversorgung (v. Hauff, Mistri 2016).

Kapitel sieben wendet sich dem Programmbereich *„Förderung einer nachhaltigen Siedlungsentwicklung“* zu. Ausgangspunkt ist, dass das Konsumverhalten in den großen Städten der Industrieländer das globale Ökosystem stark belastet, während Städte und Gemeinden in den Entwicklungsländern allein schon zur Bewältigung der drängendsten wirtschaftlichen und sozialen Probleme mehr Rohstoffe, Energie und wirtschaftliche Entwicklung brauchen. Daraus begründet sich das oberste Ziel der Siedlungspolitik: es wird die Verbesserung der sozialen und wirtschaftlichen Bedingungen und der Umweltqualität in städtischen und ländlichen Siedlungen sowie in der Lebens- und Arbeitswelt aller Menschen, besonders der städtischen und ländlichen Armutsgruppen, gefordert.

Das letzte Kapitel in Teil I wendet sich der Integration von Umwelt- und Entwicklungs-zielen in die Entscheidungsfindung zu. Dabei geht es u. a. um die Integration von Umwelt- und Entwicklungszielen auf der Politik-, Planungs- und Managementebene, aber auch um die Schaffung von Systemen integrierter umweltökonomischer Gesamtrechnungen. Als oberstes Ziel wird die Verbesserung und Umgestaltung des Entscheidungsprozesses gefordert. Es geht um das Ziel, soziale, ökonomische und umweltpolitische Fragestellungen in vollem Maße einzubeziehen und eine umfassendere Beteiligung der Öffentlichkeit zu gewährleisten.

Teil II wendet sich der Erhaltung und Bewirtschaftung der Ressourcen für die Entwicklung zu. Dabei geht es um bekannte Handlungsfelder wie den Schutz der Erdatmosphäre, die Entwicklung eines integrierten Ansatzes zur Bewirtschaftung der Bodenressourcen, die Bekämpfung der Entwaldung, die Bewirtschaftung empfindlicher Ökosysteme, die Förderung einer nachhaltigen Landwirtschaft, die Erhaltung biologischer Vielfalt, die umweltverträgliche Nutzung der Biotechnologie, die Bewirtschaftung und Nutzung knapper Wasserressourcen, die umweltverträgliche Entsorgung gefährlicher Abfälle und einen sicheren und umweltverträglichen Umgang mit radioaktiven Abfällen. Auch hier werden zu allen Problembereichen konkrete Ziele und Maßnahmen zum Abbau der Probleme ausführlich aufgeführt.

Teil III wendet sich der Stärkung der Rolle wichtiger Gruppen zu. In der Präambel wird hierzu festgestellt:

„*Ein wesentlicher Faktor für die wirksame Umsetzung der Ziele, Maßnahmen und Mechanismen, die von den Regierungen in allen Programmbereichen der Agenda 21 gemeinsam beschlossen worden sind, ist das Engagement und die echte Beteiligung aller gesellschaftlichen Gruppen*" (UNCED Agenda 21, S. 217).

Dies beruht auf der Erkenntnis, dass eine wichtige Grundvoraussetzung für die Erzielung einer nachhaltigen Entwicklung die umfassende Beteiligung der Öffentlichkeit an der Entscheidungsfindung ist. Die Notwendigkeit der Einführung neuer Formen der Partizipation bezieht sich sowohl auf die Mitwirkung von Einzelpersonen, Gruppen, aber auch Organisationen an Entscheidungsfindungen und Umsetzungen einzelner Maßnahmen nachhaltiger Entwicklung. Nur so ist eine breite Akzeptanz und Verantwortlichkeit der Bevölkerung bzw. einzelner Gruppen für den Prozess zur Planung und Implementierung nachhaltiger Entwicklung zu erreichen. Besondere Aufmerksamkeit erfahren hierbei Frauen, Kinder und Jugendliche, indigene Bevölkerungsgruppen, aber auch Institutionen wie Nichtregierungsorganisationen, Kommunen, Gewerkschaften, die Privatwirtschaft und die Wissenschaft.

Der letzte Teil der Agenda 21 wendet sich den Möglichkeiten der Umsetzung zu. Dabei geht es sowohl um die Bereitstellung der notwendigen finanziellen Ressourcen und Finanzierungsmechanismen, um den Transfer umweltverträglicher Technologien, Kooperation und Stärkung von personellen und institutionellen Kapazitäten, um den Beitrag der Wissenschaft für eine nachhaltige Entwicklung, aber auch die Förderung der Schulbildung, des öffentlichen Bewusstseins und der beruflichen Aus- und Fortbildung, um die internationale Zusammenarbeit zur Stärkung der personellen und institutionellen Kapazitäten in Entwicklungsländern, aber auch um internationale institutionelle Rahmenbedingungen, Rechtsinstrumente und -mechanismen.

Abschließend lässt sich noch einmal feststellen, dass die Agenda 21 einen sehr klaren Handlungsrahmen aufweist, der durch konkrete Ziele und eine Vielzahl von Maßnahmen ausgestattet ist. Hierzu haben sich die überwiegende Mehrheit der Industrie- und Entwicklungsländer bekannt. Daher ist im Prinzip der Handlungsrahmen sowohl für die nationalen Regierungen als auch für nationale und internationale Entwicklungsorganisationen, aber auch für die anderen relevanten Akteure verbindlich. Der Handlungsrahmen bietet ein breites, aber klar abgegrenztes Aufgabenspektrum sowohl für die nationale Ebene als auch für die internationale Kooperation.

3.2 Plan für die Implementierung

Der auf dem Weltgipfel 2002 in Johannesburg aufgestellte Plan für die Implementierung soll sich an den bei der Rio-Konferenz festgelegten Ansätzen und an den vorgegebenen Zielen weiter orientieren. Es soll darauf geachtet werden, dass die bisher erzielten Ergebnisse, aber auch die in Zukunft erzielten Errungenschaften allen zugutekommen. Dabei werden besonders Frauen, Jugendliche, Kinder und sonstige schutzbedürftige Gruppen hervorgehoben. In dem Plan der Implementierung werden weitere Handlungsbereiche herausgestellt. Die Handlungsbereiche untergliedern sich in Anlehnung an die Agenda 21 wiederum in Sektoren wie beispielsweise die Armutsbekämpfung, eine nachhaltigkeitsorientierte Konsum- und Produktionsweise, ein nachhaltigkeitsorientierter Umgang mit natürlichen Ressourcen und eine nachhaltigkeitsorientierte Gesundheitspolitik.

Eine zweite Gruppe der Handlungsbereiche wendet sich den einzelnen Regionen weltweit zu. Es beginnt mit nachhaltiger Entwicklung von kleinen Inselstaaten, gefolgt von nachhaltiger Entwicklung für Afrika und schließlich für die anderen Regionen der Welt. Auf einer dritten Handlungsebene werden dann schließlich das „Institutional Framework for Sustainable Development" aufgeführt und Handlungsorientierungen aufgezeigt. Im Folgenden sollen exemplarisch einige wichtige Maßnahmen zu der in Teil II aufgeführten Armutsbekämpfung vorgestellt werden. Zunächst wird hierbei noch einmal festgestellt, dass die Armutsbekämpfung die größte globale Herausforderung der Welt bzw. der Weltgemeinschaft im Kontext einer nachhaltigen Entwicklung darstellt. Als Ziel wird genannt, die Armut bis zum Jahr 2015 zu halbieren. Dies betrifft zunächst jene Menschen, deren Einkommen pro Tag weniger als 1 US-$ beträgt. Weiterhin soll der Anteil der Weltbevölkerung, der gegenwärtig keinen Zugang zu Trinkwasser hat, in dem gleichen Zeitraum halbiert werden.

Im Folgenden werden die Maßnahmen, die dazu beitragen sollen, konkretisiert. Hierzu gehören sowohl die Etablierung eines World Solidarity Fund, der zur Armutsbekämpfung eingesetzt werden soll, als auch die Entwicklung nationaler Programme für eine nachhaltige Entwicklung auf lokaler und landesweiter Ebene.

"These programmes should reflect their priorities and enable them to increase access to productive resources, public services and institutions, in particular land, water, employment opportunities, credit, education and health" (WSSD 2002, S. 3).

Ein weiterer Bereich der Implementierung zielt auf den Schutz menschlicher Gesundheit ab. Hierfür ist die Bereitstellung von Trinkwasser und adäquate sanitäre Einrichtungen erforderlich. Auch in diesem Zusammenhang geht es um das konkrete Ziel der Halbierung des Anteils der Menschen, der bisher keinen ausreichenden Zugang zu Trinkwasser und sanitären Einrichtungen hat, bis zum Jahr 2015. Weiterhin sollen Maßnahmen ergriffen werden, die dazu führen, dass besonders die Armutsbevölkerung Zugang zu Energie hat, die ebenfalls einen wichtigen Beitrag zur Armutsverringerung leistet.

"This would include actions on all levels to: Improve access to reliable affordable, economically viable, socially acceptable and environmentally sound energy services and resources, taking into account national specificities and circumstances, through various means, such as enhanced rural electrification and decentralized energy systems increased use of renewables, cleaner liquid and gaseous fuels and enhanced energy efficiency, by intensifying regional and international cooperation in support of national efforts, including through capacity-building, financial and technological assistance and innovative financing mechanisms, including at the micro and mesolevels, recognizing the specific factors for providing access to the poor" (WSSD 2002, S. 5).

Ein weiterer Beitrag zur Armutsbekämpfung besteht in der Stärkung der industriellen Entwicklung und des Managements natürlicher Ressourcen. Dies erfordert nicht nur einen Ausbau des Industriesektors, sondern auch eine Erhöhung der industriellen Produktivität, aber auch einen entsprechenden Ausbau der hierfür notwendigen Infrastruktur und den Einsatz umweltgerechter Technologien. Bis zum Jahr 2020 sollen auch die Lebensbedingungen der mindestens 100 Millionen Slumbewohner deutlich verbessert werden. Dies erfordert einerseits verbesserte Möglichkeiten in ländlichen Regionen, eine adäquate Arbeit zu erhalten und in städtischen Regionen die Wohnsituation der Slumbewohner zu verbessern. Weiterhin geht es darum, die Arbeitsmöglichkeiten im informellen Sektor auszubauen und die Arbeitsbedingungen zu verbessern. Weiterhin geht es darum, Maßnahmen umzusetzen, die dazu führen, die schlimmsten Formen der Kinderarbeit zu beseitigen, wie es in der „*International Labour Organisation Convention No. 182*" gefordert wird.

Aus dem Beispiel zur Armutsbekämpfung wurde deutlich, dass die Zeitvorgaben und konkreten Maßnahmen auch hier einen klaren Rahmen für die Umsetzung vorgeben. Dies bedeutet, dass zu jedem Zeitpunkt nachgeprüft werden kann, in welchem Maße die entsprechenden Maßnahmen zur Einhaltung des Zeitrahmens beitragen. Daraus wird deutlich, dass der Plan für die Implementierung einen hohen Verbindlichkeitsgrad aufweist und hinsichtlich der Realisierung jederzeit überprüfbar ist. Dies wurde durch die Millennium Declaration und die Millennium Development Goals weiter konkretisiert und dadurch gestärkt.

Während die Vorgaben des Weltgipfels von 2002 eindeutig sind, gilt das für das Konzept der „*Green Economy*" hinsichtlich der Umsetzung nachhaltiger Entwicklung des Weltgipfels Rio+20 nicht so eindeutig. Das soll an dem Thema „*Wasser*" verdeutlicht werden. Ein nachhaltiges Wassermanagement sollte die Basis bei der Entwicklung einer „*Green Economy*" sein. Daher geht es darum, ob ein nachhaltiges Wassermanagement in dem Konzept der Green Economy auch wirklich angelegt ist. Zunächst lässt sich feststellen, dass die Rolle von Wasser in der Green Economy umfassend diskutiert wird. Zu nennen sind die UNDP, die Global Water Partnership (GWP), die Organisation for Economic Cooperation and Development (OECD), UN-Water, aber auch die Stellungnahme der südkoreanischen Regierung.

Grundsätzlich besteht jedoch die Gefahr, dass es bei der Umsetzung der Green Economy primär um die Stärkung umweltverträglichen Wachstums geht und die möglichen Auswirkungen auf die Ökosysteme und die Gesellschaft zu wenig Beachtung finden. Daher soll in diesem Zusammenhang das Konzept des Integrated Water Resource Managment als Referenzrahmen zu Grunde gelegt werden (Wilderer 2017, S. 307 ff). Es wurde von den verantwortlichen Ministern auf der "*International Conference on Water and the Environment*" im Jahr 1992 verabschiedet (die sogenannten Dublin Principles). Das "*Integrated Water Resources Management* (IWRM)" wurde von der Global Water Partnership (GWP) definiert "*as a process which promotes the coordinated development and management of water, land and related resources, in order to maximize the resultant economic and social welfare in an equitable manner without compromising the sustainability of vital ecosystems*". Hier werden alle drei Dimensionen nachhaltiger Entwicklung aufgeführt.

Das IWRM-Konzept basiert auf den folgenden drei Prinzipien (Rahman, Varis 2005):

- **Social equity:** ensuring equal access for all users (particularly marginalized and poorer user groups) to an adequate quantity and quality of water necessary to sustain human well-being.
- **Economic efficiency:** bringing the greatest benefit to the greatest number of users possible with the available financial and water resources.
- **Ecological sustainability:** requiring that aquatic ecosystems are acknowledged as users and that adequate allocation is made to sustain their natural functioning.

Auf der Grundlage der drei Prinzipien können im Rahmen der Green Economy soziale Risiken dadurch entstehen, dass die Einführung von Preisen oder einem deutlichen Anstieg von Wassergebühren der Zugang zu einer Wassergrundversorgung, d.h. für Trinkwasser, die Nahrungszubereitung und die Hygiene für die Armutsbevölkerung nicht mehr gewährleistet ist. Das kann die Lebenslage gerade der Armutsbevölkerung zusätzlich beeinträchtigen, was zu sozialen Spannungen zwischen verschiedenen Bevölkerungsgruppen führen kann.

Ein weiterer negativer Effekt kann darin bestehen, dass die informelle Nutzung des Grundwassers zunimmt. Risiken hinsichtlich der ökologischen Nachhaltigkeit können dann auftreten, wenn technische Innovationen als zentrale oder gar einzige Lösungsstrategie eingesetzt werden. So hat beispielsweise die Tröpfchenbewässerung (Reduzierung des Wasserverbrauchs pro Fläche) dazu geführt, dass es zu einer Ausdehnung der bewässerten Fläche kam und dadurch eine Steigerung des Wasserverbrauchs eintrat. Die Einsparung von Wasser einerseits und der erhöhte Verbrauch durch die Zunahme bewässerter Fläche andererseits wird mit dem Begriff „*rebound effect*" charakterisiert (Houdret u.a. 2012, p. 3).

Ein weiteres Beispiel: Die chinesische Regierung hat aus Gründen der wachsenden Wasserknappheit einen ambitionierten „*Water Conservancy Plan*" im Kontext der Green Economy entwickelt. Es ist jedoch davon auszugehen, dass dieser Plan nicht zu einer nachhaltigen Wasserversorgung beiträgt. Vielmehr sind unbeabsichtigte umweltbedingte und sozioökonomische Konsequenzen zu erwarten. „*Water shortages, for example, force people to find alternatives, such as treatment facilities, whose land and energy requirements aggravate food and energy production, which need large amount of water*" (Liu, Yang 2012, p. 649).

Daher kann festgestellt werden, dass das Konzept der Green Economy zwar den Anspruch erhebt, zu einer ökologischen Nachhaltigkeit und zur Armutsminderung beizutragen. Dieser Nachweis wird bisher jedoch noch nicht ausreichend geleistet, wie die wenigen Beispiele gezeigt haben. Es gibt noch einen großen Bedarf an Politikkohärenz. Betrachtet man sich z.B. die Wasserprobleme und die gravierenden Governance-Defizite im Wassersektor Indiens, so reicht die Mobilisierung technologischer Potenziale und der üblichen Geschäfts- und Finanzierungsmodelle nicht aus. Es müssen vielmehr die Zusammenhänge zwischen der Wasser-, Nahrungs- und Energieversorgung berücksichtigt und analysiert und potenzielle Zielkonflikte diskutiert werden. Darauf aufbauend müssen dann von der Politik Prioritäten gesetzt werden (v. Hauff, Mistri 2016).

3.3 Die Millennium Declaration und die Millennium Development Goals

Mit dem Millennium Summit, der im Jahre 2000 in New York stattfand, kam es endgültig zu einer Abkehr von dem sogenannten Washington Consensus. Dieser zeichnete sich – wie bereits aufgezeigt wurde – durch die Doktrin der Stabilisierungs- und Strukturanpassungspolitik von Weltbank und Internationalem Währungsfond aus. Dabei ging es primär um die Konsolidierung der Leistungs- und Haushaltsbilanz hoch verschuldeter Entwicklungsländer und um eine strukturelle Reform der Märkte bzw. makroökonomische Stabilisierung dieser Länder.

Die entscheidenden Maßnahmenbündel sollten zu mehr Deregulierung und Privatisierung auf den Märkten führen. Verringerung von Armut wurde über die

Steigerung des Wachstums angestrebt. Der Glaube an den Trickle-down-Effekt, wonach auch die Armutsbevölkerung an steigenden Wachstumsraten partizipiert, war ungebrochen. Da jedoch in den 1980er Jahren besonders in Subsahara-Afrika, aber auch in vielen Ländern Lateinamerikas die Armut während der „*Structural Adjustment Programmes* (SAPs)" zugenommen hatte, setzten sich zu Beginn der 1990er Jahre zunehmend Zweifel an diesem Paradigma durch (Decker 2003, S. 488).

Es kam – wie schon erwähnt – in dem Zeitraum von 1990 bis zum Jahr 2015 zu einer Reihe von Weltkonferenzen, die den Paradigmenwechsel förderten.

Jahr	Ereignis	Wichtigste Ergebnisse
1990	The World Summit on Education for All (Jorntien)	1. Agenda Education for All (EFA)
1990	World Summit for Children (New York)	
1992	UN Conference on Environment and Development/"Earth Summit" (Rio de Janeiro)	2. Rio Declaration 3. Agenda 21 4. UN Framework Convention on Climate Change 5. Statement of Forest Principles 6. UN Convention on Biological Diversity
1993	2nd World Conference on Human Rights (Wien)	- Vienna Declaration and Programme of Action
1994	World Conference on Natural Disaster Reduction (Yokohama)	
1994	3rd International Conference on Population and Development (Kairo)	- ICPD Programme of Action
1994	Conference on Small Island Developing States (Barbados)	
1995	World Summit for Social Development (Kopenhagen)	- Copenhagen Declaration on Social Development - Programme of Action - 20/20-Initiative des OECD/DAC

		- OECD/DAC-Resolution "Shaping the 21st Century" (1996): 7 International Development Goals (IDGs)
1995	4th World Conference on Women (Peking)	Beijing Platform for Action
1996	2nd UN Conference on Human Settlements/ "Habitat" (Istanbul)	Istanbul Decleration on the Habitat Agenda
1996	World Food Summit (Rom)	- Programme of Action
2000	UN General Assembly Millennium Summit (New York)	- Millennium Declaration
2001	World Conference against Racism, Racial Discrimination, Xenophobia and Related Intolerance (Durban)	- Durban Declaration and Programme of Action
2001	UN General Assembly (New York)	- Secretary-General's Report "Road Map Towards the Implementation of the Millennium Declaration" (enthält die MDGs)
2002	International Conference on Financing for Development (Monterrey)	- Monterrey Consensus: Bestätigung der MDGs, PRSP-Prozess; Erweiterung der HIPC-Initiative vom Kölner G8-Gipfel 1999; ODA-Erhöhung
2002	World Summit on Sustainable Development (Johannesburg)	- Erweiterung der MDGs um zwei Unterziele zur nachhaltigen Entwicklung
2012	World Summit on Sustainable Development Rio de Janeiro	- Gestaltung und Implementierung der Green Economy
2015	UN Decleration of Agenda 2030	- Entwicklung einer nationalen Nachhaltigkeitsstrategie auf der Grundlage der 17 SDGs

Anmerkung: Die rechte Spalte enthält nur Ergebnisse, deren Bedeutung über den auf der jeweiligen Konferenz besprochenen Themenkreis hinausgeht.

Tabelle 1: Das Jahrzehnt der Weltkonferenzen. Quelle: Eigene Darstellung

In diesem Zusammenhang ist besonders der Weltsozialgipfel 1995 in Kopenhagen hervorzuheben, da die 10-Punkte-Erklärung zur sozialen Entwicklung die Grundlage für die Millennium Development Goals (MDGs) bildet (Loewe 2005, S. 27). Ende der 1990er Jahre kam es auf internationaler Ebene, d. h. auch zwischen Industrie- und Entwicklungsländern, zu einem breiten Konsens, der die Verabschiedung der Millennium Declaration ermöglichte. Im September 2000 fand schließlich der Millenniumsgipfel statt. Auf diesem Gipfel wurde die Millennium Declaration verabschiedet. Auffallend ist, dass in den Kapiteln 3 und 4 der Millennium Declaration die *„International Development Goals"* der OECD/DAC-Resolution fast wörtlich übernommen wurden.

Vor diesem Hintergrund bekennen sich alle unterzeichnenden Staats- und Regierungschefs nicht nur zu einer persönlichen Verantwortung gegenüber ihrer jeweiligen Gesellschaft, sondern auch zu einer weltweiten gemeinschaftlichen Verantwortung für die Menschheit, insbesondere gegenüber den Schwächsten. Die Erklärung kommt zu dem Schluss, dass eine Wahrnehmung dieser Verantwortung nur durch weltweit angestrebte Maßnahmen erreicht werden kann. Internationale Beziehungen im 21. Jahrhundert sollten demnach durch die Grundwerte Freiheit, Gleichheit, Solidarität, Toleranz, Achtung vor der Natur sowie einer gemeinsam getragenen Verantwortung geprägt sein (United Nations General Assembly 2000, S. 2). Auf diesen Grundsätzen aufbauend definiert die Agenda schließlich vier programmatische Handlungsfelder der internationalen Politik im 21. Jahrhundert (United Nations General Assembly 2000, S. 2 ff.):

- Frieden, Sicherheit und Abrüstung,
- Entwicklung und Armutsbeseitigung,
- Schutz unserer gemeinsamen Umwelt,
- Menschenrechte, Demokratie und gute Lenkung.

An die Stelle der entwicklungspolitischen Dekadenstrategien der UN traten schließlich die aus der Millenniums-Erklärung abgeleiteten internationalen Entwicklungsziele, die sogenannten *„Millennium Development Goals"* (v. Hauff, Kuhnke, Hobelsberger 2017, S. 10 ff). Regierungsvertreter aus 189 Ländern verpflichteten sich dazu, bis 2015 auf internationaler Ebene zur Erfüllung der in Tabelle 2 dargestellten acht Ziele und 18 Zielvorgaben beizutragen (United Nations General Assembly 2002, S. 20 ff.), die seitdem um die Zielvorgaben 1.B, 5.B und 6.B ergänzt wurden:

	Formulation of Goals	Progress until 2014
MDG 1	**Eradicate extreme poverty and hunger**	
1.A	Halve, between 1990 and 2015, the proportion of people whose income is less than $1 a day	The extreme poverty rate has been halved, but major challenges remain.
1.B	Achieve full and productive employment and decent work for all, including women and young people	Slow economic growth takes its toll on labour markets.
1.C	Halve, between 1990 and 2015, the proportion of people who suffer from hunger	Hunger continues to decline, but major efforts are needed to achieve the hunger target globally by 2015.
MDG 2	**Achieve universal primary education**	
2.A	Ensure that, by 2015, children everywhere, boys and girls alike, will be able to complete a full course of primary schooling	Despite impressive strides forward at the start of the decade, progress in reducing the number of children out of school has slackened considerably.
MDG 3	**Promote gender equality and empower women**	
3.A	Eliminate gender disparity in primary and secondary education, preferably by 2005, and in all levels of education no later than 2015	Women's status in the labour market is improving, but gender disparity still exists.
MDG 4	**Reduce child mortality**	
4.A	Reduce by two thirds, between 1990 and 2015, the under-five mortality rate	The child mortality rate has almost halved since 1990; six million fewer children died in 2012 than in 1990.
MDG 5	**Improve maternal health**	
5.A	Reduce by three quarters, between 1990 and 2015, the maternal mortality ratio	Much more still needs to be done to reduce maternal mortality.

5.B	Achieve, by 2015, universal access to reproductive health	Adolescent childbearing has declined but remains very high in some regions.
MDG 6	**Combat HIV/AIDS, malaria and other diseases**	
6.A	Have halted by 2015 and begun to reverse the spread of HIV/AIDS	There are still too many new cases of HIV infection.
6.B	Achieve, by 2010, universal access to treatment for HIV/AIDS for all those who need it	Antiretroviral therapy has saved 6.6 million lives since 1995 and expanding coverage can save many more.
6.C	Have halted by 2015 and begun to reverse the incidence of malaria and other major diseases	With more than three million lives saved in the past decade, the world is on track to achieving the malaria target, but great challenges remain.
MDG 7	**Ensure environmental sustainability**	
7.A	Integrate the principles of sustainable development into country policies and programmes and reverse the loss of environmental resources	Global greenhouse gas emissions continue their upward trend; Millions of hectares of forest are lost every year, threatening this valuable asset; The world has almost eliminated ozonedepleting substances.
7.B	Reduce biodiversity loss, achieving, by 2010, a significant reduction in the rate of loss	Protected areas are increasing, thus helping to safeguard natural resources.
7.C	Halve, by 2015, the proportion of the population without sustainable access to safe drinking water and basic sanitation	Access to an improved drinking water source has become a reality for 2.3 billion people since 1990; Many people still rely on unsafe water sources.
7.D	By 2020, to have achieved a significant improvement in the lives of at least 100 million slum dwellers	Although the MDG target has been met, the number of people living in slum conditions is growing.

MDG 8	Develop a global partnership for development	
8.A	Develop further an open, rule-based, predictable, non-discriminatory trading and financial system	Trade liberalization has slowed, while least developed countries benefit from truly preferential treatment; Average tariffs have declined, but their reduction has moderated.
8.B and 8.C	Address the special needs of the least developed countries, landlocked developing countries and small island developing States	Aid is shifting away from the poorest countries.
8.D	Deal comprehensively with developing countries' debt	The debt burden of developing countries is much lower than in 2000, but is not declining further.
8.E:	In cooperation with pharmaceutical companies, provide access to affordable essential drugs in developing countries	No global or regional data are available.
8.F	In cooperation with the private sector, make available the benefits of new technologies, especially information and communications	The use of modern information and communications technology continues to grow with almost three billion people online and seven billion mobile-cellular subscriptions.

Tabelle 2: Die acht MDGs und 21 Zielvorgaben zu ihrer Verwirklichung
Quelle: United Nations 2014

Die MDGs bieten sowohl den Geber- als auch den Empfängerländern eine gemeinsame Orientierung für die Handlungsfelder der Entwicklungspolitik, die beiden Seiten Verantwortlichkeiten zuweist. Während sich die ersten sechs Millenniumsziele auf Vorgaben beziehen, die vor Ort in den Empfängerländern mit Unterstützung der Geber umgesetzt werden sollen, betonen die Millenniumsziele 7 und 8 besonders die Rolle der Industrieländer: ihnen obliegt es, jene Rahmenbedingungen zu schaffen, die es den Entwicklungsländern ermöglichen, ihre Verpflichtungen umzusetzen (Bains, Herfkens 2006, S. 226 ff).

Zur Sicherstellung der Messbarkeit der Fortschritte hinsichtlich der Erreichung der MDGs wurden für die verschiedenen Themenbereiche und Zielvorgaben 60 Indikatoren festgelegt. Darüber hinaus kam die Staatengemeinschaft darin überein, die Umsetzung der Millenniums-Erklärung regelmäßig zu überprüfen. Der Übersicht der MDGs in Tabelle 2 sind auch die Fortschritte bei der Erreichung der Ziele zu entnehmen. Zusammenfassend lässt sich festhalten, dass in dem Zeitraum für die Umsetzung der MDGs Fortschritte erzielt wurden. Einige der Indikatoren wiesen bereits vor 2015 das angestrebte Ergebnis auf. Allerdings wurden nicht alle Zielwerte bis Ende 2015 erreicht, weshalb weitere Anstrengungen notwendig wurden. Vielfach wurde auch diskutiert, ob die Zielvorgaben aus der Sicht der Zielgruppen ausreichend ambitioniert waren. Betrachtet man die Intention der Agenda 21 und der MDGs so lässt sich feststellen, dass inhaltlich ein klar erkennbarer Bezug besteht.

Aus der Sicht der Völkergemeinschaft kann festgehalten werden: mit der Vereinbarung der MDGs wurde ein bisher nicht erreichter breiter Konsens über einen überprüfbaren und zeitlich definierten Bezugsrahmen für die internationale Entwicklungspolitik geschaffen. Trotz dieses Alleinstellungsmerkmals sowie ihrer bedeutenden und richtungsweisenden Funktion wurden die Millennium Development Goals jedoch auch kritisiert. Einige dieser Kritikpunkte sind vor dem Hintergrund der Umsetzung von nachhaltiger Entwicklung und im Hinblick auf den Post-2015-Prozess relevant. Loewe gibt beispielsweise zu bedenken, dass einzelne MDGs lediglich auf Kosten anderer Entwicklungsziele erreicht werden könnten (mangelnde Kohärenz). Dies wiederum könne in nicht tragfähigen Entwicklungsstrukturen über das Jahr 2015 hinaus münden. Entsprechend der Anforderungen nachhaltiger Entwicklung wie der Langfristigkeit sowie der Interdependenz ökologischer, ökonomischer sowie sozialer Handlungsfelder besteht die Gefahr, dass diese bei der Erreichung der MDGs vernachlässigt werden (Loewe 2010, S. 113).

Ein weiterer Kritikpunkt ist der zu gering bewertete Stellenwert der MDGs zur Sicherung der ökologischen Nachhaltigkeit. Messner und Scholz (2010, S. 74) erkennen in der Rangfolge der MDGs den Ausdruck eines *„neuen Pragmatismus“* der Entwicklungspolitik, der angesichts der Komplexität der Handlungsfelder sowie der unterschiedlichen Interessenlagen von Industrie- und Entwicklungsländern zum Tragen kommt. Nuscheler und Roth (2006, S. 31) verweisen darauf, dass Umweltschutz nach Auffassung vieler Entwicklungsländer *„postmaterialistischer Luxus“* sei, der als Hemmnis der eigenen Entwicklung und Ressourcennutzung betrachtet wird. Infolgedessen komme es beispielsweise im Umweltschutz zu den beobachtbaren Divergenzen in der Prioritätensetzung von Industrie- sowie Entwicklungsländern.

In der Folge werde übersehen, dass die ersten sechs MDGs ohne die Erfüllung des siebten MDG zur Sicherung der ökologischen Nachhaltigkeit nicht erreichbar sind (WBGU 2005, S. 9). Dies führt zu einem Verlust der „Rio-Vision“, wonach Umwelt- und Entwicklungspolitik untrennbar miteinander verknüpft sind. Daher dürften die Millennium Development Goals nicht losgelöst von der Rio-Erklärung betrachtet werden. Trotz der genannten Kritikpunkte an den MDGs kann festgestellt werden, dass durch die Millenniums-Erklärung und der aus ihr abgeleiteten MDGs eine wichtige Diskussion über grundlegende Verbesserungen der Entwicklungspolitik angestoßen wurde: Sie führten zu einer Weiterentwicklung des *„Aid effectivenes“*-Gedankens (v. Hauff, Kuhnke, Hobelsberger 2017. S. 13).

Ein erster Meilenstein auf diesem Weg ist die „Rome Declaration“, die im Jahre 2003 auf einem hochrangigen Forum über die Wirksamkeit der Entwicklungszusammenarbeit verabschiedet wurde. In diesem Dokument verpflichteten sich die Teilnehmer des Forums zu einer stärkeren Harmonisierung und Partnerorientierung ihrer Entwicklungspolitik (UN 2013). Drei Schlüsseldokumente dieser Reformbemühungen wurden auf den darauffolgenden Foren über die Wirksamkeit der Entwicklungszusammenarbeit in Paris (2005), Accra (2008) und Busan (2011) verabschiedet. Industrie- und Entwicklungsländer suchten dabei gemeinsam nach Wegen, die Entwicklungszusammenarbeit effizienter zu gestalten, um damit eine höhere Wirksamkeit zu erzielen. Diesen Bemühungen wird in der internationalen Diskussion zur Weiterentwicklung bzw. Neuorientierung der Entwicklungspolitik eine große Bedeutung beigemessen. Daher sollen die verschiedenen Etappen nachfolgend kurz erläutert werden.

In Paris einigten sich 2005 mehr als 100 Vertreterinnen und Vertreter von Geber- und Partnerländern, von internationalen Entwicklungsorganisationen, Wirtschaft und Gesellschaft erstmalig gemeinsam auf Partnerschaftsverpflichtungen hinsichtlich ihrer künftigen Entwicklungspolitik. Diese *„Erklärung von Paris über die Wirksamkeit der Entwicklungszusammenarbeit“* beruht dabei auf den folgenden fünf Grundprinzipien:

- Im Sinne des **Prinzips der Ownership** verpflichten sich die Partnerländer dazu, die Führungsrolle bei der Konzipierung und Umsetzung ihrer nationalen Entwicklungsstrategien zu übernehmen. Im Gegenzug kommen die Geberländer darin überein, die führende Rolle der Partnerländer zu respektieren und sie in ihren Kapazitäten zur Ausübung derselben zu stärken.
- Vor dem Hintergrund des **Prinzips der Alignment** verpflichten sich die Geberländer dazu, ihre gesamte Unterstützung auf die nationalen Entwicklungsstrategien, -institutionen und -verfahren ihrer Partnerländer auszurichten.

- Im Interesse einer kollektiv höheren Wirksamkeit sieht das **Prinzip der Harmonisierung** eine bessere Abstimmung der Programme und Verfahren der Geberländer untereinander vor.
- Durch ein **Managing for Results** verpflichten sich die Geberländer dazu, sich an den Ergebnissen ihres entwicklungspolitischen Handelns zu orientieren. Sie sollen sich nicht an den erbrachten Leistungen in ihren Partnerländern ausrichten, während die Partnerländer auf die Schaffung eines ergebnisorientierten Berichterstattungs- und Orientierungsrahmens hinarbeiten.
- Das **Prinzip der Mutual Accountability** bezieht sich schließlich auf die Stärkung der Rechenschaftslegung der Geber- und Partnerländer sowohl untereinander, als auch gegenüber der Öffentlichkeit und den Parlamenten (High Level Forum on Aid Effectiveness 2005, S. 5 ff).

Das Ziel ist es, einen Anreiz sowie eine Grundlage für die Überprüfung der Fortschritte bei der Umsetzung der Prinzipien zu schaffen. Dafür bestimmte das Forum für jedes der fünf Prinzipien Zielvorgaben, die bis zum Jahr 2010 erreicht werden sollten (High Level Forum on Aid Effectiveness 2005, S. 12 ff). Im Jahre 2008 wurde die Erklärung von Paris durch den „Aktionsplan von Accra" ergänzt, der als Ergebnis des dritten Forums über die Wirksamkeit der Entwicklungszusammenarbeit in der ghanaischen Hauptstadt verabschiedet wurde.

In dem Aktionsplan wird zu Beginn betont, dass Entwicklungszusammenarbeit nur ein Teil der Entwicklungsbestrebungen sein kann. Im Rahmen des Dokuments werden darüber hinaus auch die Bereiche Demokratie, Wirtschaftswachstum, gesellschaftlicher Fortschritt, der pflegliche Umgang mit der Umwelt, die Gleichstellung der Geschlechter, sowie die Achtung der Menschenrechte als die wichtigsten Triebkräfte der Entwicklung identifiziert. In diesem Kontext stellt der Aktionsplan auch die Frage nach den Auswirkungen anderer Politikfelder auf die Fortschritte der Entwicklungszusammenarbeit. Er verweist darauf, dass die genannten Themenfelder mit allen Politiken systematischer und kohärenter anzugehen sind (High Level Forum on Aid Effectiveness 2008, S. 2 f). Im Prinzip wurden hier schon die Grundlagen für die Agenda 2030 mit den 17 SDGs gelegt.

Bei der Überprüfung der Fortschritte, die seit der Pariser Erklärung erzielt wurden, kommt der Aktionsplan zu dem Schluss, dass es besonders folgende drei Herausforderungen zu bewältigen gilt:

- Zum einen hebt der Aktionsplan noch einmal das in der Pariser Erklärung niedergelegte Prinzip der Eigenverantwortung als eine entscheidende Voraussetzung für eine wirksamere Entwicklungszusammenarbeit hervor. Demnach sieht der Aktionsplan eine noch stärkere Übernahme der Entwicklungspolitik durch die Regierungen der Entwicklungsländer vor. Diese werden dazu angehalten, ihre Parlamente und Bürger in die Ausgestaltung dieser Politik einzubeziehen. Die Geber hingegen verpflichten sich dazu, die ländereigenen Prioritäten ihrer Partnerländer zu achten. Bei der Umsetzung der Entwicklungszusammenarbeit soll in verstärktem Maße auf die in den Entwicklungsländern bereits vorhandenen Ressourcen und Systeme zurückgegriffen werden (High Level Forum on Aid Effectiveness 2008, S. 2 f).

- Zum anderen verweist der Aktionsplan auf die Notwendigkeit des Aufbaus wirksamerer und umfassenderer Partnerschaften. Angesichts der wachsenden Zahl an entwicklungspolitischen Akteuren, die besonders durch die zunehmende Partizipation von Ländern mittleren Einkommens, globaler Fonds sowie privatwirtschaftlicher und zivilgesellschaftlicher Akteure gewonnen hat, soll auf diese Weise den Herausforderungen im Hinblick auf Steuerung und Koordinierung der Aktivitäten wirkungsvoll begegnet werden (High Level Forum on Aid Effectiveness 2008, S. 3 ff).
- Schließlich kommt der Aktionsplan zu dem Schluss, dass der Erreichung von Entwicklungsergebnissen und einer offenen Berichterstattung über erzielte Fortschritte höchste Priorität einzuräumen ist. So gelte es, den Erwartungen der Bürger aller Länder zu entsprechen und eine adäquate Rechenschaft über die erzielten Ergebnisse entwicklungspolitischer Arbeit abzulegen (High Level Forum 2008, S. 6 f).

Eine besondere Bedeutung wird dem „Busan High level Forum" beigemessen. Es wurde teilweise als „*paradigm shift in foreign aid and development cooperation*" betitelt bzw. die Frage gestellt, ob hier ein „*post-aid world*"-Zeitalter angebrochen sei (Mawsley, Savage, Kim 2014). Im Rahmen des vierten und letzten High Level Forum on Aid Effectiveness, das im Dezember 2011 im südkoreanischen Busan stattfand, kamen insgesamt 3000 Vertreter von Regierungen aus Industrie- und Entwicklungsländern, multilateraler und bilateraler Organisationen sowie verschiedenster privat- und zivilgesellschaftlicher Organisationen in einer neuen Partnerschaft überein: dem „*Busan Partnership for effective development cooperation*".

Einerseits kann festgestellt werden, dass hierbei unterschiedliche Interessen aufeinandertrafen. Und dennoch gelang es gemeinsame Dokumente auszuarbeiten und vorzulegen die hinsichtlich ihrer möglichen Auswirkungen von Experten unterschiedlich beurteilt wurden. So argumentieren einige Kritiker, dass sich die zunehmende globale Einkommensungleichheit und die mangelnde Effektivität des Neoliberalismus im globalen Süden in jüngsten geopolitischen und epistemischen Entwicklungen niederschlagen können. Weiterhin ist beispielsweise zu bedenken, dass Chinas Aufstieg als Wirtschafts- und Militärmacht und seine Autorität beim Aufbau der Asiatischen Infrastruktur- und Investitions-Bank unmittelbar die euro-amerikanische Dominanz im Entwicklungsdiskurs bedrohen (Husain 2017, S. 337), wie noch weiter ausgeführt wird. Daher ist die Forderung nach einer hohen Transparenz zwischen den unterschiedlichen Akteuren im Rahmen dieser neuen Entwicklungsarchitektur für das Gelingen von *„Aid Effectiveness"* und deren Realisierung von zentraler Bedeutung.

Wie das Busan Partnership Document (BPD) betont, ist diese Partnerschaft breiter und inklusiver angelegt als zuvor und trägt auf diese Weise der zunehmend komplexen Architektur der Entwicklungszusammenarbeit Rechnung. In diesem Zusammenhang hebt der Bericht insbesondere den wachsenden Einfluss sogenannter *„emerging donors"* – wie schon erwähnt – hervor. Hierbei handelt es sich um jene Staaten wie z.B. Brasilien, China und Indien, die sich in der Entwicklungszusammenarbeit engagieren, jedoch keine Mitglieder des OECD Development Assistance Committees (DAC) sind. Gegenwärtig gehören dem DAC, das sich mit entwicklungspolitisch relevanten Fragestellungen und Handlungsfeldern auseinandersetzt, 30 Staaten an. Eine besondere Beachtung fand auch die wachsende Bedeutung des privaten Sektors „als Treiber von Entwicklung". Somit kam es zu der veränderten institutionellen Architektur und einem globalen Governance Regime *„of aid and development"* (Mawsley, Savage, Kim 2014, S. 27).

Obwohl der Begriff es anders vermuten lässt, sind *„emerging donors"* oder *„new donors"* in der Entwicklungszusammenarbeit kein neues Phänomen. So verweist Woods (2008, S. 1205 f) beispielsweise auf Hilfsprojekte arabischer Staaten oder auf jene der Volksrepublik China, die bereits in den 1950er beziehungsweise 1970er Jahren ihre Anfänge nahmen. Angesichts der in den vergangenen Jahren stark zunehmenden Investitionen von Ländern wie beispielsweise China, Indien oder Brasilien in anderen Entwicklungs- und Schwellenländern ist eine Machtverschiebung unter den Geberstaaten festzustellen. Sie führt auch zu einer Hinterfragung beziehungsweise Modifizierung bestehender Strukturen der Entwicklungszusammenarbeit.

Diese Entwicklung löst daher unter den *„traditionellen"* Geberstaaten teilweise Unzufriedenheit aus. Neben dem drohenden Verlust von Macht und Einfluss ist diese Skepsis auch auf die Tendenz der neuen Geberländer zurückzuführen, in die Politiken ihrer Partnerländer einzugreifen und Einfluss zu nehmen. Anders als im Falle der traditionellen Geberländer ist die Zusammenarbeit nicht an Bedingungen wie bspw. die Bemühung des Empfängerlandes um gute Regierungsführung oder die Berücksichtigung ökologischer und sozialer Standards geknüpft (Woods 2008, S. 1208 ff). Dieser Aspekt ist besonders vor dem Hintergrund der Umsetzung nachhaltiger Entwicklung bzw. der Förderung, d.h. Ausgestaltung und Implementierung der SDGs von Relevanz, da die Bemühungen der *„traditionellen"* Geberstaaten auf diese Weise Gefahr laufen können, untergraben zu werden.

Vor diesem Hintergrund betont das Abschlussdokument der Konferenz von Busan die Notwendigkeit und Bedeutung der Kooperation sowie des Erfahrungs- und Wissensaustausches zwischen allen Gebern. Zugleich betont das Dokument das Lösungspotential von Süd-Süd- sowie Dreieckskooperationen[1]. Es fordert alle Akteure dazu auf, dieses Potential durch entsprechende Zusammenarbeit auszuschöpfen. Ebenso verweist das Dokument auf die besondere Rolle der Privatwirtschaft im Kontext der Entwicklungszusammenarbeit: Als innovations-, einkommens- und beschäftigungsfördernde Akteure können Unternehmen demnach einen wichtigen Beitrag zu nachhaltigem Wachstum sowie zur Armutsbekämpfung beitragen. Öffentliche und private Akteure sollten demnach gemeinsam eruieren, wie Entwicklungs- und Unternehmensziele gleichermaßen und in einer sich gegenseitig stärkenden Weise gefördert werden können (High Level Forum on Aid Effectiveness 2011, S. 10).

Wie zuvor bereits der Aktionsplan von Accra greift auch das Abschlussdokument des High Level Forums von Busan den Aspekt der Politikkohärenz auf. Demnach vermag Entwicklungszusammenarbeit zwar eine katalytische und unabdingbare Rolle bei der Unterstützung beispielsweise der Armutsbekämpfung, der sozialen Sicherung, einer nachhaltigen Entwicklung oder des wirtschaftlichen Wachstums zu spielen. Zugleich kann Entwicklungszusammenarbeit jedoch nur als ein Teil der Lösung betrachtet werden. Folglich gilt es, die gegenseitigen Wechselwirkungen aller Politikfelder, nicht nur der Entwicklungspolitik, zu berücksichtigen und diese im Interesse entwicklungspolitischer Zielsetzungen aufeinander abzustimmen (High Level on Aid Effectiveness 2011, S. 3). Positiv formuliert kann festgestellt werden: Politikkohärenz weist noch ein großes Potenzial der besseren Abstimmung zwischen Politikbereichen auf. Beispielhaft ist die Beziehung von Außenhandelspolitik und Entwicklungszusammenarbeit aber auch zwischen Landwirtschaftspolitik und Entwicklungszusammenarbeit zu nennen.

Die internationale Gemeinschaft ist auch nach dem letzten High Level Forum on Aid Effectiveness um weitere Fortschritte dieser Thematik bemüht. So wurde das Engagement für eine effektive Entwicklungszusammenarbeit auf dem ersten High Level Meeting der Globalen Partnerschaft für effektive Entwicklungszusammenarbeit, das im April 2014 in Mexiko Stadt stattfand, bekräftigt. Im Anhang des Communiqué des High Level Meetings findet sich eine Übersicht von 39 freiwilligen Initiativen, die der Realisierung des Ziels einer effektiveren Entwicklungszusammenarbeit dienen sollen (Global Partnership for Effective Development Co-operation 2014).

---

1 Hierunter sind Kooperationen von DAC-Mitgliedern, neuen Geberländern und Empfängerländern zu verstehen.

3.4 Der Post-2015-Prozess

Nach der Vorstellung der Millennium Development Goals und der Diskussion um Aid Effectiveness soll nun die Post-2015-Agenda vorgestellt werden. Bereits im Jahr 2010 auf dem *UN Summit on the Millennium Development Goals* in New York kam es nach einer kritischen Bestandsaufnahme der bisherigen MDG-Fortschritte bzw. der unbewältigten Probleme zu der Forderung einer stärkeren Förderung der Zielagenda. So wurde der UN-Generalsekretär beauftragt, die Fortschreibung der MDGs einzuleiten. Daraufhin initiierte Ban Ki-moon einen umfassenden Prozess zur Erarbeitung einer post-2015-Development Agenda. Das nach Rio+20 gegründete High-level Political Forum on Sustainable Development befasste sich in seinen ersten Sitzungen im September 2013 und Juli 2014 hauptsächlich mit der Post-2015-Agenda (Eine detaillierte Zusammenstellung des Prozesses wird in United Nations General Assembly 2015 aufgezeigt.).

Dabei geht es entsprechend dem Abschlussdokument der Rio+20-Konferenz darum, die Post-2015 Entwicklungsagenda durch die Formulierung von Sustainable Development Goals (SDGs) zu konkretisieren. Die Grundüberlegung hierbei war, dass eine wirksame internationale Nachhaltigkeitspolitik sowohl ein starkes Leitbild mit allgemein anerkannten normativen Handlungsrahmen benötigt als auch einen globalen politischen Konsens über handlungsleitende Ziele erfordert. Es bestand ein Konsens, dass diese durch Zeitvorgaben und Indikatoren konkretisiert werden müssen. So wurde auf der 68. Sitzung der UN-Generalversammlung im Jahr 2013 beschlossen, eine gemeinsame Agenda, in der Nachhaltigkeitsziele integriert werden, für die Zeit nach dem Ablauf der Millenniumsziele zu formulieren. Hierzu wird festgestellt:

„Recognizing the intrinsic interlinkage between poverty eradication and the promotion of sustainable development, we underline the need for a coherent approach that integrates in a balanced manner the three dimensions of sustainable development. This coherent approach involves working towards a single framework and set of goals, universal in nature and applicable to all countries, while taking account of differing national circumstances and respecting national policies and priorities. It should also promote peace and security, democratic governance, the rule of law, gender equality and human rights for all" (United Nations General Assembly 2013, S. 4).

Für die Erarbeitung eines Entwurfs der Sustainable Development Goals (SDGs) wurden verschiedene Arbeitsgruppen berufen. Die Veröffentlichungen dieser Arbeitsgruppen wurden Anfang März 2014 von Ländergruppen wie Deutschland, Frankreich und der Schweiz zu zwölf Development Goals konkretisiert. Die offene Arbeitsgruppe entwickelte aus diesen Zwischenergebnissen bis September 2014 einen Entwurf konkreter SDGs, der bei der UN-Generalversammlung 2014 vorgestellt und in die internationalen Verhandlungen eingebracht wurde. Diese neue Entwicklungsagenda wurde schließlich im September 2015 auf dem United Nations Summit in New York zur Verabschiedung gebracht (United Nations Department of Economic and Social Affairs 2015). In Abbildung 7 finden sich die 17 Sustainable Development Goals. Sie werden durch 169 Unterziele (targets) konkretisiert. Positiv hervorzuheben ist, dass die einzelnen Ziele inhaltlich stärker konkretisiert werden als die MDGs. Hinsichtlich der zeitlichen Vorgabe sollen die Ziele bis 2030 umgesetzt werden.

Abbildung 7: Die globalen Ziele für nachhaltige Entwicklung
Quelle: Die Bundesregierung: Deutsche Nachhaltigkeitsstrategie, Berlin 2017

Zusammenfassend lässt sich feststellen, dass der neue institutionelle Rahmen und die von der UN initiierten umfassenden Post-2015-Prozesse dazu beitragen können, dass es zu einer Stärkung des internationalen Nachhaltigkeitsregimes kommt. Es ist also zu hoffen, dass durch die Verabschiedung der Agenda 2030 mit den Sustainable Development Goals nachhaltige Entwicklung im Vergleich zu den bisherigen MDG-Entwicklungszielen zu einem stärkeren integralen Bestandteil der globalen Entwicklungsagenda wird.

Eine wichtige Voraussetzung hierfür ist jedoch, dass es entsprechend den Anforderungen nachhaltiger Entwicklung zu einer Gleichrangigkeit der drei Dimensionen kommt, d.h. die ökologische Dimension nicht wie bei den MDGs eine geringere Berücksichtigung als die beiden anderen Dimensionen findet. Weiterhin muss es darum gehen, ein Gleichgewicht zwischen den drei Dimensionen auf globaler und auf nationaler, d.h. auf der Ebene der einzelnen Länder anzustreben. Dabei gilt zu berücksichtigen, dass ein Gleichgewicht nie in vollem Maße zu erreichen ist. Es sollte aber zumindest angestrebt werden. Insofern handelt es sich hierbei um einen Prozess, der auch immer wieder an sich verändernde Bedingungen angepasst werden muss.

In diesem Kontext kam es bereits im Vorfeld zu kritischen Anmerkungen, die hier nur exemplarisch genannt werden sollen. So stellt beispielsweise die OECD in ihrer Studie „*Aspekte der Fragilität – Lassen sich die Ambitionen der Post-2015-Agenda erfüllen?*" fest, dass fragile Staaten bei der Erfüllung der MDGs im Verhältnis zu den weniger fragilen Staaten Defizite aufweisen. Daher werden zwei Forderungen aufgestellt:

[1] Fragilität sollte nach 2015 nach anderen Kriterien beurteilt werden.

[2] Es bedarf gezielter Maßnahmen zur Überwindung der Fragilität, um die Umsetzung der Post-2015-Entwicklungsziele realisieren zu können (OECD 2015b, S. 13 f.).

Es wird teilweise bezweifelt, dass die Botschaft, wonach die Post-2015-Agenda auch in den Industrieländern umgesetzt werden soll, bei diesen wirklich angekommen ist. Daher wird gefordert, dass auch die Industrieländer die Post-2015-Agenda konsequent im Sinne der Nachhaltigkeitsziele wahrnehmen und im Rahmen von nationalen Nachhaltigkeitsstrategien umsetzen. Schließlich ist zu befürchten, dass die siebzehn Ziele wieder als Einzelziele gesehen und angestrebt werden. Dabei geht vielmehr darum, dass die Ziele als interdisziplinäre Zielbündel betrachtet werden, wie es im Kontext der Dreidimensionalität nachhaltiger Entwicklung gefordert wird und daher die Ziele zu vernetzen sind. Die Agenda 2030 wird in Kapitel 6 noch ausführlich vorgestellt und es wird aufgezeigt, wie sie in eine nationale Nachhaltigkeitsstrategie eingebracht werden kann.

Der Anspruch von Zielbündeln lässt sich an dem SDG 8 "Promote sustained, inclusive and sustainable economic growth, full and productive employment and decent work for all" verdeutlichen. So wird "inclusive growth" beispielsweise von der OECD definiert als:

"Tackling inequalities in incomes, health outcomes, education and well-being, requires breaking down the barriers to inclusive growth and reaching new frontiers in policymaking and implementation. Everyone should be able to realize their potential and to share the benefits of growth and increased prosperity" (OECD Secretary-General).

Diese Kriterien sind jedoch in den weiteren Ausführungen zu diesem Ziel nicht zu finden und es gibt auch keinen Querverweis zu anderen SDGs. Insofern sollten die Sustainable Development Goals besonders im Kontext einer nationalen Nachhaltigkeitsstrategie überprüft werden, wie sie inhaltlich noch besser aufeinander abgestimmt bzw. miteinander vernetzt werden können. Dies wird in Kapitel 5 vertieft behandelt bzw. diskutiert. Zuvor ist es jedoch notwendig, die drei Dimensionen nachhaltiger Entwicklung inhaltlich zu konkretisieren, um die Anforderungen nachhaltiger Entwicklung zu verdeutlichen. Weiterhin wird aufgezeigt, wie die drei Dimensionen zusammengeführt werden können.

4 Theoretische Begründung nachhaltiger Entwicklung

Nachhaltige Entwicklung zielt aus ökonomischer Sicht auf die Sicherung der Lebens- und Produktionsgrundlagen einer Gesellschaft im Sinne eines globalen und dauerhaften Erhalts der Umwelt sowie auf die Entwicklung und Stabilisierung des Wirtschafts- und Sozialsystems ab. Darin spiegelt sich das Gleichgewichtsverständnis der Dreidimensionalität wider. Der Anspruch nachhaltiger Entwicklung geht jedoch darüber hinaus und fordert die intra- und intergenerationelle Gerechtigkeit, wie in Kapitel drei schon aufgezeigt wurde. In jüngerer Vergangenheit wurde in diesem Zusammenhang auch der Begriff „*Nachhaltige Ökonomie*" eingeführt (Rogall 2012). Über die inhaltliche Abgrenzung gibt es jedoch eine kontroverse Diskussion, die im Folgenden aufgezeigt wird. Diese Kontroverse ist sowohl für Industrie- als auch für Entwicklungsländer relevant, da hier Grundpositionen deutlich werden, die für die Politikgestaltung und damit auch für die Ausgestaltung einer nationalen Nachhaltigkeitsstrategie von zentraler Bedeutung sind. Nur so können klare Konturen in Entwicklungsländern und in der Entwicklungspolitik für den vielfach geforderten Transformationsprozess aufgezeigt werden.

In der ökonomischen Diskussion dominierte lange die neoklassische Ökonomie (vgl. hierzu Abschnitt 5.1). Heute gibt es jedoch durch das Paradigma nachhaltiger Entwicklung unterschiedliche Positionen (vgl. hierzu auch Rao 2000, S. 84 ff; v. Hauff 2014, S. 19 ff). Bis heute stehen sich z. B. hinsichtlich der Beziehung Ökonomie und Ökologie die neoklassische Ökonomik und die Ökologische Ökonomik unvereinbar gegenüber (vgl. u.a. Daly, Farley 2013), wie in Abschnitt 5.2 aufgezeigt wird. Aber auch im Kontext der Diskussion über intra- und intergenerationelle Gerechtigkeit gibt es konträre Positionen, die dem Anspruch nachhaltiger Entwicklung unterschiedlich gerecht werden. Daher werden in Abschnitt 5.3 ausgewählte Gerechtigkeitstheorien aufgezeigt und auf ihren Beitrag zur Begründung nachhaltiger Entwicklung geprüft.

4.1 Die Position der neoklassischen Ökonomie zur Beziehung im Kontext nachhaltiger Entwicklung

Das Verständnis der neoklassischen Ökonomie zu dem Paradigma nachhaltiger Entwicklung wurde ganz wesentlich durch den 1972 erschienenen ersten Bericht an den Club of Rome „*Grenzen des Wachstums*" ausgelöst (Meadows et al. 1972). Es ging bereits zu Beginn der 1970er Jahre in der Ökonomie um die Frage, wie die gegenwärtige Generation zu wirtschaften habe, damit auch zukünftige Generationen hinsichtlich des verfügbaren Kapitals nicht schlechter gestellt sind. In dem Bericht an den Club of Rome wurden erstmals die Grenzen der menschlichen Handlungsmöglichkeiten in Bezug auf die Generierung von Wachstum durch die begrenzten, nicht erneuerbaren Ressourcen aufgezeigt. Im Prinzip war der Bericht „*Grenzen des Wachstums*" eine Fundamentalkritik an der neoklassischen Ökonomik. Das Streben nach permanentem Wachstum durch ökonomische Aktivitäten, wie es in den ersten drei Entwicklungsdekaden im Mittelpunkt stand, wurde kritisch hinterfragt und als unvereinbar mit den natürlichen Grenzen des menschlichen Handelns angesehen. In der Folge entstanden ressourcenökonomische Modelle, die die Grundlage für den nutzenorientierten Nachhaltigkeitsbegriff der Neoklassik bilden. In diesen Modellen geht es um die optimale Nutzung knapper Ressourcen um Wirtschaftswachstum weiterhin zu ermöglichen.

1974 fand, als Reaktion auf den Bericht „*Grenzen des Wachstums*", ein Symposium des „*Review of Economic Studies*" statt, bei dem die Möglichkeiten des wirtschaftlichen Wachstums mit endlichen Ressourcen diskutiert wurden. In diesem Zusammenhang weist Stiglitz auf drei Faktoren hin, die in dem Bericht an den Club of Rome von Meadows et al. nicht berücksichtigt wurden und daher zu einer Relativierung der von der Endlichkeit der natürlichen Ressourcen ausgehenden Begrenzung des wirtschaftlichen Wachstums führen (Stiglitz 1974, S. 123):

- technischer Fortschritt,
- die Möglichkeit der Substitution von Naturkapital durch Sachkapital (substitution of man-made factors of production (capital) for natural ressources) und
- Skalenerträge.

Skalenerträge (returns of scale) geben über die Entwicklung der produzierten Menge von Gütern Auskunft, wenn der Einsatz der Produktionsfaktoren Arbeit und Kapital verändert wird. Von steigenden Skalenerträgen spricht man, wenn die produzierte Menge an Gütern stärker wächst als die zusätzlich eingesetzte Menge der Produktionsfaktoren. In diesem Fall steigt der Output an Gütern schneller als der Input an Produktionsfaktoren. Abnehmende Skalenerträge treten ein, wenn die eingesetzten Produktionsfaktoren stärker steigen als die Menge an produzierten Gütern. Diese Situation kann besonders in weniger entwickelten Entwicklungsländern durchaus eintreten.

Diese drei Faktoren ermöglichen es nach Auffassung der neoklassischen Ökonomen, die an dem Symposium teilnahmen, dass auch alle zukünftig lebenden Menschen einen gleichen oder steigenden Pro-Kopf-Konsum haben können und damit ein mindestens gleiches Nutzniveau wie die gegenwärtig lebenden Menschen haben werden. Folgt man der neoklassisch orientierten Argumentation zur Nachhaltigkeit weiter, so stellt man fest, dass der neoklassische Nachhaltigkeitsbegriff auch nach dem Erscheinen des Brundtland-Berichtes an die bereits 1974 entwickelte Position eines im Zeitraum nicht sinkenden Nutzniveaus anknüpft. Bei dieser Sichtweise steht der gesamtwirtschaftliche Kapitalstock im Zentrum des Interesses.

Es geht also um die Frage, wie die Sicherung der Bedürfnisbefriedigung künftiger Generationen in der neoklassischen Theorie abgebildet wird. Hierzu wurden Begriffe wie intergenerationelle oder intertemporale Gerechtigkeit eingeführt. Von der neoklassischen Theorie wird in diesem Kontext die Sicherung eines nicht sinkenden Kapitalstocks pro Kopf als notwendig erachtet, um die Bedürfnisbefriedigung auf gleichem Niveau zu erhalten. Ist dieser Zustand erreicht, gilt er nach Solow als intertemporal gerecht (Solow 1974, S. 29). Betrachtet man sich die ungetrübte Wachstumseuphorie in vielen Entwicklungsländern, so spiegelt sich hier die aufgeführte neoklassische Position eindeutig wider.

Geht man davon aus, dass Naturkapital durch Sachkapital beliebig substituiert werden kann, kommt man zu einer spezifischen Form der Nachhaltigkeit: Diese Position wird mit dem Begriff der „*Weak Sustainability*" oder „*Schwachen Nachhaltigkeit*" gekennzeichnet. Bei der schwachen Nachhaltigkeit lässt sich der Verbrauch nicht erneuerbarer Ressourcen durch Investitionen in Kapitalgüter kompensieren, wodurch der gesamte Kapitalbestand konstant bleibt. Dabei wird jedoch der Zustand von Ökosystemen zumindest teilweise vernachlässigt. Werden bei Ökosystemen die kritischen Grenzen überschritten (z.B. Klimawandel, Biodiversität), kann ein Wirtschaftssystem so irreversibel geschädigt werden, dass wirtschaftliches Wachstum auch dadurch an Grenzen kommen kann. Für zukünftige Generationen kann somit ein Verlust entstehen, der durch den Erhalt des Gesamtkapitals nicht kompensiert werden kann.

Hinzu kommt, dass nach Pearce und Atkinson schwache Nachhaltigkeit für zukünftige Generationen Indifferenz zwischen Sachkapital und Naturkapital voraussetzt (Pearce, Atkinson 1993, S. 64). Dieser Zusammenhang wurde erstmals von Hartwick aufgezeigt und wurde daher als Hartwick-Regel bezeichnet (Hartwick 1977, S. 972-974). Dabei lässt sich die Kompensation von Naturkapital durch Sachkapital durch technischen Fortschritt realisieren. Die soziale Dimension, die eine Ergänzung für die ökonomische und ökologische Nachhaltigkeit darstellt, wurde in der neoklassischen Ökonomik bisher nicht berücksichtigt.

In Anlehnung an den Brundtland-Bericht definiert Solow Nachhaltigkeit im Sinne der schwachen Nachhaltigkeit wie folgt:

"I could think of this to say that it is an obligation to conduct ourselves so that we leave to the future the option or capacity to be as well off as we are (Solow 1993, S. 181)."

Diese Formulierung zeigt, dass es kein Gebot gibt, bestimmte Naturbestandteile zu erhalten. In Entwicklungsländern gelten diese Zusammenhänge der schwachen Nachhaltigkeit jedoch oft nicht. So werden in vielen Entwicklungsländern knappe Ressourcen wie z.B. seltene Metalle und Seltene Erden oft in großen Mengen abgebaut. Dadurch sinkt der Bestand an Naturkapital. Die Erlöse fließen jedoch häufig nicht in Investitionen von Kapitalgütern in dem jeweiligen Entwicklungsland, sondern werden von großen Konzernen, die die Rohstoffe abbauen, in andere Länder transferiert. Der Bestand an Naturkapitel sinkt also und gleichzeitig stagniert der Bestand an Sachkapital, wodurch der gesamte bzw. aggregierte Kapitalbestand sinkt. Das entspricht nicht den Anforderungen der schwachen Nachhaltigkeit.

4.2 Die Ökologische Ökonomie und ihre Kritik an der neoklassischen Ökonomie

Die Grundpositionen der Ökologischen Ökonomie wurden durch Arbeiten von Georgescu-Roegen und Boulding Mitte der 1970er Jahre inspiriert und in die ökonomische Diskussion eingeführt (Georgescu-Roegen 1971, Kapp 1963, Boulding 1976). Sie kam dann Mitte der 1980er Jahre als neue Disziplin zunächst in den USA unter der Bezeichnung „*Ecological Economics*" auf (v. Hauff 2014, S. 51). Im Mittelpunkt der Ökologischen Ökonomie steht das umweltpolitische Leitbild nachhaltiger Entwicklung. Dabei ist festzustellen, dass in der Ökologischen Ökonomie die Beziehung der beiden Kategorien Ökonomie und Ökologie im Mittelpunkt stehen und, ebenso wie in der neoklassischen Ökonomie, die soziale Dimension weitgehend vernachlässigt wird. Einige Vertreter der Ökologischen Ökonomie sind jedoch darum bemüht, auch die soziale Dimension zu berücksichtigen (Common, Stagl 2005).

Die Ökologische Ökonomie geht weit über den Mainstream besonders einer neoklassischen Orientierung hinaus. Im Mittelpunkt der Begründung nachhaltiger Entwicklung steht die Bedeutung ökologischer Systeme für die Sicherung bzw. Verbesserung der menschlichen Lebensbedingungen, d. h. die Wohlfahrt für die gesamte Gesellschaft. Dabei gilt jedoch zu berücksichtigen, dass die Ökologische Ökonomie bis heute nicht für eine umfassende und in sich geschlossene Theorie steht. Sie steht vielmehr für die Zusammenführung verschiedener Wissenschaften (Ökologie, Ökonomie, Soziologie und Politologie) welche die vielfältigen Dimensionen der ökologischen Nachhaltigkeit widerspiegeln. So lassen sich disziplinübergreifende und damit der Wirklichkeit annähernde Analysen und Lösungen entwickeln und aufzeigen (Brown, Timmermann 2015; Spash 2017). Es ist bis heute auch keine einheitliche bzw. konsistente theoretische Fundierung gegeben. In jüngerer Vergangenheit gibt es daher auch eine kritische Diskussion zu der mangelnden theoretischen Fundierung der Ökologischen Ökonomie (Spash 2013, S. 351). Von Spash wird auch eine Weiterentwicklung der empirischen Fundierung gefordert.

Die neoklassische Umweltökonomie postuliert, dass der Selbststeuerungsmechanismus des Marktes im Prinzip funktioniert, wobei ein Korrekturbedarf bei Vorliegen externer Effekte notwendig wird. Am einfachsten ist es natürlich, dass der Verursacher von Umweltbelastungen und der Betroffene sich im Rahmen von Verhandlungen auf eine Kompensation einigen (Coase-Theorem). Beispiel: Ein Unternehmen produziert an einem Fluss und belastet das Flusswasser. Ein weiter flussabwärts gelegenes Unternehmen kann das verunreinigte Wasser für die eigene Produktion nicht nutzen. Es benötigt für seine Produktion sauberes, d.h. gereinigtes Wasser. In diesem Zusammenhang gibt es verschiedene Strategien, wie sich die beiden Unternehmen zur beiderseitigen Zufriedenheit einigen können. Da diese Internalisierungsstrategie jedoch nur in sehr einfachen Konstellationen möglich ist, bedarf es in der Regel staatlich vorgegebener Maßnahmen wie Gebote, Verbote oder einer Zertifikatslösung (vgl. hierzu das Kyoto-Abkommen).

Dabei muss es darum gehen, die Ökonomie in die Natur zurückzuholen, d. h. sie wieder in die Grenzen der Natur (ökologische Leitplanken) einzufügen (Isenmann, v. Hauff 2007). Ein zentrales Anliegen dabei ist die Vermeidung von Irreversibilitäten bei Ökosystemen, was in der neoklassischen Umweltökonomie kaum thematisiert wird. Weiterhin erkennt die Ökologische Ökonomie das Problem, dass es zu intergenerationalen Ungleichheiten, d. h. zu Ungleichheiten zu Ungunsten zukünftiger Generationen im Vergleich zu der heute lebenden Generation und somit zu einer nicht nachhaltigen Entwicklung kommen kann. Der Klimawandel, der bisher weiter voranschreitet, ist ein typisches Beispiel dafür, dass die zukünftigen Generationen Folgelasten zu tragen haben, die zu intergenerationaler Ungleichheit führt.

Auf der Grundlage der evolutionären und von Unsicherheit geprägten Situation muss eine Kombination eines Kapitalstocks geschaffen und erhalten werden, der sowohl aus natürlichem als auch aus „menschengeschaffenem Kapital" (Sachkapital) besteht. Daraus begründet sich die *Strong Sustainability* oder *Starke Nachhaltigkeit*, die das zentrale Paradigma der Ökologischen Ökonomie ist. Sie stellt die Substituierbarkeit von Natur- durch Sachkapital grundsätzlich in Frage. Costanza et al. definieren in diesem Kontext Nachhaltigkeit sehr prägnant, wonach ein nachhaltiges System ein System ist, das überlebt bzw. fortdauert und sich nicht selbst in Frage stellt bzw. zerstört (Costanza, Patten 1995, S. 1994). Eine wesentliche Begründung starker Nachhaltigkeit basiert auf dem Grundsatz, dass intergenerationelle Gerechtigkeit den Bestand verschiedener Kapitalarten voraussetzt. Das gilt besonders für das natürliche Kapital, da es zum Sachkapital häufig in einem komplementären Verhältnis steht: Ein Fischerboot ohne Fische in Seen oder Flüssen ist nutzlos. Hier geht es also um die Komplementarität der verschiedenen Kapitalarten, wie sie schon in Kapitel vier erläutert wurde.

Eine weitere wichtige Begründung für die starke Nachhaltigkeit ist, dass das menschliche Überleben von der Erhaltung besonders sensibler Ökosysteme abhängt. Eine Abnahme der Biodiversität kann nicht durch Sachkapital kompensiert werden. Gleiches gilt – wie schon erwähnt – auch für den fortschreitenden Klimawandel und auch für das Artensterben. Weitere Funktionen der Natur wie die Regenerationsfunktion bzw. die ethische Funktion sind für das menschliche Wohlbefinden von großer Bedeutung. Sie sollen hier jedoch nicht vertieft werden.

Die starke Nachhaltigkeit wurde von Vertretern der Ökologischen Ökonomie durch verschiedene Operationalisierungskriterien konkretisiert (Daly 1990, S. 1-6).

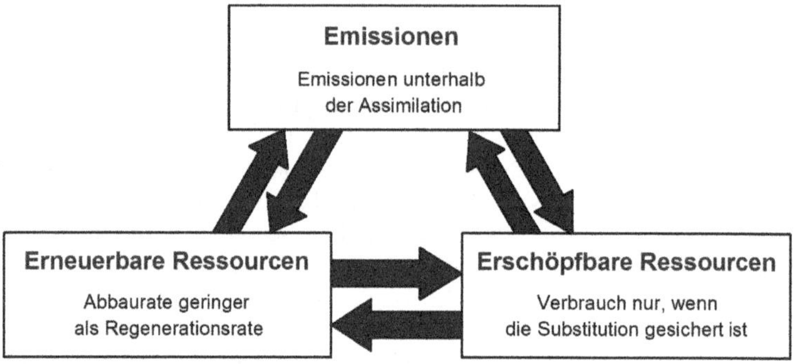

Abbildung 8: Handlungsregeln für nachhaltige Entwicklung
Quelle: in Anlehnung an Daly 1990, S. 2

Die Assimilationsregel und die Nutzung regenerierbarer Ressourcen beziehen sich auf die biologisch-physikalischen Regenerationskapazitäten der Natur. Die Umweltmedien Wasser, Luft und Boden dürfen nur in dem Maße belastet werden, wie sie sich auf natürliche Weise regenerieren können. Eine Verschärfung von Umweltbelastung lässt sich vermeiden, wenn diese Regel eingehalten wird. In vielen Entwicklungsländern haben die Belastungen von Wasser, Luft und Boden jedoch Dimensionen erreicht, wonach eine natürliche Regenerierung kaum noch möglich ist. Eine vergleichbare Argumentation gilt für regenerative Ressourcen: Solange ihr Verbrauch nicht größer als ihre natürliche Regeneration ist, bleiben die Bestände konstant. Das lässt sich sehr gut am Beispiel von Wäldern verdeutlichen. Schon Hans Carl von Carlowitz forderte in seiner berühmten Schrift aus dem Jahr 1713, dass eine *„continuierliche und beständig nachhaltende Nutzung"* erforderlich sei.

„Denn je mehr Jahr vergehen, in welchem nichts gepflanzet und gesaet wird, je langsamer hat man den Nutzen zugewarten, und um so viel tausend leidet man von Zeit zu Zeit Schaden, ja um so viel mehr geschickt weitere Verwüstung, daß endlich die annoch vorhandenen Gehöltze angegriffen, vollends consumiret und sich je mehr und mehr vermindern müssen. … Wo Schaden aus unterbliebener Arbeit kommt, da wächst der Menschen Armuth und Dürfftigkeit. Es lässet sich auch der Anbau des Holtzes nicht so schleunig wie der Acker-Bau tractiren (von Carlowitz 1713, S. 105)."

Betrachtet man den Rückgang der Wälder in vielen Entwicklungsländern, so hat dieses Zitat gerade heute eine große Aktualität. Für erschöpfbare Ressourcen lassen sich keine wissenschaftlich begründeten Handlungsregeln aufstellen. Bei dem Verbrauch von Erdgas, Erdöl und sonstigen nicht regenerativen Ressourcen wie Kohle können die Bestände nicht konstant gehalten werden. Ein dauerhafter Verzicht ist also in jeder wirtschaftenden Gesellschaft, die ein bestimmtes Wirtschaftsniveau erreicht hat – ceteris paribus – nicht denkbar. Daher wird der Verbrauch von nicht regenerativen Ressourcen meist an die Bedingung geknüpft, dass die Substitution gewährleistet ist: Es sind Ressourcen verfügbar bzw. werden entwickelt, die nicht regenerative Ressourcen substituieren können.

Die Kontroverse zwischen neoklassischer Umweltökonomie und Ökologischer Ökonomik weist eine weitere Polarisierung auf, wenn es um die auch für Entwicklungsländer hoch relevante Frage geht, ob nachhaltige Entwicklung und wirtschaftliches Wachstum miteinander vereinbar sind (vgl. hierzu ausführlich v. Hauff, Jörg 2017). Die gegensätzlichen Positionen sind klar abgegrenzt. Auf der einen Seite gibt es die Position, wonach Wachstum und nachhaltige Entwicklung *„Hand in Hand"* gehen können. Die andere Position geht davon aus, dass Wirtschaftswachstum zu einer übermäßigen Belastung der Umwelt führt, d. h. einerseits die Natur bzw. Ökosysteme irreversibel schädigt und andererseits dem Wachstum Grenzen gesetzt sind.

Das Paradigma starker Nachhaltigkeit geht somit von einem unauflösbaren Zielkonflikt zwischen Wirtschaftswachstum und Umweltqualität aus. Daher werden die neoklassischen Umweltökonomen vielfach auch als Wachstumsoptimisten und die Vertreter der Ökologischen Ökonomie als Wachstumspessimisten bezeichnet. In der folgenden Abbildung werden neben den beiden Grundpositionen weitere Ansätze aufgezeigt, die den Wachstumskritikern zuzuordnen sind. Die neuere Diskussion um green growth bzw. inclusive growth setzt gerade in Entwicklungsländern andere Akzente, die noch vorgestellt werden. Dabei geht es darum Wachstum und Nachhaltigkeit zusammen zu führen.

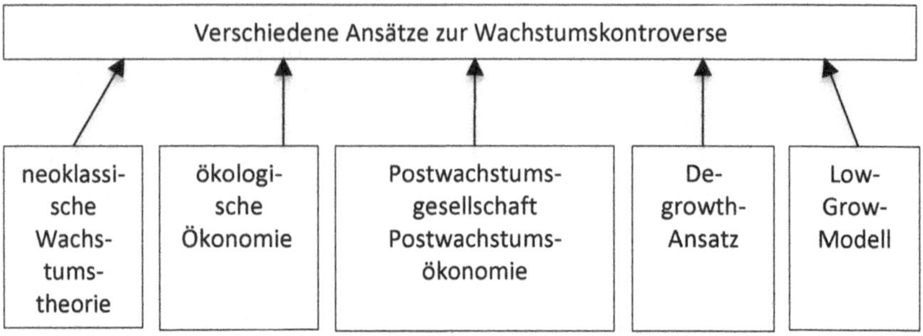

Abbildung 9: Die Wachstumskontroverse im Kontext nachhaltiger Entwicklung
Quelle: Eigene Darstellung

Neben der aufgezeigten Polarisierung in schwache und starke Nachhaltigkeit wurde noch das Paradigma der „ausgewogenen Nachhaltigkeit" entwickelt. Damit kommt man aus der Sicht der Vertreter dieses Paradigmas aus der Kontroverse um quantitatives Wachstum einerseits (neoklassische Position) versus Nullwachstum (Position der Ökologischen Ökonomie) andererseits heraus. Die oberste Priorität im Kontext der ausgewogenen Nachhaltigkeit ist eine weltweite Befriedigung von Grundbedürfnissen und die Verbesserung der Lebensqualität gegenwärtig und zukünftig lebender Generationen (v. Hauff 2014).

Die Vertreter einer Nachhaltigkeit ohne explizite Wachstumsgrenzen sind sich darin einig, dass für die geforderte Umwandlung des bisherigen Zielkonfliktes in eine Zielharmonie nicht das Ausmaß, sondern einzig die Art des Wirtschaftswachstums ausschlaggebend ist. Wachstum muss dementsprechend eine umweltschonende Qualität annehmen. Das kann durch eine Verringerung und Veränderung des Material- und Energieeinsatzes, durch Sparsamkeit, Reparaturfähigkeit von Gütern, Recycling, Effizienzverbesserung, Materialsubstitution und Grundstrukturveränderung erreicht werden. Weiterhin ist bei den Konsumenten eine Bewusstseinsveränderung in Richtung nachhaltiger Konsum notwendig, wie er auch in der Agenda 2030 gefordert wird.

Die folgende Synopse zeigt noch einmal die wesentlichen Merkmale der verschiedenen Paradigmen der schwachen, starken und ausgewogenen Nachhaltigkeit auf.

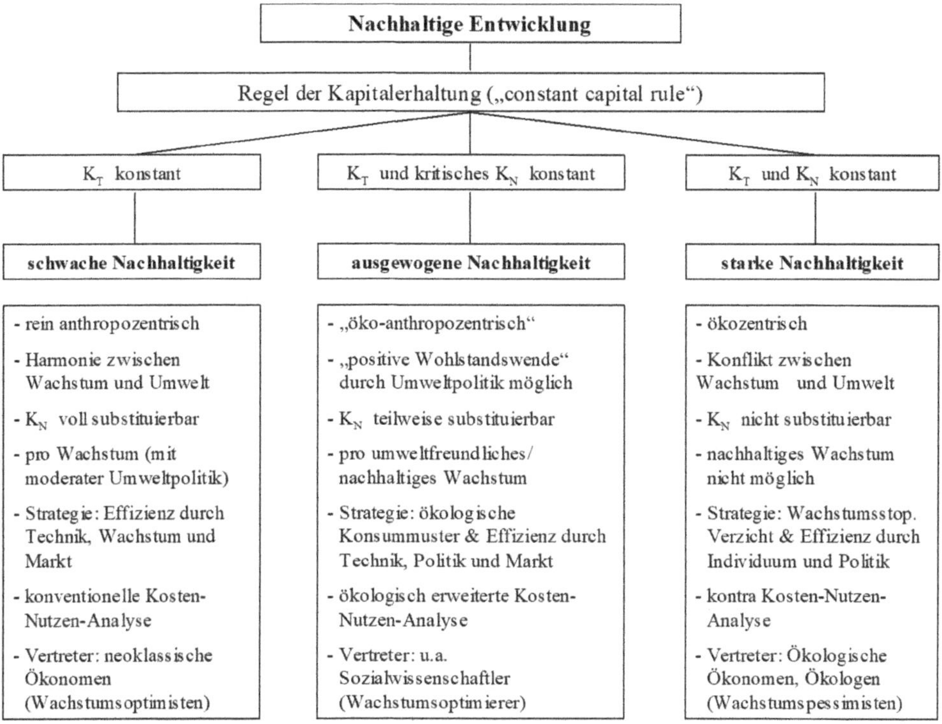

K_T = Gesamter Kapitalstock; K_N = Naturkapital

Abbildung 10: Strukturelle Darstellung der drei Paradigmen zur nachhaltigen Entwicklung
Quelle: Steurer 2001, S. 557

Exkurs: Wirtschaftswachstum und Umwelt

Betrachtet man die neuere wachstumstheoretische Diskussion zu der Beziehung zwischen technologischem Wandel, Wirtschaftswachstum und Umwelt, so wird diese Beziehung seit einigen Jahren besonders in der endogenen bzw. neuen Wachstumstheorie diskutiert (v. Hauff, Jörg 2017, S. 88 ff). Für ein besseres Verständnis des Zusammenhangs von technologischem Fortschritt, Wirtschaftswachstum und Umwelt ist es notwendig, zunächst einige wesentliche Zusammenhänge der endogenen Wachstumstheorie aufzuzeigen. Vertreter der endogenen Wachstumstheorie gehen der Frage nach, wie sich ein langfristiges Wachstum endogen begründet. Es geht also um die Frage: „*Can economic growth be sustained in the long run?*" (Grossman, Helpman 1994, 23). Hierbei erfährt besonders der technische Fortschritt eine andere Einordnung bzw. Bewertung als in der neoklassischen Wachstumstheorie. Dort ist der technische Fortschritt exogen vorgegeben. Das hat auch für den umwelttechnischen Fortschritt bzw. dessen Entwicklung weitreichende Implikationen.

In der neuen Wachstumstheorie besteht ein breiter Konsens, wonach der technische Fortschritt bzw. Innovationen besonders im Industriesektor *„the engine of growth"* ist. Daher stellt sich in einem marktwirtschaftlichen System die Frage, ob Anreize für Innovationen und neue Technologien bestehen (Grossman, Helpman 1994, 24). Das gilt in besonderem Maße für umwelttechnische Innovationen bzw. neue Umwelttechnologien, was auch für Entwicklungsländer von besonderer Relevanz ist. Dabei werden unter Umwelttechnik alle Techniken und Dienstleistungen verstanden, die dem Umweltschutz dienen bzw. sich positiv auf die Umwelt auswirken. Daher wird bereits in der Agenda 21 gefordert, dass die Industrieländer Entwicklungsländer am umwelttechnischen Fortschritt stärker teilhaben lassen sollen bzw. in dem Bereich stärker kooperieren sollen. Hier gibt es noch ein großes Potenzial.

In einer ersten Annäherung ist es relativ einfach, allgemeine Charakteristika von Umwelttechnologien (cleaner technologies) zu identifizieren (OECD 1995, 14):

- diese Technologien verwenden Ressourcen effizienter als konventionelle Technologien, durch sie lassen sich Produkte mit weniger umweltbelastenden Stoffen und Energie herstellen,
- durch sie werden im Produktionsprozess die Umweltmedien Luft, Wasser und Boden weniger belastet und
- es können Produkte mit einem höheren Recyclinggrad hergestellt werden.

Eine exaktere Abgrenzung führt jedoch zu konkreten Fragen bzw. Kontroversen. Zunächst geht es um die Begründung von Umwelttechnik. In Analogie zu Elbasha und Roe (1995) begründet sich Umwelttechnik im Kontext nachhaltiger Entwicklung aus gesamtwirtschaftlicher Sicht als sinnvoll, wenn der Nutzen, der sich in der Erhöhung des Wohlbefindens und des Gesundheitsniveaus der Gesellschaft misst, die Kosten für Investitionen übersteigt. Auf die Probleme der Nutzenmessung soll in diesem Kontext nur hingewiesen werden.

Positive Wachstums- und Beschäftigungseffekte sind im gesamtwirtschaftlichen Zusammenhang daher wünschenswerte *„by-products"*, nicht jedoch die originäre Begründung für den Einsatz von Umwelttechnik bzw. deren Förderung. Hier gibt es jedoch in Entwicklungsländern z.B. mit großen Kohlevorkommen komplexe Entscheidungsprozesse. Die Kohleindustrie trägt oft zum Wirtschaftswachstum in erheblichem Maße bei und weist oft viele Arbeitsplätze auf. Daher wird Energie ganz wesentlich mit Kohle erzeugt. Ein Transformationsprozess zu einer regenerativen Energieerzeugung führt zumindest temporär zu Wachstumseinbußen, Arbeitsplatzverlusten und für die Konsumenten zu steigenden Energiepreisen.

Fazit: Die Berücksichtigung des umwelttechnischen Fortschritts hinsichtlich der Beziehung „*Wirtschaftswachstum und Umwelt*“ zeigt, dass besonders die integrierte Umwelttechnik zu einer Entkopplung von Wirtschaftswachstum und Umweltbelastung beitragen kann. Hier bietet sich bei dem gegenwärtigen Stand der Umwelttechnik z. B. in Deutschland und in anderen Industrieländern aber besonders auch in Entwicklungsländer noch ein großes Einsparpotenzial z.B. bei Energie und anderen Ressourcen an. Dieses Einsparpotenzial wird auch in vielen Industrieländern bisher nur zu einem gewissen Teil genutzt. Dabei lässt es sich weitgehend quantifizieren, in welchem Umfang Umweltbelastungen bei optimaler Nutzung des umwelttechnischen Fortschritts z. B. in der Produktion von Gütern und Dienstleistungen, im Bereich Wohnen (Energieeinsparung) und Verkehr (integrierte Mobilität) eingespart bzw. verringert werden kann.

Daraus begründet sich, wie die Diskussion über die Beziehung von Wirtschaftswachstum und ökologischer Nachhaltigkeit in der Ökologischen Ökonomie erweitert werden muss: Wachstum und Umweltschutz sind nicht per se konfliktär, was besonders für Entwicklungsländer von hoher Relevanz ist. In Entwicklungsländern ist für die Verringerung bzw. Überwindung unzureichender wirtschaftlicher Entwicklung auch Wirtschaftswachstum notwendig. In jüngerer Vergangenheit hat – wie schon erwähnt – der Begriff „*Green Growth*“ eine zunehmende Popularität erlangt. Green Growth wird besonders in Entwicklungsländern oft diskutiert und angestrebt. So hat beispielsweise Vietnam eine „*Green Growth Strategy*“ entwickelt, die von der Regierung eingefordert wird. Daher soll das Konzept in den folgenden Ausführungen kurz vorgestellt werden. Zunächst war der Begriff „Green Growth“ nur auf das Wachstum der „*Öko Industrie*“ ausgerichtet (EU Commission 2010). Danach hat der Begriff jedoch eine Erweiterung erfahren.

Heute zielt der Begriff auf die gesamte Volkswirtschaft ab und betrifft sowohl die Qualität des Zuwachses als auch des Produzierens allgemein. Es geht also um die Ausrichtung des gesamten Produktionsprozesses auf umwelt- und ressourcenschonende Verfahren und Produkte. Dies erfordert auch eine umfassende Neuorientierung des ökonomischen Innovationsprozesses. Das Ziel eines hohen Wirtschaftswachstums, wie es in vielen Entwicklungsländern angestrebt wird und einer Reduktion von Umweltbelastungen ist bisher – wie schon erwähnt – noch durch einen Zielkonflikt determiniert, der durch das Konzept eines „*Green Growth*“ zumindest verringert werden soll. Im Mittelpunkt einer auf Green Growth ausgerichteten Wirtschaft steht die Ressourcen- und Energieeffizienz (v. Hauff, Jörg 2017, S. 141).

In diesem Zusammenhang definiert OECD Green Growth treffend:

„*Green growth means promoting economic growth while reducing pollution and greenhouse gas emissions, minimizing waste and inefficient use of natural resources, and maintaining biodiversity. Green Growth means improving health prospects for populations and strengthening energy security through less dependence on imported fossil fuels. It also means making investment in the environment a driver for economic growth [...]*" (OECD 2012)

Die Definition zielt darauf ab, grünes Wirtschaftswachstum zu fördern und hierbei die verschiedenen Formen der Umweltbelastung zu reduzieren. Dadurch soll die Biodiversität erhalten, die Gesundheit der Bevölkerung gefördert und die Sicherheit der Energieversorgung für alle Menschen eines Landes, garantiert werden. Auf dieser Grundlage kann Green Growth zum Wachstumstreiber einer nachhaltigen Wirtschaft werden.

Eine engere Definition wird seit 2010 von der Deutschen Gesellschaft für technische Zusammenarbeit (heute: Gesellschaft für internationale Zusammenarbeit) verwendet. Dabei wird der Vermeidung von Umweltbelastungen und der Entstehung neuer Arbeitsplätze und damit zusätzliche Möglichkeiten Einkommen zu erzielen Vorrang gegeben. Dies erfordert die Entkopplung von wirtschaftlichem Wachstum und Umweltbelastung abhängig vom regionalen Kontext:

„*Green growth is a strategy for promoting economic growth with the goal of adding an ecological quality to existing economic processes and creating additional jobs and income opportunities with a minimal environmental burden. This primarily means seeking a relative or absolute decoupling of economic growth and environmental degradation, depending on the local context.*" (GTZ 2010)

Abschließend wird noch die Definition des United Nations Environment Programme (UNEP) vorgestellt, die das menschliche Wohlergehen in den Vordergrund stellt. Dabei kommt die Dreidimensionalität nachhaltiger Entwicklung klar zum Ausdruck:

„*A Green Economy can be defined as one that results in improved human well-being and social equity, while significantly reducing environmental risks and ecological scarcities.*" (UNEP 2010)

Aus der Vorstellung ausgewählter Definitionen wird deutlich, dass es bisher noch kein einheitliches Verständnis zu Green Growth gibt. Die Definition, die dem Anspruch nachhaltiger Entwicklung bzw. eines nachhaltigen Wachstums am weitesten entspricht, ist jene der UNDP. Allen Definitionen ist jedoch die Kompatibilität bzw. Zusammenführung von Wirtschaftswachstum und Umweltschutz gemeinsam. Führt man Green Growth mit nachhaltiger Entwicklung zusammen, so stellt die OECD fest, dass Nachhaltigkeit als übergeordnetes Konzept des Green Growth gelten soll:

„Das umweltverträgliche Wachstum soll nicht an die Stelle der nachhaltigen Entwicklung treten, sondern ist eher als Unteraspekt davon zu betrachten. Es ist ein eng gefasstes Konzept, aus dem sich eine umsetzbare Politikagenda ergibt, die zur Erzielung konkreter, messbarer Fortschritte an den Schnittstellen zwischen Wirtschaft und Umwelt beitragen kann. Es gewährleistet eine starke Fokussierung auf die Förderung der notwendigen Voraussetzungen für Innovationen, Investitionen und Wettbewerb, woraus sich neue Quellen wirtschaftlichen Wachstums entwickeln können, die mit widerstandsfähigen Ökosystemen vereinbar sind." (OECD 2012, S. 6)

Die gemeinsamen Kernelemente von nachhaltiger Entwicklung und Green Growth sind, Naturkapital für die Zukunft zu erhalten, die Lebensqualität zu fördern und die positiven Wirkungen des Naturkapitals mit einzubeziehen, wie aus dem folgenden Schaubild deutlich hervorgeht.

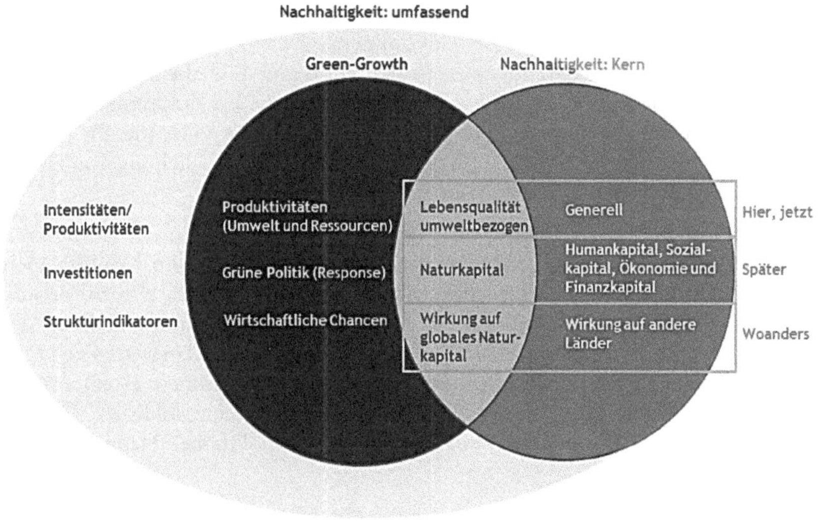

Abbildung 11: Vereinfachte Darstellung zum Bezug von Green Growth und nachhaltiger Entwicklung
Quelle: Hoffmann-Müller, Lauber 2013 nach van der Veen et al. 2012

Das Paradigma nachhaltiger Entwicklung geht jedoch darüber hinaus und berücksichtigt neben dem Naturkapital weitere Kapitalarten, wie beispielsweise das Humankapital. Daraus wird deutlich, dass der Fokus des Green Growth – wie schon erwähnt – bisher primär auf dem physischen und dem Naturkapital liegt. Betrachtet man jedoch die Dreidimensionalität nachhaltiger Entwicklung, so zeigt sich, dass die soziale Dimension bisher weitgehend unberücksichtigt bleibt.[2] Weiterhin ist Green Growth eher ein kurzfristig angelegtes politisches Rahmenwerk für konkrete Instrumente und Empfehlungen, während das Nachhaltigkeitskonzept den Charakter einer langfristig angelegten Nachhaltigkeitsstrategie aufweisen sollte. Die Schlussfolgerung ist: Green Growth soll zu dem Transformationsprozess zu mehr Nachhaltigkeit beitragen.

Die Defizite, die Green Growth im Kontext nachhaltiger Entwicklung aufweist, sollen im Rahmen des Ansatzes eines „Inclusive Growth" überwunden werden. Zunächst wurde Inclusive Growth als Ergänzung zu Green Growth verstanden. In diesem Kontext zielt Inclusive Growth bzw. eine „inclusive growth policy" darauf ab, die persönliche Lebenssituation der Bevölkerung zu stabilisieren und wenn möglich zu verbessern und dadurch auch eine soziale Spaltung zu vermeiden. Entsprechend sollen alle Menschen am Wachstum so teilhaben, dass sie am gesellschaftlichen Leben in adäquater Weise partizipieren können. Der Begriff Inklusion zielt also besonders für einkommensschwache bzw. armutsbedrohte Gruppen einer Gesellschaft auf soziale Integration und Teilhabe ab und steht im Gegensatz zu sozialem Abstieg bzw. sozialer Exklusion. Im Zusammenhang mit dem angestrebten Transformationsprozess setzt dies die Garantie für soziale Mobilität und, im Sinne von Sen, die Möglichkeit der Verwirklichung von Chancen (capability approach) voraus (Sen 2010).

Die Einbeziehung der ökologischen Dimension führt dann in einem weiteren Sinne zu „Inclusive Growth". In der Literatur kam es in diesem Kontext auch zu dem Begriff „Inclusive Green Growth". Dieser erweiterte Begriff wurde nach Allen und Clouth (2012, S. 61) erstmalig 2012 im Zusammenhang der Rio+20-Konferenz eingeführt. Nach der OECD geht es in längerfristiger Perspektive darum, Primär- und Sekundärverteilung, Investitionen in öffentliche Institutionen sowie ökologische Aufgabenbereiche in eine inklusive Wachstumsagenda zu integrieren und zum Ausgangspunkt politischer Maßnahmen zu machen.

Dieser Transformationsprozess ist jedoch nur dann zu realisieren, wenn die adäquaten Prioritäten gesetzt und die anstehenden Zukunftsfragen für Unternehmen, Bürger und den Staat thematisiert und Lösungsstrategien entwickelt werden. In diesem Zusammenhang spricht man auch von Kohärenz der Politik. Damit setzt sich die OECD klar von dem bisherigen Wachstumsverständnis ab indem sie feststellt:

---

[2] Eine der wenigen Ausnahmen ist die Green Growth Strategy Vietnams, die auch Aspekte der sozialen Dimension enthält und die Definition von Green Growth der UNDP.

"There is widespread recognition that gross domestic product (GDP) captures only part of economic welfare and excludes other dimensions which also matter for well-being, such as jobs, skills, and education, … There is widespread recognition that gross domestic product (GDP) captures only part of economic welfare and excludes other dimensions which also matter for well-being, such as jobs, skills, and education, health status, environment, and civic participation and social connections." (OECD 2014, S. 80)

Die Ausführungen zu green growth und inclusive growth bzw. inclusive green growth zeigen deutlich, warum diese Konzepte gerade in Entwicklungsländern eine besondere Beachtung finden bzw. eine große Popularität aufweisen. Das Problem besteht jedoch darin, dass der hierfür notwendige Transformationsprozess einen neuen Politikstil erfordert und viele Privilegien, die von Interessengruppen und großen Unternehmen bisher erfolgreich verteidigt werden, zu überwinden sind.

4.3 Weiche (soft) und harte (hard) Nachhaltigkeit

Die theoretische Begründung von Nachhaltigkeit ist – wie aufgezeigt wurde – im Kontext von schwacher und starker Nachhaltigkeit verortet. Sie bezieht sich ganz wesentlich auf die Beziehung der beiden Dimensionen Ökologie und Ökonomie. Im Gegensatz zur schwachen Nachhaltigkeit wird bei der starken Nachhaltigkeit die soziale Dimension nachhaltiger Entwicklung zunehmend berücksichtigt. Die kontroversen Positionen der schwachen und starken Nachhaltigkeit beziehen sich ganz wesentlich auf die intergenerationelle Gerechtigkeit. Eine weitere Gemeinsamkeit besteht darin: bei der schwachen und starken Nachhaltigkeit geht es grundsätzlich um die Makroperspektive.

Hiervon zu unterscheiden ist die Differenzierung in weiche und harte Nachhaltigkeit, die sich auf die Mikroebene bezieht. Diese Unterscheidung wurde ganz wesentlich durch die Studie von Ong et al. geprägt (Ong, Trireksani, Djajadikerta 2016). Sie gehen von der Annahme aus, dass besonders internationale Unternehmen im Kontext nachhaltiger Entwicklung durch ihre Stakeholder steigenden Erwartungen bzw. Anforderungen ausgesetzt sind. Dabei haben viele Unternehmen erkannt, dass sich ihre Erfolgsmeldungen nicht mehr ausschließlich auf die Information ihrer wirtschaftlichen Indikatoren wie Gewinn bzw. Umsatz beschränken lassen.

Vielmehr werden von ihnen im Rahmen von Nachhaltigkeitsberichten Informationen zu ihrem Beitrag zu mehr Nachhaltigkeit erwartet bzw. gefordert. Die gestiegene Nachfrage nach entsprechenden Informationen erklärt sich nicht nur aus einem wissenschaftlichen Interesse, sondern auch – wie schon erwähnt –

aus jenem der Stakeholder der Unternehmen wie NGOs, Konsumenten aber auch Regierungsorganisationen.

Neuere Studien haben sich besonders auf empirische Untersuchungen konzentriert, bei denen es darum ging Faktoren, die die Nachhaltigkeitsberichterstattung beeinflussen, näher zu bestimmen (Cho et al. 2015). Dabei ging es um die Beziehung zwischen Offenlegung und den Ergebnissen zur Nachhaltigkeit. Weitere Studien zur Nachhaltigkeitsberichterstattung beschäftigen sich mit verschiedenen branchenspezifischen Zusammenhängen wie Öl- und Gasunternehmen, Lebensmittelhandel und Wasser- und Energiewirtschaft (Zhao 2014). Daraus begründet sich die zunehmende Nachfrage nach Offenlegung einer branchenspezifischen bzw. sektoralen Nachhaltigkeitsberichterstattung. Das gilt besonders für Unternehmen in umweltsensiblen Branchen wie der Rohstoff-, Fertigungs- und Transportindustrie.

In einigen Ländern müssen heute die börsennotierten Unternehmen Umweltberichte vorlegen. In den meisten Ländern besteht heute jedoch nur eine freiwillige Offenlegung. Während die Nachhaltigkeitsberichterstattung zunächst nur durch den Index von Clarkson et al. (2008) für die Umweltleistung bewertet wurde, werden in dem neu entwickelten Bewertungsindex alle Leistungen der drei Dimensionen berücksichtigt. In diesem Kontext wurde dann die Unterscheidung in weiche und harte Faktoren zur Nachhaltigkeit eingeführt. So wurde beispielsweise vorgeschlagen, Rohstoffunternehmen in Australien eher der „weichen Offenlegung“ zuzuordnen. Allgemein lässt sich feststellen, dass Unternehmen zunächst der weichen Offenlegung zuneigten, indem sie sich auf Visionen oder Nachhaltigkeitsstrategien fokussierten, die schwer zu überprüfen waren. Mit dem neuen Bewertungsindex entsprechen jedoch immer mehr Unternehmen hinsichtlich ihrer Nachhaltigkeitsorientierung einer harten Offenlegungsposition. Hierzu gibt es in Entwicklungsländern ein wachsendes Interesse und natürlich noch ein großes Potenzial.

4.4 Theoretische Begründung intra- und intergenerationeller Gerechtigkeit aus unterschiedlicher Perspektive

Die intra- und intergenerationelle Gerechtigkeit ist neben der Dreidimensionalität nachhaltiger Entwicklung ein weiteres konstitutives Merkmal. Dennoch wird Gerechtigkeit in der Diskussion nachhaltiger Entwicklung oft sehr verkürzt thematisiert. Daher wird ihr in den folgenden Ausführungen die notwendige Aufmerksamkeit beigemessen. Bei der intragenerationellen Gerechtigkeit geht es um die Frage der Gerechtigkeit zwischen Industrie- und Entwicklungsländern, aber auch um Gerechtigkeit in Entwicklungsländern. Dagegen zielt die intergenerationelle Gerechtigkeit auf den Vergleich der Lebensbedingungen der heute lebenden Generationen und zukünftiger Generationen ab. Die Forderung ist, dass zukünftige Generationen die Möglichkeit haben sollen ihre Bedürfnisse in dem Maße befriedigen zu können, wie das den heute lebenden Generationen möglich ist. Dabei geht es nicht nur um die materielle Bedürfnisbefriedigung, sondern auch um die Lebensqualität, die durch die Befriedigung von sozialen aber auch kulturellen Bedürfnissen determiniert wird. Eine wichtige Rolle hierbei spielt auch der Zustand der Umwelt, da eine gesunde Umwelt ganz wesentlich zur Bedürfnisbefriedigung beiträgt. Daraus wird deutlich, dass die Diskussion um Gerechtigkeit für die soziale Dimension von nachhaltiger Entwicklung von großer Bedeutung ist.

Auch in diesem Kontext gibt es in der Ökonomie unterschiedliche bzw. konkurrierende Gerechtigkeitstheorien. In den unterschiedlichen Gerechtigkeitsansätzen wurde bisher nur teilweise die Frage gestellt, wie Gerechtigkeit zwischen den Generationen (intergenerationelle Gerechtigkeit) spezifiziert werden soll, wenn konkurrierende Nutzungsansprüche zu vermuten sind. Hier stellt sich die Frage, wie ein Gemeinwesen so organisiert werden kann, dass Wohlstand für die heutige Generation nicht auf Kosten zukünftiger Generationen erzeugt wird (Diefenbacher 2001, S. 19; Jackson 2017).

In der neueren Diskussion wird in diesem Zusammenhang häufig von der Theorie des Utilitarismus ausgegangen (Spangenberg 2005, S. 33). Der Utilitarismus neoklassischer Prägung kann als individuelle Nutzenmaximierung definiert werden. Im Kontext nachhaltiger Entwicklung ist somit davon auszugehen, dass die Vertreter der Neoklassik den Utilitarismus nur als Leitlinie zur Eigennutzmaximierung verstehen und nicht als Ansatz zur Maximierung des Gemeinwohls (v. Hauff 2014). Hier weist schon Myrdal darauf hin, dass die neoklassische Ökonomie nicht der eigentlichen Vorstellung des Utilitarismus einer Maximierung der Glückssumme aller nachkommt, sondern dazu tendiert, die Interessen der noch nicht geborenen Generation „unter den Tisch fallen zu lassen“ (Myrdal 1976, S. 31).

Ein wesentliches Merkmal des Utilitarismus neoklassischer Prägung ist somit, dass Güter anhand ihres Nutzens bewertet werden, den sie für die individuelle Bedürfnisbefriedigung leisten. Güter, die von gewinnmaximierenden Unternehmen produziert werden, sind alle nach dem Kriterium der Nützlichkeit zu bewerten. In der neoklassischen Ökonomie wird also die subjektive Nutzenwahrnehmung zur Bewertung herangezogen, wobei man von der Annahme identischer Präferenzen, Verhaltensformen und Situationen ausgeht.

Dieser Ansatz ist aus der Perspektive nachhaltiger Entwicklung als unzureichend zu betrachten, da sowohl die intergenerationelle Gerechtigkeit als auch Verteilungsfragen vernachlässigt werden und schließlich die Aggregation von individuellem Nutzen nur unter realitätsfernen Annahmen möglich ist. Hervorzuheben ist zwar die positive Wertbesetzung der Maximierung von Bedürfnisbefriedigung. Sie kann jedoch im Sinne nachhaltiger Entwicklung nicht als wünschenswert betrachtet werden, wenn jedes Individuum ausschließlich kurzfristige und eigennützige Ziele verfolgt. Dabei ist jedoch festzustellen, dass die Verhaltensattitüde der Eigennutzmaximierung in vielen Entwicklungsländern besonders bei den privilegierten Bevölkerungsschichten stark ausgeprägt ist, wodurch die Stärkung von Gerechtigkeit sehr eingeschränkt wird. Dieser Verhaltensattitüde stehen wichtige Gruppen der Civil Society gegenüber, die mehr Gerechtigkeit anstreben, woraus sich ein Wettbewerb um Gerechtigkeit begründet. Betrachtet man sich die wachsende Einkommens- und Vermögensungleichheit in vielen Entwicklungsländern, so lässt sich feststellen, dass es ganz offensichtlich ein Machtungleichgewicht zwischen den privilegierten Bevölkerungsgruppen und der Civil Society gibt.

Die Nachteile eigennützigen Handelns offenbaren sich dadurch, dass das Ergebnis dieser Verhaltensmaxime nicht für alle heute lebenden Mitmenschen und schon gar nicht für die zukünftigen Generationen von Vorteil sein muss bzw. ist. Das gilt besonders – wie schon im Zusammenhang starker Nachhaltigkeit gezeigt wurde – für die ökologische Dimension nachhaltiger Entwicklung. Weiterhin ist zu berücksichtigen, dass die Lebensqualität bzw. Wohlfahrt einer Gesellschaft auch Aspekte beinhaltet, die nicht unter dem Nutzenbegriff zu erfassen sind. Das wurde bereits im Zusammenhang mit der sozialen Dimension nachhaltiger Entwicklung deutlich. Schließlich muss beachtet werden, dass gesellschaftliche Entscheidungsprozesse einen eigenen Wert haben.

Hiervon abzugrenzen ist der liberale Gerechtigkeitsansatz, der mit dem Wirtschaftswissenschaftler von Hayek einen namhaften Vertreter aufweist (v. Hayek 1976, S. 7-38). Der neoliberale Gerechtigkeitsansatz ist auf der mikroökonomischen Ebene angesiedelt und blendet somit die Gerechtigkeit als gesellschaftliches Ziel aus. Gerechtigkeit ist bei einem Maximum an individueller Freiheit realisiert. Das Konzept nachhaltiger Entwicklung als Phänomen der Makroebene kann somit auch hier nicht definiert werden. Durch die Garantie von Rechten ist nicht klar, ob diese ausreichen, der Bevölkerung ein menschenwürdiges Leben und damit soziale Nachhaltigkeit zu sichern. Weiterhin ist nicht geklärt, ob die Handlungsfreiheit der jetzigen Generation und zukünftiger Generationen als konstitutive Merkmale nachhaltiger Entwicklung gesichert sind (Merkel, Krück 2004, S. 37 ff). Daher stellt Spangenberg die Frage, ob dieses Gerechtigkeitspostulat unabhängig von seinen Folgen und ohne soziale Verantwortung für das Ganze gelten kann. Die Gefahr einer darwinistischen Auslese ist hierbei unübersehbar (Spangenberg 2005, S. 35). Insofern ist der liberale Gerechtigkeitsansatz mit dem Leitbild nachhaltiger Entwicklung nicht vereinbar.

Eine besondere Aufmerksamkeit in der Diskussion zur Gerechtigkeit findet auch heute noch die Gerechtigkeitstheorie von Rawls, die auf die Theorie des Gesellschaftsvertrages von Locke, Rousseau und Kant zurückgeht (Rawls 1979, S. 27). Sein Hauptgedanke ist: „*Gerechtigkeit als Fairness, eine Gerechtigkeitstheorie, die die herkömmliche Vorstellung vom Gesellschaftsvertrag verallgemeinert und auf eine höhere Abstraktionsebene hebt.*“ Danach besitzt jeder Mensch eine aus der Gerechtigkeit entspringende Unverletzlichkeit, die auch im Namen des Wohles der ganzen Gesellschaft nicht aufgehoben werden kann. Daher ist es notwendig, dass in einer gerechten Gesellschaft alle gleiche Bürgerrechte haben. Weiterhin sind Grundsätze nötig, um zwischen verschiedenen gesellschaftlichen Regelungen der Güterverteilung zu entscheiden und eine Einigung darüber zu erzielen.

Hierbei handelt es sich um die Grundsätze der sozialen Gerechtigkeit:

„*Sie ermöglichen die Zuweisung von Rechten und Pflichten in den grundlegenden Institutionen der Gesellschaft, und sie legen die richtige Verteilung der Früchte und der Lasten der gesellschaftlichen Zusammenarbeit fest.*“

Dabei geht Rawls zunächst davon aus, dass sich die Menschen über die Grundregeln ihres gesellschaftlichen Zusammenschlusses nicht einig sind. Aber sie sehen die Notwendigkeit, bestimmte Grundsätze für die Festsetzung der Grundrechte und -pflichten anzuerkennen. Nach Rawls sind es diejenigen Grundsätze, die freie und vernünftige Menschen in ihrem eigenen Interesse in einer anfänglichen Situation der Gleichheit zur Bestimmung der Grundverhältnisse ihrer Verbindung annehmen würden. „*Ihnen haben sich alle weiteren Vereinbarungen anzupassen; sie bestimmen die möglichen Arten der gesellschaftlichen Zusammenarbeit und der Regierung. Diese Betrachtungsweise der Gerechtigkeitsgrundsätze nenne ich Theorie der Gerechtigkeit als Fairness*“ (Rawls 1979, S. 28).

Die Gerechtigkeitstheorie von Rawls geht also von der Vorstellung aus, dass Gerechtigkeit das Ergebnis einer durch Vernunft geleiteten impliziten vertragsrechtlichen Vereinbarung unter gleichen Individuen ist. Daher lässt sich unter rational handelnden Individuen eine Zustimmung im Konsens erzielen. In dieser Situation können sich alle Individuen auf Regeln einigen, die als „*gerechte Regeln*“ feststehen. Das ist zweifellos ein hoher Anspruch. Im Prinzip lässt sich feststellen, dass jede nationale Verfassung auch in Entwicklungsländern auf Regeln der Gerechtigkeit basiert, auf die sich die Gesellschaften geeinigt haben. Somit stellt sich die Frage, warum u.a. die Regeln wie Chancen- und Geschlechtergerechtigkeit vielfach nicht eingehalten werden.

Abschließend stellt sich noch die Frage, wie Rawls die intergenerationelle Gerechtigkeit betrachtet. Hierbei bezieht er sich auf Kant, der es für anstößig hielt, dass die früheren Generationen die Last für spätere Generationen tragen sollen, indem die späteren Generationen das Glück haben, in das fertige Haus einziehen zu können. Hierzu stellt Rawls fest: „*Solche Gefühle sind zwar völlig natürlich, aber fehl am Platz. Denn die Beziehung zwischen den Generationen ist zwar eine besondere, schafft aber keine unüberwindliche Schwierigkeit*“ (Rawls 1979, S. 322). Die Interessen zukünftiger Generationen als ein konstitutives Element nachhaltiger Entwicklung sind vertragstheoretisch dadurch abgedeckt, dass für Individuen verschiedener Generationen ebenso wie für Individuen der heutigen Generation Verpflichtungen gegeneinander definiert werden. Dies entspricht im Prinzip der Definition von Nachhaltigkeit im Brundtland-Bericht, wonach die heutigen Generationen so leben sollen, dass zukünftige Generationen ihre Bedürfnisse in gleichem Maße realisieren können. Aber auch hier stellt sich die Frage, wer die heutigen Genrationen dazu verpflichtet und in welchem Maße sie sich an die Verpflichtung halten.

Das Gerechtigkeitskonzept von Rawls gerät im Zusammenhang mit dem Leitbild nachhaltiger Entwicklung an Grenzen. Das gilt besonders für die umweltbezogene Erweiterung des Gerechtigkeitsbegriffs. Das Gerechtigkeitskonzept von Rawls ist durchaus in der Lage, Gerechtigkeitskriterien für die Verteilung der menschlichen Nutzungsrechte an der Natur als ein nutzbares Gut aufzustellen. Es scheitert jedoch, wenn über die Verfahrensgerechtigkeit hinaus ein extern definiertes, nicht verhandelbares Schutzziel angenommen wird. Gerechtigkeit hängt dann nicht nur daran, Naturverbrauch zu verteilen, sondern auch zukunftsgerecht zu strukturieren und auf einem Niveau zu halten, das mit der langfristigen Selbstreproduktion der Natur verträglich ist (vgl. die Handlungsregeln für ökologische Nachhaltigkeit). Konkrete Regeln zum Umgang mit der natürlichen Umwelt sind somit aus der Gerechtigkeitstheorie von Rawls nicht abzuleiten.

Eine systematische Schwäche vertragstheoretischer Ansätze besteht darin, dass sie nur auf die Fixierung einer reinen Verfahrensgerechtigkeit abstellen. Die Gesellschaft besteht dabei aus rational handelnden Individuen. Daher setzt Amartya Sen (2000) den Grundgütern nach Rawls Grundrechte entgegen. Er begründet ausführlich, dass für ihn „*der angemessene Bereich*“ weder der Nutzen ist, wie Rawls es fordert, sondern die Grundrechte, d.h. die freiheitlichen Möglichkeiten, ein mit Gründen schätzenswertes Leben zu wählen (Sen 2010, S. 94). So kommt Sen zu der für ihn zentralen Kategorie, der Verwirklichungschancen. Damit grenzt er sich von der Chancengerechtigkeit, wie sie in den meisten Verfassungen auch von Entwicklungsländern gefordert wird, ab. Er fordert Voraussetzungen zu schaffen, dass besonders weniger privilegierte Bevölkerungsgruppen ihre verfassungsrechtlichen Chancen auch wahrnehmen können, was oft nicht oder nur eingeschränkt möglich ist. Exemplarisch lässt sich die Situation besonders von Mädchen diskriminierter oder in Armut lebender Bevölkerungsgruppen anführen, die keine bzw. nur eine eingeschränkte Chance haben, die Schule zu besuchen.

Bei dieser Sichtweise steht also nicht die Verteilung von Gütern im Vordergrund, sondern die Nutzung der Güter durch die Aktivierung der Betroffenen und die Transformation der Güterverfügbarkeit in neue Lebenschancen. Lebenschancen müssen nicht nur gerecht verteilt, sondern auch weiterentwickelt werden. Der Gerechtigkeitsbegriff von Sen ergänzt somit die institutionelle Sichtweise von Rawls um den sozialen Kontext. Nach Sen begründet sich Ungerechtigkeit aus der Einschränkung der ökonomischen, politischen und sozialen Freiheit des einzelnen Individuums. Unter Berücksichtigung der Armut in Entwicklungsländern gibt er ein treffendes Beispiel:

„*Zu Fasten ist nicht das gleiche wie zum Hungern gezwungen zu sein. Die Möglichkeit, essen zu können, macht das Fasten zu dem, was es ist, nämlich zur freien Entscheidung, nicht zu essen, auch wenn man essen könnte*" (Sen 2000, S. 97).

Daraus wird deutlich, dass bedürftige Menschen gezwungen sind zu hungern, während der wohlhabende eine andere „Menge an Verwirklichungschancen" hat. Für Sen sind die „*substanziellen Freiheiten*" von besonderer Bedeutung. Darunter versteht er „*die Möglichkeit, Hunger, Unterernährung, heilbare Krankheiten und vorzeitigen Tod zu vermeiden, wie auch jene Freiheiten, die darin bestehen, lesen und schreiben zu können, am politischen Geschehen zu partizipieren, seine Meinung unzensiert zu äußern usw.*" (Sen 2000, S 191) Diese Fähigkeiten lassen sich erlernen, wenn man die Chance dazu hat.

In jüngerer Zeit hat sich Sen in diesem Zusammenhang auch explizit der „*Idee der Nachhaltigkeit*" zugewandt. Dabei bezieht er sich auf die im Brundtland-Bericht vorgenommene Abgrenzung von Gerechtigkeit, die stark auf die Bedürfnisbefriedigung der heutigen und zukünftigen Generationen abzielt. Hierzu stellt er fest, dass die Abgrenzung im Brundtland-Bericht inhaltlich unzureichend sei. Im Kontext des Capability-Ansatzes kommt er zu der Schlussfolgerung:

„*There are important grounds for favouring a freedom-oriented view, focusing on crucial freedoms that people have reason to value. Human freedoms include the fulfillment of needs, but also the liberty to define and pursue our own goals, objectives and commitments, no matter how they link with our own particular needs. … A fuller concept of sustainability has to aim at sustaining human freedom, rather than only at our ability to fulfill our felt needs* (Sen 2013, S. 6)."

Der ökologische Kontext ist aber auch bei Sen nur schwach ausgeprägt. Die hier aufgezeigte gerechtigkeitstheoretische Diskussion wurde u.a. von Meyer (2004) weitergeführt. Zunächst teilt Meyer die Position der Verwirklichungschancen von Sen. Er spitzt jedoch dessen Position weiter zu. Dabei betont Meyer die

Bedeutung von Bürgerrechten als Rechte von Gleichen. Daraus leitet er die Notwendigkeit ab, die sozialen und ökonomischen Voraussetzungen des Handelns so zu gestalten, dass auch eine Realisierung der sozialen und ökonomischen Rechte für den Einzelnen möglich wird. In diesem Zusammenhang geht es für Meyer darum, dass die politischen und ökonomischen Grundrechte *„die Risikostruktur der gesellschaftlichen Verhältnisse“* schließen (Meyer 2004, S. 7).

Um die Herausforderungen, die bei Rawls ausgeblendet werden, bei Sen aufgezeigt werden und bei Meyer unter Bezugnahme auf die Risiken noch deutlicher werden, zu bewältigen, wird von Peet und Bossel ein *„Partnerschaftsprinzip“* gefordert. Sie verstehen ihren Ansatz besonders als Abgrenzung von der als sozial und besonders ökologisch unzureichend empfundenen Gerechtigkeitstheorie der Fairness von Rawls. Dabei gehen sie von folgenden Fragen aus (Peet, Bossel 2000, S. 222):

- *How can we live within the rules and boundaries of the biophysical environment?*
- *How can we run our societies in such a way as to provide sufficiency, security, and good lives to all people?*

Sie formulieren drei Ziele und leiten hierzu die entsprechenden Indikatoren ab. Der Zielerreichungsgrad lässt sich somit durch Indikatoren prüfen. Es handelt sich um folgende Ziele:

- Die natürliche Umwelt verlangt eine Anerkennung der eigenen Identität der biologischen Artenvielfalt und der Ökosysteme. Sie verfügen heute und in Zukunft über ein Existenzrecht. Dies steht der Auffassung, wonach die Natur die Funktion einer Quelle von Ressourcen hat, entgegen. Es handelt sich vielmehr um ein lebendes System, von dem die menschliche Existenz abhängt.
- Das Recht auf gleichwertige Behandlung aller lebenden Menschen muss von allen Menschen respektiert werden, unabhängig von Merkmalen wie Geschlecht, sozialer Zugehörigkeit und materieller Ausstattung.
- Für die Zukunft gilt, das Existenzrecht und das Recht auf langfristige Entwicklung zukünftiger Generationen und Ökosysteme zu respektieren.

Sowohl Meyer und besonders Peet und Bossel werden im Verhältnis zu den relativ abstrakten Gerechtigkeitstheorien von Rawls und Sen in ihren Ansätzen zu einer intra- und intergenerationellen Gerechtigkeit somit sehr viel konkreter und anwendungsbezogener. Dieser Anwendungsbezug soll noch durch den Ansatz von Brown-Weiss weitergeführt werden.

Brown-Weiss geht in ihrem Ansatz ebenfalls von einer gleichrangigen Berücksichtigung des intra- und intergenerationellen Gerechtigkeitspostulats aus, in dem auch die ökologische Dimension explizit berücksichtigt wird (Brown-Weiss

1989). Sie geht von einem „*planetary trust*" aus, dem alle Menschen als Gattungswesen angehören und der sie zu Solidarität und verantwortlichem Handeln in räumlicher und zeitlicher Hinsicht verpflichtet. Entsprechend ist jede Generation zugleich Nutznießer und Treuhänder des gemeinsamen Erbes. Jede Generation genießt kollektive Rechte und unterliegt kollektiven Pflichten.

Die kollektiven Rechte und Pflichten werden durch drei Handlungsregeln analog zu den ökologischen Handlungsregeln nachhaltiger Entwicklung operationalisiert (Brown-Weiss 1989, S. 40 ff):

- **Conservation of options** verlangt, die natürliche und kulturelle Vielfalt soweit zu erhalten, dass die Wahlmöglichkeiten nachfolgender Generationen bei der Realisierung ihrer Präferenzen und Lösung ihrer Probleme nicht unangemessen eingeschränkt werden. „*We cannot guarantee that they will be happy, but we can offer them a robust planet with which to try.*"
- **Conservation of quality**, wonach jede Generation den übernommenen Bestand an natürlichen und kulturellen Ressourcen in keinem schlechteren Zustand weitergeben soll, als sie ihn empfangen hat. „*The principle of conserving quality does not mean that the environment must remain unchanged. This would be inconsistent with the principle of conserving access of the present generation to the benefits of the planetary legacy. Conservation of environmental quality and economic development must go together to ensure sustained benefits of the planet for both present and future generations.*"
- **Conservation of access** verlangt, dass jede Generation ihren Mitgliedern einen gerechten Zugang zu dem gemeinsamen Erbe verschafft und diesen auch für zukünftige Generationen sichert. „*This means they can use these resources to improve their own economic and social well-being provided that they respect their equitable duties to future generations and do not unreasonably interfere with the access to other members of their generation of these same resources. This offers a principle of justice between generations and between members of the same generation.*"

In dem Grundsatz der Zugangssicherung fließen viele Aspekte nachhaltiger Entwicklung zusammen (Chancen-, Verteilungs- und Ergebnisgerechtigkeit, Geschlechter- und Generationengerechtigkeit etc.). Die Umwelt spielt eine wichtige Rolle, kann aber, wie in dem beschriebenen Nachhaltigkeitskonzept nicht getrennt von oder als a priori dominant gegenüber der sozialen und ökonomischen Dimension zur Lebensqualität betrachtet werden.

Exkurs: Chancengerechtigkeit und Entwicklung

Einen noch stärkeren Konkretisierungsgrad von Gerechtigkeit bietet beispielsweise der Weltentwicklungsbericht aus dem Jahr 2006 (Weltbank 2006). Ausgangspunkt des Gerechtigkeitsverständnisses dieses Berichtes ist die Chancengleichheit und die Verhinderung absoluter Deprivation, d. h. die „*Abscheu vor extremer Armut*". Dabei wird an konkreten Beispielen aufgezeigt, wie es trotz Chancengleichheit zu Ungleichheitsfallen kommen kann. Somit wird deutlich, dass Chancengleichheit eine wichtige, aber nicht ausreichende Bedingung für mehr Gerechtigkeit ist. Hier besteht eine Verbindung zu dem Capability-Ansatz von Senn. Der ehemalige amerikanische Präsident Franklin D. Roosevelt stellt in diesem Kontext fest:

„*Wir wissen, dass es eine Gleichheit der individuellen Fähigkeiten nie gegeben hat und nie geben wird, aber wir sind fest davon überzeugt, dass die Gleichheit der Chancen angestrebt werden muss.*" (zitiert nach Weltbank 2006, S. 88)

In dem Bericht werden sehr konkrete Bereiche für länderinterne Ungleichheiten und Ungleichheiten im globalen Kontext aufgezeigt, die besonders in Entwicklungsländern eintreten können und einen starken Bezug zur Agenda 2030 haben:

- ungleiche Gesundheitsversorgung,
- ungleiche Bildungschancen,
- Ungleichheiten zwischen den Geschlechtern
- Ungleichheiten bei den Einkommen und Vermögen woraus sich auch
- Ungleichverteilung von Einfluss und Macht ergeben.

Neben der Begründung von Ungleichheiten bietet der Bericht auch eine überzeugende Begründung, warum der Abbau von Ungleichheiten sowohl auf nationaler Ebene als auch im globalen Kontext, d. h. mehr Gerechtigkeit zu mehr Wohlergehen der Menschheit insgesamt beitragen kann. Gerechtigkeit ist somit eine wichtige Anforderung für Entwicklung. Die Verringerung von Ungleichheiten bzw. die Förderung von mehr Gerechtigkeit erfordert jedoch zunächst die Schaffung ausgewogener wirtschaftlicher, gesellschaftlicher und soziokultureller Rahmenbedingungen, die primär von der Politik geschaffen werden müssen. Wichtig hierbei ist, die Ungleichheit von Chancen innerhalb und zwischen den Ländern abzubauen.

„*Diese Ungleichheiten führen, wenn sie sich auf Dauer durch ineinandergreifende wirtschaftliche, politische und soziokulturelle Mechanismen fortsetzen, in die Ungleichheitsfalle. Die Menschen der unterschiedlichsten Gruppen und Länder sehen sich sehr ungleichen Rahmenbedingungen gegenüber, sowohl was ihre Möglichkeiten betrifft, sich mit materiellen und immateriellen Gütern auszustatten und ein besseres Leben anzustreben, als auch im Hinblick auf ihre Chancen, mit diesen Gütern durch marktbezogene und nicht marktbezogene Prozesse einen Nutzen zu erzielen. Da die Unterschiede zwischen den Ländern oft größer sind als innerhalb der Länder, ist es von besonderer Wichtigkeit, da die nationalen politischen Handlungskonzepte eine Angleichung der internationalen Unterschiede – vor allem durch den Wachstumsprozess – unterstützen oder mit diesem Ziel zumindest vereinbar sind*" (Weltbank 2006, S. 153).

Obwohl der Weltbankbericht eine klare und differenzierte Konkretisierung vornimmt, die gerade für die Entwicklungszusammenarbeit relevant ist, beschränken sich die Ausführungen auf die intragenerationelle Gerechtigkeit und vernachlässigen die Gerechtigkeit zwischen der heutigen und den zukünftigen Generationen. Weiterhin wird die ökologische Dimension aus der Gerechtigkeit ausgenommen. Insofern fehlen wichtige Aspekte des Leitbildes nachhaltiger Entwicklung. Schließlich ist noch darauf hinzuweisen, dass die Weltbank auch hier wieder einmal die Lösung in einem Wachstumsprozess sieht, ohne die ökologischen Folgen zu thematisieren bzw. zu berücksichtigen.

Fazit: In Kapitel vier wurden die theoretischen Begründungszusammenhänge nachhaltiger Entwicklung aufgezeigt. Dabei konnten die Anforderungen aus der Perspektive nachhaltiger Entwicklung theoretisch begründet und praktische Bezüge hergestellt werden. Hierbei hat die Kontroverse zwischen der neoklassischen Ökonomie und der Ökologischen Ökonomie im Hinblick auf das Verständnis der Anforderungen an das Paradigma nachhaltiger Entwicklung eine große Bedeutung. Die unterschiedlichen Positionen werden in der schwachen und starken Nachhaltigkeit deutlich. Diese unterschiedlichen Positionen lassen sich wiederum in der ausgewogenen Nachhaltigkeit zusammenführen. Dabei geht es auch um die Bewertung und Neuausrichtung wirtschaftlichen Wachstums. Hierbei kommt der Diskussion um ein green growth bzw. inclusive growth gerade in Entwicklungsländern eine besondere Bedeutung zu.

Schließlich geht es bei der theoretischen Begründung noch um Gerechtigkeit als konstitutivem Merkmal nachhaltiger Entwicklung. Die Begründung von Gerechtigkeit im Kontext nachhaltiger Entwicklung ist auch eine wichtige Grundlage für die Ausgestaltung der sozialen Dimension. Dabei gibt es zur Gerechtigkeit eine lange und intensive Diskussion, die bis in die Zeit griechischer Philosophen zurück reicht. Diese Diskussion führte zu unterschiedlichen theoretischen Ansätzen.

Die Diskussion über Gerechtigkeit im Kontext nachhaltiger Entwicklung beginnt vielfach mit dem Utilitarismus. Analysiert man die verschiedenen theoretischen Ansätze welchen Beitrag sie im Kontext der Anforderungen nachhaltiger Entwicklung leisten, so kommt dem Ansatz von Amartya Sen mit dem capability approach eine große Bedeutung zu. Mit diesem Ansatz wendet er sich besonders der sozialen Dimension zu. Aber auch er vernachlässigt, wie schon Rawls, die ökologische Dimension, die beispielsweise in dem Ansatz von Brown-Weiss in ihrem Planetary Trust Ansatz berücksichtigt wird. So lässt sich abschließend feststellen, dass in diesem Kontext noch ein weiterer Bedarf an Forschungsarbeiten besteht.

5 Die drei Dimensionen nachhaltiger Entwicklung: Ökologie, Ökonomie und Soziales

Die Politik vieler Entwicklungsländer zeichnet sich dadurch aus, dass die Anforderungen nachhaltiger Entwicklung zumindest in rudimentärer Form in Politik, Wirtschaft, Bildung und Wissenschaft zu erkennen sind. Dabei lässt sich jedoch feststellen, dass die wirtschaftliche Entwicklung vielfach auf Kosten von wachsenden Umweltschäden aber auch von sozialer Ungleichheit verläuft, d.h. zu einem großen Teil einen nicht-nachhaltigen Verlauf aufweist. Teilweise steigen die Umweltschäden und die soziale Ungleichheit im Verhältnis zur wirtschaftlichen Entwicklung sogar überproportional. So steigen in einigen Ländern die Wachstumsraten von Emissionen wie CO_2 schneller als jene des Wirtschaftswachstums. Aber auch eine nachhaltige wirtschaftliche Entwicklung weist in vielen Entwicklungsländern noch große Potenziale einer Verbesserung auf. Ein Indikator hierfür ist die relativ geringe Ressourceneffizienz. Somit lässt sich feststellen, dass die Politik vieler Entwicklungsländer in der Regel von einer kohärenten Nachhaltigkeitspolitik auf der Grundlage einer nationalen Nachhaltigkeitsstrategie noch weit entfernt ist.

Eine ähnliche Entwicklung lässt sich rückblickend aber auch bei vielen Industrieländern beobachten. Die ökologische Dimension wurde z. B. in Deutschland erst zu Beginn der 1970er Jahre durch die Einführung einer aktiven Umweltschutzpolitik als weitere Dimension des Konzeptes der sozialen Marktwirtschaft in die Wirtschaftsordnung aufgenommen.[3] Dadurch wurde die soziale zu einer sozialen und ökologischen bzw. sozialökologischen Marktwirtschaft erweitert. Hierbei ist jedoch zu berücksichtigen, dass sowohl hinsichtlich der Ausgestaltung der sozialen Dimension als auch der Umweltschutzpolitik eine intensive Kontroverse entstand, bei der sich gegensätzliche Positionen bis heute unversöhnlich gegenüberstehen. Insgesamt gibt es jedoch eine relativ breite Zustimmung, dass die soziale und ökologische Dimension im Verhältnis zur ökonomischen Dimension bis heute im zweiten Rang stehen. Das gilt auch für viele Entwicklungsländer.

Kirchgässner stellt in diesem Kontext die wichtige Frage, ob der Markt ökologisch und sozial verantwortliches Handeln fördert oder ob er es zumindest zulässt. Obwohl er das vielfältige soziale und ökologische Verantwortungsbe-

---

3 Hiervon sind andere Ansätze zur ökosozialen Marktwirtschaft wie z. B. jene der Global Marshall Plan Initiative abzugrenzen, die hier jedoch nicht dargestellt bzw. diskutiert werden (vgl. u.a. Global Marshall Plan Initiative 2005).

wusstsein einzelner Unternehmer, Organisationen und Politiker erkennt, kommt er zu der zutreffenden Erkenntnis:

„*So nützlich Märkte auch für die wirtschaftliche Entwicklung sind und so wichtig die Rolle ist, die dabei der Wettbewerb spielt, Wettbewerbsmärkte vermitteln von sich aus zu wenig Anreize im Hinblick auf ökologisch und sozial nachhaltiges Handeln*" (Kirchgässner 2002, S. 393).

Daraus begründet sich für die Politik auch in Entwicklungsländern die Aufgabe, Bedingungen bzw. Anreize zu schaffen, wonach es für die Menschen attraktiv wird, ihr Handeln so auszurichten, dass es die nachhaltige Entwicklung fördert. Das gilt sowohl für Produzenten als auch für Konsumenten. Dabei ist zu berücksichtigen, dass die Forderung eines nachhaltigen Konsums, d.h. die Verantwortung der Konsumenten für eine nachhaltige Entwicklung noch in starkem Maße vernachlässigt wird, oder positiv formuliert, noch ein großes Potenzial aufweist (Fischer, v. Hauff 2017, S. 14 ff). Das gilt für Industrie- als auch für Entwicklungsländer. Dabei ist jedoch zu berücksichtigen, dass besonders Lobbyisten auch im Rahmen des Konsums massiven Widerstand gegen eine kohärente Nachhaltigkeitspolitik ausüben, was sich auf die Dynamik nachhaltiger Entwicklung negativ auswirkt. Gleichzeitig gilt festzustellen, dass auch viele Konsumenten ihre Verantwortung hinsichtlich eines nachhaltigen Konsums noch nicht ausreichend wahrnehmen.

5.1 Abgrenzung der drei Dimensionen nachhaltiger Entwicklung

Nun ist zu klären, was das Novum der nachhaltigen Entwicklung im Verhältnis zur Mainstream-Ökonomie ist. Ein zentrales Merkmal nachhaltiger Entwicklung ist die Dreidimensionalität. Dabei geht es idealtypisch um die gleichrangige Zusammenführung der drei Dimensionen Ökologie, Ökonomie und Soziales zu einem Gleichgewicht. Das erfordert ein ganz anderes Stabilitätsverständnis als es in typischen marktwirtschaftlichen Systemen dominiert. Ein erster Schritt ist daher, die drei Dimensionen inhaltlich abzugrenzen, um sie dann zusammen zu führen (vgl. hierzu ausführlich v. Hauff 2014).

Es besteht heute ein breiter Konsens, wonach im Kontext der Dreidimensionalität die Ökologie eine besondere Bedeutung aufweist. In der Realität konnte sich diese Erkenntnis bisher noch nicht ausreichend durchsetzen. Die Beschädigung von Ökosystemen kann oft nur sehr bedingt wieder beseitigt werden (siehe hierzu den Klimawandel und die Biodiversität). Dabei ist zu berücksichtigen, dass die Funktionsweise von Ökosystemen eine wichtige Voraussetzung für die Produktion von Gütern und Dienstleistungen, aber auch für das gesellschaftliche Zusammenleben ist. Auf dieser Grundlage ist die Gleichrangigkeit der drei Dimensionen zu verstehen. Nur die Berücksichtigung und Zusammenführung der drei Dimensionen kann zu einer Sicherung beziehungsweise Verbesserung der Lebensqualität führen. Ob es sich hierbei um das individuelle Wohlbefinden oder die gesellschaftliche Wohlfahrt handelt, ist nicht eindeutig geklärt. Dabei handelt es sich um zwei verschiedene Begründungsebenen, die nicht deckungsgleich sind, jedoch beide gleichermaßen ihre Berechtigung haben (Diefenbacher, Zieschank 2011, S. 70). Diese beiden Begründungsebenen lassen sich über die Gerechtigkeit verknüpfen.

Die intra- und die intergenerationelle Gerechtigkeit lassen sich wie folgt voneinander abgrenzen:

- Die beiden Formen der Gerechtigkeit gehen in alle drei Dimensionen mit ein und sind somit als Querschnittsanforderung nachhaltiger Entwicklung zu verstehen.
- Die intergenerationelle Gerechtigkeit fordert, dass zukünftige Generationen in ihrer Bedürfnisbefriedigung nicht durch die Lebensweise der gegenwärtig lebenden Generation beeinträchtigt werden.

Die drei Dimensionen der Nachhaltigkeit sollen nun inhaltlich konkretisiert werden:

Ökologische Nachhaltigkeit

Die Nutzung der Natur, ohne die der Mensch nicht überlebensfähig ist, hat teilweise schon das Niveau der Übernutzung erreicht. Das erklärt sich daraus, dass die Nutzung der Natur durch den Menschen wie der Abbau von Rohstoffen, die Umlenkung von Stoff- und Energieströmen, die Veränderung von großräumigen natürlichen Strukturen wie die Abholzung von Wäldern zur Gewinnung landwirtschaftlicher Flächen und die Belastung von Schutzgütern wie der Atmosphäre die ökologischen Systeme zunehmend belasten. Das gilt auch in dramatischer Weise durch die Verringerung der Biodiversität.

Aber auch die mangelnde oder unsachgemäße Beseitigung von Müll und Verschmutzung der Meere und sonstiger Gewässer belasten die Ökosysteme. Der in seiner Geschwindigkeit einzigartige Transformationsprozess und die sich daraus begründenden Bedrohungspotenziale zwingen auch in Entwicklungsländern dazu, das Verhältnis der Menschheit zu ihren natürlichen Lebensgrundlagen neu zu bestimmen. Neben den ökonomisch relevanten Aspekten bietet die Natur aber auch den Lebensraum für alle Lebewesen oder ist ein Ort des ästhetischen Genusses (Grunwald, Kopfmüller 2012, S. 43). Die Bekämpfung von Armut ist nicht nur ein ökonomisches Problem wie lange Zeit in der Mehrzahl von Entwicklungstheorien und -strategien zugrunde gelegt wurde, sondern begründet sich auch aus der Übernutzung der Natur (vgl. Kapitel 2).

Die ökologische Nachhaltigkeit zielt daher auf die Erhaltung bzw. Verbesserung der ökologischen Systeme bzw. des ökologischen Kapitalstocks ab. Das begründet sich – wie schon erwähnt – daraus, dass die ökologischen Systeme die Lebensgrundlage (life support system) aller menschlichen Aktivitäten und in einem weiteren Sinne aller Lebewesen bildet. Anders formuliert: Das ökonomische aber auch das soziale System, also die Wirtschaft und die Gesellschaft können für sich alleine nicht nachhaltig sein, da ihre dauerhafte Existenz von dem Zusammenspiel der Wirtschaft und der Gesellschaft mit der Natur abhängt. Diese Erkenntnis setzt sich in den meisten Entwicklungsländern nur sehr langsam um. Das Paradigma „*first to become rich and clean up later*" dominiert auch heute noch. Aus der Perspektive der aufkommenden Mittelschicht in vielen Entwicklungsländern könnte man diese bekannte Maxime noch erweitern in „*first to become richer and clean up later*", worunter besonders die Armutsbevölkerung zu leiden hat.

Die Natur dient weiterhin als Aufnahmemedium (Senke) anthropogener Emissionen und als Quelle natürlicher Ressourcen, die den Menschen direkten oder indirekten Nutzen stiften. In diesem Zusammenhang stellt sich die Frage, wann das Optimum des Nutzens erreicht ist. Für Entwicklungsländer ist noch die Frage besonders relevant, wem der Nutzen z.B. durch den Abbau von natürlichen Ressourcen primär zukommt. Zu denken ist an die Gewinnung von Rohöl, aber auch an den Abbau von Seltenen Erden und seltenen Metallen, und auch an die Abholzung von Wäldern zur Gewinnung zusätzlicher landwirtschaftlicher Nutzfläche oder großer Palmölplantagen. Es gibt international einen breiten Konsens, dass die Natur bzw. die ökologischen Systeme teilweise schon ein Niveau der Übernutzung erreicht haben, die von der Menschheit verursacht wurde und die für die Menschheit – besonders für die nächsten Generationen – zunehmend bedrohlich wird, was an dem Beispiel des Klimawandels aber auch der drastischen Verringerung der Biodiversität verdeutlicht werden kann.

Das gilt sowohl für den Abbau und die Nutzung von Rohstoffen als auch für die zunehmende Belastung durch Emissionen. Die wachsenden Bedrohungspotenziale erfordern daher, sowohl die Produktionsformen als auch die Konsumstile an die ökologischen Systeme anzupassen. Daher fordert die ökologische Nachhaltigkeit von der Politik, den Akteuren der privaten Wirtschaft (Unternehmen und Wirtschaftsverbänden), den Haushalten und sonstigen gesellschaftlichen Akteuren wie den Kirchen eine stärkere Anpassung ihres Handels an die Belastbarkeit ökologischer Systeme. Das gilt für Industrie- aber in besonderem Maße auch für die aufstrebenden Entwicklungsländer. Die ökologische Nachhaltigkeit fordert daher die Einhaltung von Handlungsregeln, die schon dargestellt wurden. Weiterhin fordert sie, jene Ökosysteme konsequent zu schonen, die für das Überleben der Menschheit existenziell notwendig sind.

Fazit zur ökologischen Nachhaltigkeit

Es ist hinreichend belegt, dass die Menschen sowohl von dem Abbau und der Nutzung von Rohstoffen als auch von der zunehmenden Belastung durch Emissionen sehr unterschiedlich profitieren bzw. belastet werden. Es ist weiterhin unbestritten, dass die zukünftigen Generationen durch den starken Abbau von Rohstoffen, aber auch durch die zunehmende Belastung durch Emissionen stärker als die heute lebende Generation belastet werden. Das gilt in besonderem Maße für jene Entwicklungsländer, die über viele Rohstoffe verfügen. Die Rohstoffe werden häufig von internationalen Konzernen abgebaut, wovon jedoch nur ein kleiner Teil der Bevölkerung wie z.B. korrupte Politiker, aber auch globale Konzerne, militante Gruppen und sonstige Geschäftsleute auch in Industrieländern profitieren und zukünftige Generationen – wenn die Rohstoffe weitgehend abgebaut sind – kaum noch einen Nutzen haben werden. Insofern ist bisher davon auszugehen, dass weder die intra- noch die intergenerationelle Gerechtigkeit in Entwicklungsländern befriedigend realisiert werden können.

Ökonomische Nachhaltigkeit

Einen typischen Zugang zu dem Themenbereich des Wachstums bietet die Wachstumstheorie. Deren Kernaussage ist, dass die langfristige Steigerung des Wachstums durch technischen Fortschritt und Humankapital (qualifizierte Arbeitskräfte) realisiert wird. Hierzu gibt es in den Wirtschaftswissenschaften, zumindest seit dem ersten Bericht an den Club of Rome „Grenzen des Wachstums“, eine intensive Kontroverse über die Möglichkeit und Wünschbarkeit der Steigerung von Wirtschaftswachstums. In diesem Zusammenhang ist jedoch daran zu erinnern, dass in dem Bericht der Brundtland-Kommission die Relevanz des technischen Fortschritts und des wirtschaftlichen Wachstums, besonders zur Armutsbekämpfung in Entwicklungsländern, betont wird (Hauff 1987). Es wurde bereits aufgezeigt, dass inclusive growth einen Beitrag zur Armutsbekämpfung und zur Schonung der Umwelt leisten kann.

Langfristig führt die aktuelle Entwicklung zu einer Überlastung der Umwelt. Durch einen umweltorientierten technischen Fortschritt kann es zumindest zu einer partiellen Entkoppelung von Wachstum und der Nutzung des natürlichen Kapitals bzw. der Natur als Senke kommen. Daher wird schon in der Agenda 21 – wie schon erwähnt – gefordert, dass die Industrieländer die Entwicklungsländer am umwelttechnischen Fortschritt teilhaben lassen sollen. Die Relevanz dieser Forderung wird auch heute noch dadurch deutlich, dass sie erneut in der Agenda 2030 gestellt wird. Dabei ist jedoch zu berücksichtigen, dass die positiven Entkopplungseffekte durch Rebound-Effekte neutralisiert werden können. Beispiel: Die neuen Autogenerationen benötigen weniger Treibstoff und verursachen dadurch auch weniger Emissionen, was jedoch durch mehr gefahrene Kilometer und durch einen dichteren Verkehr, wie er heute in allen großen Städten in Entwicklungsländern vorherrscht, kompensiert oder überkompensiert werden kann. Entkopplungseffekte können dadurch also aufgebraucht werden.

Die Entkoppelung von Wachstum und der Nutzung von natürlichem Kapital sollte daher, neben technischen Innovationen, durch soziale und institutionelle Innovationen noch verstärkt werden. Das wird häufig mit der Forderung nach mehr „*awareness building*" verdeutlicht. Das gilt besonders für Entwicklungsländer, in denen das Umweltbewusstsein noch nicht sehr ausgeprägt ist. Die Forderung nach Gerechtigkeit kann sowohl über die Einkommens- und Vermögensverteilung bzw. -umverteilung erfolgen als auch durch – wie Sen es bezeichnet – die Förderung der Verwirklichungschancen (Sen 2010). Das bedeutet, dass es für die Menschen nicht nur formal um Chancengleichheit gehen sollte, wie sie in den Verfassungen der Länder gefordert wird, sondern die Menschen in die Lage versetzt werden ihre Chancen auch wahrzunehmen und umzusetzen.

Betrachtet man die ökonomische Nachhaltigkeit von der Nachfrageseite, so zielt sie auf die Aufrechterhaltung bzw. die Steigerung einer gewünschten Lebensqualität im Zeitablauf ab. Dabei wird die Lebensqualität oft ausschließlich mit ökonomischem Wohlstand und einem steigenden Konsumniveau gleich gesetzt. Das wird mit dem Indikator des Bruttoinlandsproduktes (BIP) bzw. Pro-Kopf-Einkommens abgebildet. Das Wohlbefinden der Bürger in Industrie- aber auch besonders in aufstrebenden Entwicklungsländern wird jedoch zunehmend von einem stetigen Wirtschaftswachstum abgekoppelt. Einerseits ist nicht sichergestellt, dass alle Bevölkerungsschichten von einem steigenden Pro-Kopf-Einkommen profitieren und zum anderen können sich auch negative ökologische Ereignisse darin positiv niederschlagen. So haben Aufbauarbeiten nach Naturkatastrophen oder Kriegen, unter denen oft viele Menschen leiden, einen positiven Effekt auf das BIP, obwohl es nur darum geht, den alten Zustand wieder herzustellen. In diesem Zusammenhang wird zunehmend ein qualitatives bzw. nachhaltiges Wachstum gefordert, wie es bereits im Kontext des green oder inclusive growth erläutert wurde.

Dieser Begründungszusammenhang spiegelt sich in der aktuellen Diskussion um alternative Messmethoden zum BIP bzw. alternative Indikatoren wider (v. Hauff, Jörg 2017, S. 18 ff). Dabei steht häufig die Abschaffung des traditionellen Indikators BIP im Mittelpunkt, der jedoch weiterhin als Strukturindikator erhalten werden sollte. Als solcher kann er aufzeigen, welche Branchen bzw. Wirtschaftssektoren über einen bestimmten Zeitraum wachsen und welche schrumpfen. Daraus lässt sich dann die wirtschaftliche Entwicklung einer Volkswirtschaft differenziert ableiten. Ein weiterer Schritt ist, dass die Umweltbelastung der einzelnen Branchen bzw. Wirtschaftssektoren untersucht werden kann und diese dann gezielt durch umweltpolitische Maßnahmen verringert bzw. beseitigt werden können. Als Beispiel hierfür kann der Transformationsprozess der Energieerzeugung von fossilen Rohstoffen hin zu regenerativer Energie genannt werden.

Ergänzend hierzu sollten aber auch nationale Nachhaltigkeitsindikatoren entwickelt werden, die etwas über das Wohlbefinden bzw. die Lebensqualität einer Gesellschaft aussagen. Zu nennen ist beispielsweise der in Deutschland jüngst entwickelte „*Nationale Wohlfahrtsindex* (NWI)". Der NWI erfasst u.a. Faktoren wie eine gerechte Einkommensverteilung, den Wert von sozialen Netzwerken und bürgerschaftlichem Engagement, sowie die Minderung von Umweltbelastungen (Diefenbacher, Zieschank 2016). Bei diesem Index wird noch einmal der integrative Zusammenhang der drei Dimensionen nachhaltiger Entwicklung deutlich. Stiglitz, Sen und Fitoussi schlagen vor sowohl das BIP als Strukturindikator und einen nationalen Nachhaltigkeitsindikator gleichzeitig zu entwickeln (Stiglitz, Sen, Fitoussi 2010). Eine Gegenüberstellung des neu strukturierten BIP und des nationalen Nachhaltigkeitsindikators zeigt an, wie sich die gesamte Entwicklung eines Landes darstellt. Wächst das BIP deutlich schneller als der nationale Nachhaltigkeitsindikator, würde sich daraus ein entsprechender Handlungsbedarf begründen.

Soziale Nachhaltigkeit

In der wirtschaftswissenschaftlichen Diskussion zur nachhaltigen Entwicklung findet die soziale Dimension eine wachsende Aufmerksamkeit. Dennoch hat sie bisher nicht die Bedeutung erfahren wie die beiden anderen Dimensionen. Dabei ist die soziale Nachhaltigkeit, die den gesellschaftlichen Zusammenhalt in Humanität, Freiheit und Gerechtigkeit zum Ziel hat, besonders auch in Entwicklungsländern nicht weniger bedeutend als die zwei anderen Dimensionen, um die Zukunftsfähigkeit einer Gesellschaft bzw. einer Volkswirtschaft zu gewährleisten (v. Hauff, Schiffer 2010, S. 1). So wird in der Agenda 2030 in verschiedenen Zusammenhängen und in dem SDG 5 explizit die Geschlechtergerechtigkeit gefordert. Im Zusammenhang der sozialen Nachhaltigkeit spricht man auch von der Kohäsionsfunktion einer Gesellschaft.

Einen möglichen theoretischen Zugang zur sozialen Nachhaltigkeit bietet u.a. die Neue Institutionenökonomik. In der Neuen Institutionenökonomik geht es um formelle und informelle Normen und Regeln, die den dauerhaften Zusammenhalt einer Gesellschaft begünstigen oder beeinträchtigen können. Ein wichtiger Ansatz innerhalb der Neuen Institutionenökonomik ist der Transaktionskostenansatz. Danach weisen alle Güter physische sowie eigentumsrechtliche

Merkmale auf, wobei bei der Änderung von letzteren Transaktionskosten entstehen (North, Wallis 1994, S. 611 ff). Dabei können die Transaktionskosten unterschiedlich hoch ausfallen (Scott 2006, S. 207). In Bezug auf die soziale Nachhaltigkeit bedeutet das, dass eine Norm, die den gesellschaftlichen Zusammenhalt fördert, dann von der Gesellschaft anerkannt wird, wenn ihr Grenznutzen (z. B. die Sicherheit) ihre Grenzkosten (z. B. die Einschränkung der individuellen Handlungsmöglichkeiten) übersteigt (v. Hauff, Schiffer 2010, S. 15). Betrachtet man sich die vielfältigen Formen der Diskriminierung von bestimmten Bevölkerungsgruppen in Entwicklungsländern, so stellt sich die Frage, wie eine Norm, die den gesellschaftlichen Zusammenhalt fördern würde, gestärkt werden könnte.

Eine Verknüpfung zwischen individueller Nutzenmaximierung und dem gesellschaftlichen Wohlergehen bieten interdependente Nutzenfunktionen. Personen sind demnach bereit, ein nicht normenkonformes, die Gemeinschaft schädigendes Verhalten anderer Gesellschaftsmitglieder zu sanktionieren, auch wenn es sie scheinbar nicht direkt betrifft (Voigt 2009, S 196). Eine Person sorgt sich demnach nicht nur um sein eigenes Wohlergehen, sondern auch um das seiner Mitmenschen und das der zukünftigen Generationen, wenn seine eigene Nutzenfunktion positiv von deren Güterbündeln abhängt. Kann z.B. durch eine gerechtere Verteilung von Einkommen und Vermögen sozialen Spannungen vorgebeugt, abgebaut oder vermieden werden, wovon gerade auch wohlhabende Personen profitieren, werden sie zumindest bei rationalem Verhalten entsprechenden Umverteilungsmaßnahmen zustimmen. Dadurch könnte die armutsbedingte Kriminalität in vielen Entwicklungsländern verringert werden.

Gerechtigkeit in Verbindung mit der sozialen Dimension nachhaltiger Entwicklung geht mit gerechter Verteilung von Sozialkapital, den Ressourcen, die nach Pierre Bourdieu auf der Zugehörigkeit zu einer Gruppe beruhen, einher (Bourdieu 1983, S. 190 f). Das kann dann erfolgen, wenn man zwischen den unterschiedlichen Gesellschaftsgruppen eine Verbindung herstellt (Stiglitz, Sen, Fitoussi, 2009, S. 10). Eine besondere Bedeutung kommt dabei dem lebenslangen Lernen, das zur Bildung und Weiterentwicklung individueller Kompetenzen beiträgt und dem Zugang zur Kultur zu (v. Hauff, Schiffer 2010, S 18 ff.). Dabei kann Kultur in ihrem weitesten Sinne *„als die Gesamtheit der einzigartigen geistigen, materiellen, intellektuellen und emotionalen Aspekte angesehen werden (…), die eine Gesellschaft oder eine soziale Gruppe kennzeichnen. Dies schließt nicht nur Kunst und Literatur ein, sondern auch Lebensformen, die Grundrechte des Menschen, Wertsysteme, Traditionen und Glaubensrichtungen“* (Deutsche UNESCO- Kommission e. V. 2010).

Einen anderen Zugang zur sozialen Nachhaltigkeit bietet das Konzept des Sozialkapitals. Dabei geht es primär um den normativen Zusammenhalt von Gruppen. Die Existenz von sozialem Kapital kann positive, aber auch negative Effekte auslösen. Negative Effekte sind beispielsweise die wachsende Macht von Lobbyisten, die auf Kosten politischer Handlungsfähigkeit geht und damit auch auf Kosten des Gemeinwohls gehen kann. Positive Effekte des sozialen Kapitals bieten die Informations- und Kommunikationstechnologien (IKT) einhergehend mit dem Internet. Das hat zu einer bisher nicht gekannten Vernetzung bzw. Bereitstellung von Informationen geführt. Das ist eine der Begründungen, weshalb die Digitalisierung und deren weitere Verbreiterung in Entwicklungsländern verstärkt gefordert wird (Sangmeister 2018, S. 23). Die Relevanz der Digitalisierung für Entwicklungsländer wird in dem folgenden Kapitel noch vertieft.

Die Digitalisierung und das damit einhergehende Internet haben die Transaktionskosten bei der Beschaffung von Informationen ganz wesentlich verringert. Daraus begründet sich auch eine höhere Transparenz von Gesellschaften, die in zunehmendem Maße auch in Entwicklungsländern zu beobachten ist. Die Ursachen von Machtstrukturen können dadurch auch von den weniger privilegierten Bevölkerungsgruppen erkannt werden und Widerstand kann sich leichter formieren. Von dem sozialen Kapital können aber auch positive Effekte auf das ökologische Kapital ausgehen. Die Intensivierung sozialer Beziehungen und die verbesserte Informiertheit über Ursachen aber auch die Vermeidung von Umweltschäden kann dazu führen, dass umweltschädliches Verhalten als unsozial empfunden wird und zu einer Reduzierung der Umweltbelastung beiträgt (Pearce, Atkinson 1998, S. 260).

Somit stellt sich die Frage, wie das soziale Kapital erhalten werden kann und wie zukünftige Generationen von seinem heutigen Bestand profitieren können. Dabei ist zu berücksichtigen, dass sich soziales Kapital nicht im Besitz einer Person, sondern nur im Besitz eines sozialen Netzes oder der gesamten Gesellschaft befinden kann. Da die Übertragung sozialen Kapitals von einer Gesellschaft auf die nächste Generation nur sehr begrenzt möglich ist, muss sich jede Generation ihr soziales Kapital weitgehend selbst auf- bzw. ausbauen.

Grundsätzlich lassen sich zwei Richtungen sozialer Nachhaltigkeit aufzeigen. Die erste folgt den Wurzeln des Leitbildes nachhaltiger Entwicklung im engeren Sinne: Sie zielt auf die intragenerationelle Gerechtigkeit, d. h. auf eine Verringerung der ungleichen Verteilung zwischen den unterschiedlich entwickelten Ländern, aber auch auf die Verteilungsdisparitäten innerhalb der einzelnen Länder, ab. Entsprechend geht es darum, Not und Armut in Entwicklungsländern nachhaltig zu verringern und die sich abzeichnenden Umweltkrisen aufzuhalten bzw. zu vermeiden. Hierzu sollen entsprechend der Agenda 21 die Industrieländer einen wichtigen Beitrag leisten (vgl. Kapitel 3).

Die zweite Richtung zielt auf die Bewältigung der sozialen Probleme innerhalb eines Landes ab. In jüngster Vergangenheit geht es in Entwicklungsländern ganz wesentlich um die nachhaltige Gestaltung sozialer Sicherungssysteme. Von zentraler Bedeutung ist dabei die Stärkung der Teilhabe am Erwerbsleben. Weiterhin geht es in diesem Kontext auch um eine gerechte intergenerationelle Verteilung von Einkommen und Vermögen. Bisher wurden soziale Aspekte vielfach dem ökonomischen Bereich zugeordnet. Das hat jedoch den Blick auf die soziale Dimension einer nachhaltigen Entwicklung unnötig verengt (Hillebrand 2000, S. 37). So lässt sich das Erwerbsleben nicht nur auf Angebot und Nachfrage von Arbeit reduzieren. Für die Vielzahl der Erwerbstätigen sowohl in ländlichen als auch in städtischen Regionen, die im informellen Sektor tätig sind, ist die soziale Integration eine Schlüsselgröße.

Während intragenerationelle Gerechtigkeit relativ klar abzugrenzen ist, gestaltet sich das bei der intergenerationellen Gerechtigkeit als äußerst schwierig bzw. komplex. Gerade in Entwicklungsländern geht es um die Frage der Verantwortlichkeit der heute lebenden Generation gegenüber zukünftigen Generationen. Das lässt sich an dem Beispiel der Umweltbelastung sehr gut verdeutlichen. Werden die ökologischen Systeme von den heutigen Generationen z.B. durch die zunehmende Belastung der Luft oder durch die Verunreinigung des Wassers stark belastet, was zu gesundheitlichen Beeinträchtigungen führt, entspräche das nicht dem Prinzip der sozialen Nachhaltigkeit. Aber auch die Diskriminierung bestimmter Bevölkerungsgruppen im Rahmen des Bildungssystems kann zu einer steigenden Kluft in einer Gesellschaft beitragen.

5.2 Die Beziehung der drei Dimensionen zueinander

Die inhaltliche Abgrenzung der drei Dimensionen bzw. der drei Kapitalarten gibt jedoch keine Auskunft über deren Beziehung zueinander. Weiterhin stellt sich die Frage nach der optimalen Bewirtschaftung der drei Kapitalarten, die zu einem Optimum menschlichen Wohlergehens führen soll. Daher ist es wichtig, die Komplementarität der Kapitalarten zu analysieren und aufzuzeigen. Auffällig in diesem Zusammenhang ist, dass die Beziehung zwischen ökologischem und ökonomischem Kapital in der Literatur umfassend behandelt wird, wie in dem nächsten Kapitel aufgezeigt wird. Dagegen wurde die Bedeutung des sozialen Kapitals für die anderen Kapitalarten in der nachhaltigkeitsökonomischen Literatur lange vernachlässigt.

In der neueren Diskussion wird jedoch zunehmend die Rolle des sozialen Kapitals für die Akkumulation, die Erhaltung und Produktivität anderer Kapitalarten wie Sachkapital, Umweltkapital und Humankapital aufgezeigt. Ein typisches Beispiel hierfür ist das Handelskonzept Fair Trade. Hier wird z.B. durch den Zusammenschluss von Kleinbauern zu Kooperativen ein Netzwerk von Produzenten geschaffen, das den einzelnen Kleinfarmern in Zusammenhang mit verschiedenen Förderaktivitäten eine verbesserte Produktions- und Lebensbasis bietet (v. Hauff, Claus 2017). Das lässt sich exemplarisch an drei weiteren Beispielen der Weltbank verdeutlichen (Weltbank 2003, S. 22):

- Sozialkapital kann zu einer Verbesserung der Bewirtschaftung und Produktivität von Umweltkapital beitragen. So hat der kombinierte Effekt von Einstellungen zur Partizipation, d. h. ein gemeinsames Vorgehen regionaler Kleinbauern, in Verbindung mit der Stärkung des Humankapitals (Alphabetisierung) die Bewirtschaftung von Wassereinzugsgebieten im indischen Bundesstaat Rajasthan/Indien wesentlich verbessert. Das war eine wichtige Voraussetzung für die Steigerung der Einkommen. Eine wesentliche Bedingung hierbei war das Vertrauen zwischen den Agrarberatern und den Bauern, das für die Steigerung der Agrarproduktion ganz wichtig war.
- Sozialkapital kann zu einer Verbesserung von Humankapital beitragen. So wurde ein Zusammenhang zwischen mehr Vertrauen und höheren Schulbesuchsquoten auf der Sekundarstufe festgestellt.
- Sozialkapital kann auch die Produktivität von Sachkapital erhöhen. So wurde in einer Untersuchung festgestellt, dass beispielsweise der zwischenbetriebliche Kontakt in Form von Netzwerken in der Bekleidungsindustrie einen positiven Effekt auf das Lernen hat (Uzzi 1997).

Es gibt viele weitere Beispiele für die Komplementarität der Kapitalarten. So verbessern saubere Luft und sauberes Wasser die menschliche Gesundheit und die Produktivität von Humankapital. Das ist besonders für die Armutsbevölkerung in Entwicklungsländern wichtig, da sie in der Regel von ihren täglichen Einnahmen abhängig sind. Werden sie beispielsweise durch verunreinigtes Wasser krank, kann das zu einer existenziellen Bedrohung führen. Daraus lässt sich ableiten, dass die Synergien aus der Komplementarität von zwei oder mehr Kapitalarten die Gesamtproduktivität erhöhen. Diese Zusammenhänge werden in Kapitel sechs weiter vertieft bzw. konkretisiert.

Gleichzeitig ist jedoch festzustellen, dass für die meisten Kapitalarten abnehmende Grenzerträge gelten (Gesetz von den abnehmenden Grenzerträgen). Die Zuwächse an Wohlergehen oder Produktivität durch eine zusätzliche Kapitaleinheit nehmen bei zunehmendem Umfang des jeweiligen Kapitals ab. Das gilt bei der Annahme, dass alle anderen Kapitalarten konstant gehalten werden (Weltbank 2003, S. 23). Die Beispiele für eine Komplementarität der verschiedenen Kapitalarten sollten jedoch nicht darüber hinwegtäuschen, dass nachhaltige Entwicklung im Kontext der ökonomischen Dimension unterschiedlich begründet wird, wie schon aufgezeigt wurde. Dadurch kann die Diskussion über die Komplementarität zu unterschiedlichen Schlussfolgerungen führen.

Das folgende Kapitel wendet sich nun der Agenda 2030 und den 17 Nachhaltigkeitszielen zu. In diesem Zusammenhang wird auch die Komplementarität zwischen den Zielen diskutiert. Im Mittelpunkt steht jedoch die Bedeutung der Agenda 2030 für die Neuorientierung und Ausgestaltung der (Entwicklungs-) Politik. Da sich alle Mitgliedsländer der Vereinten Nationen dazu verpflichtet haben, auf der Grundlage der Agenda 2030 und den 17 SDGs eine nationale Nachhaltigkeitsstrategie zu entwickeln, soll aufgezeigt werden, wie dies von Ländern umgesetzt werden kann.

6 Von der Agenda 2030 zur nationalen Nachhaltigkeitsstrategie

Auf der Konferenz Rio+20, die erneut in Rio de Janeiro im Jahr 2012 stattfand, kamen die Vertreter der Völkergemeinschaft zu der Erkenntnis:

„*We recognize that the development of goals could also be useful for pursuing focused and coherent action on sustainable development. … We further recognize the importance and utility of a set of Sustainable Development Goals (SDGs) … These goals should address and incorporate in a balanced way all three dimensions of sustainable development and their interlinkages.*" (UNGA 2012, S. 43)

So wurde der Übergang von den MDGs zu den SDGs von den Vertretern der Völkergemeinschaft initiiert. Vom 25. bis 27. September 2015 fand in New York der UN-Sondergipfel zur Agenda 2030 unter dem Titel „*Transforming our World: The 2030 Agenda for Sustainable Development*" statt, auf dem die Agenda 2030 verabschiedet wurde. Die neuen Ziele sollten am 1. Januar 2016 in Kraft treten. Wie schon ausgeführt wurde, sind die SDGs, im Gegensatz zu den MDGs, nicht nur auf Entwicklungsländer ausgerichtet, sondern gelten auch für Industrieländer. Daher sind im Kontext der Entwicklungspolitik zunächst die Entwicklungsländer selbst für die Umsetzung der 17 SDGs zuständig und verantwortlich. Aber entsprechend der Agenda 2030 sollen auch die Industrieländer ihre Entwicklungszusammenarbeit mit den Ländern des Südens darauf ausrichten. Entsprechend sollen die SDGs nach Sachs zu globalem Enthusiasmus motivieren und das Wissen zu Handlungen führen (Sachs 2015, S. 483).

Die Vereinbarung der Weltgemeinschaft wurde häufig als eine einmalige historische Chance bewertet. In den folgenden Jahren wurde immer wieder festgestellt, dass es auf Grund der internationalen politischen Turbulenzen wohl nicht mehr gelungen wäre, die Agenda 2030 „*auf den Weg zu bringen*". Das sollten jene Kritiker berücksichtigen, die die Agenda 2030 als unzureichend kritisieren bzw. ablehnen. Die Intention der Agenda ist, die nachhaltige Entwicklung global zu fördern und durch die Vorgabe der 17 Nachhaltigkeitsziele eine Vereinheitlichung in der Umsetzung anzustreben. In der Präambel der Agenda konkretisierten die Regierungen der Länder ihre Intention:

„*Wenn wir unsere Ambitionen in allen Bereichen der Agenda verwirklichen können, wird sich das Leben aller Menschen grundlegend verbessern und eine Transformation der Welt zum Besseren stattfinden.*" (UN 2015, S. 3)

Weiterhin wird der Bezug zu den Menschenrechten betont:

„Die neue Agenda orientiert sich an den Zielen und Grundsätzen der Charta der Vereinten Nationen, insbesondere der uneingeschränkten Achtung des Völkerrechts. Sie gründet auf der Allgemeinen Erklärung der Menschenrechte, den internationalen Menschenrechtsverträgen, der Millenniumserklärung und dem Ergebnis des Weltgipfels 2005.“ (UN 2015, S. 4)

In dem folgenden Abschnitt werden zunächst die Kernbotschaften und Prinzipien der Agenda 2030 vorgestellt. In Abschnitt 6.2 werden dann die Grundlagen der 17 Nachhaltigkeitsziele und die Unterziele erläutert. Danach folgt eine Bewertung der Ziele, wobei es darum geht, die Stärken und Defizite der 17 Nachhaltigkeitsziele aufzuzeigen. Danach wird in 6.4 die Agenda 2030 als Grundlage für nationale Nachhaltigkeitsstrategien vorgestellt. Anschließend wird aufgezeigt, welche Bedeutung die Vernetzung der 17 Nachhaltigkeitsziele und ihrer Unterziele hat. Eine wesentliche Bedeutung bei der Evaluierung einer nationalen Nachhaltigkeitsstrategie kommt den Nachhaltigkeitszielen und den damit verbundenen Indikatoren zu.

6.1 Kernbotschaften und Prinzipien der Agenda 2030

Die Ziele der Agenda 2030 sind hinsichtlich ihrer Realisierung überwiegend auf das Jahr 2030 ausgerichtet. Das übergeordnete Ziel ist, dass die Transformation der nationalen Volkswirtschaften hin zu einer nachhaltigen Entwicklung weltweit vorangetrieben werden soll (BMUB 2017). Dabei wird jedoch häufig vernachlässigt, die Bevölkerung in den Prozess der Transformation in ausreichendem Maße mit einzubeziehen. So wurde in einer Untersuchung für Deutschland festgestellt, dass nur etwa 10% der Bevölkerung die Agenda 2030 kennen und „wissen um was es sich hierbei handelt.“ (Gleser, Schneider 2018, S. 50) Tendenziell ist davon auszugehen, dass der Anteil der informierten Bürger in Entwicklungsländern noch geringer ist. Diese Informationsasymmetrie ist ein wichtiges Hemmnis für die Umsetzung einer nationalen Nachhaltigkeitsstrategie und widerspricht dem Nachhaltigkeitsprinzip der Partizipation.

Die Agenda 2030 ist die Grundlage, um wirtschaftlichen Fortschritt mit sozialer Gerechtigkeit im Rahmen der ökologischen Grenzen der Erde in Einklang zu bringen. In diesem Zusammenhang spricht man häufig auch von den *Planetary Boundaries,* denen wesentliche Bereiche wie die Dynamik des Wachstums, die Erzeugung von Energie und Lebensmitteln, aber auch die Dynamic der Bevölkerungsentwicklung untergeordnet bzw. angepasst werden sollten (Sachs 2015, S. 181 ff). Schließlich soll die nachhaltige Gestaltung der globalen Entwicklung auch auf die Sicherung eines erfüllten Lebens für kommende Generationen ausgerichtet werden.

Der Katalog der 17 Ziele und Unterziele für nachhaltige Entwicklung, die sogenannten Sustainable Development Goals, sind das Kernstück der Agenda 2030. Sie vervollständigen und erweitern die Ambitionen der Millennium Development Goals. Den 17 Zielen sind in dem UN Dokument insgesamt 169 Unterziele (targets) zugeordnet. Wie schon erwähnt, sind die SDGs auf vielfältige Weise miteinander verknüpft. Die Präambel der Agenda 2030 basiert auf 5 Kernbotschaften, die den Sustainable Development Goals handlungsleitend vorangestellt sind (UN 2015, S. 2-3):

- Menschen (***People***)
- Planet (***Planet***)
- Wohlstand (***Prosperity***)
- Frieden (***Peace***)
- Partnerschaft (***Partnership***)

Geläufiger sind die englischen Begrifflichkeiten, da dann von den 5 Ps der Agenda 2030 gesprochen wird (UN 2015, S. 1-2). Die fünf Kernbotschaften werden kurz vorgestellt:

Menschen (People)

Im Mittelpunkt steht stets die Würde des Menschen. Alle Formen und Dimensionen von Armut und Hunger sollen weltweit beseitigt werden. Alle Menschen sollen ihre Fähigkeiten in Würde, Gleichheit und einer gesunden Umwelt verwirklichen können.

Planet (Planet)

Der Schutz des Planeten Erde steht im Mittelpunkt. Dabei geht es um die Begrenzung des Klimawandels, die Bewahrung natürlicher Lebensgrundlagen sowie den Schutz vor Degradation. Dies soll durch nachhaltigen Konsum, nachhaltige Produktion, nachhaltige Bewirtschaftung natürlicher Ressourcen sowie durch Maßnahmen zur Bekämpfung des Klimawandels erreicht werden. Dadurch sollen die Bedürfnisse bzw. der Befriedigung der gegenwärtigen und zukünftigen Generationen ermöglicht werden.

Wohlstand (Prosperity)

„*Globalisierung gerecht gestalten*" zielt darauf ab, dass Maßnahmen konsequent umgesetzt werden sollen, die es allen Menschen ermöglicht, an einem erfüllten Leben im Wohlergehen teilzuhaben. Es soll der wirtschaftliche, soziale und technologische Fortschritt mit der Natur in Einklang gebracht werden. Weiterhin soll ein nachhaltiges Wirtschaftswachstum erreicht und die Kluft zwischen Arm und Reich gemindert bzw. geschlossen werden.

Frieden (Peace)

Ohne Frieden ist eine nachhaltige Entwicklung nicht denkbar. Es kann aber auch kein Frieden ohne eine nachhaltige Entwicklung entstehen. Daher ist der Frieden eine der wichtigsten Anforderungen an die nachhaltige Entwicklung. Dies lässt sich durch die Einhaltung und Förderung der Menschenrechte und einer guten Regierungsführung erreichen. Gleichzeitig sollen friedliche, gerechte und integrierte Gesellschaften gefördert werden, in denen die Menschen frei von Angst und Gewalt leben können.

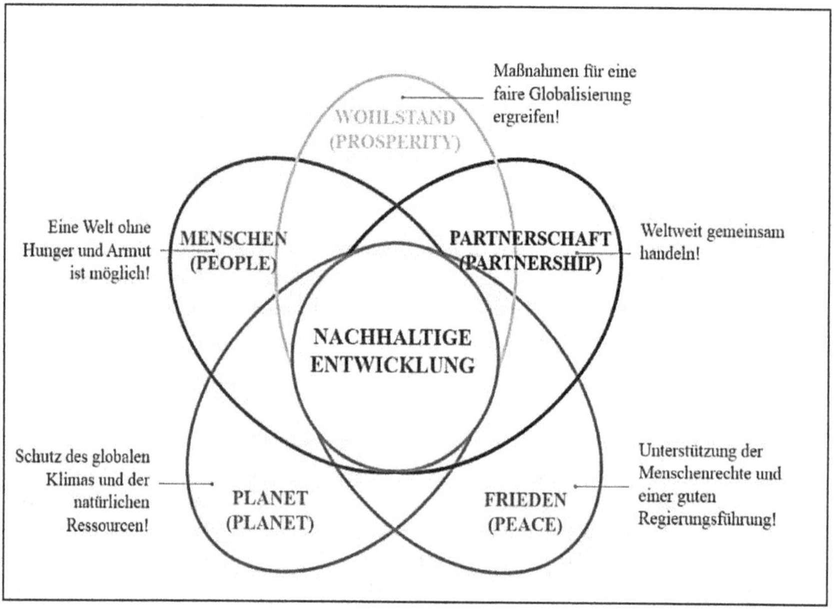

Abbildung 12: Die 5 Ps der nachhaltigen Entwicklung
Eigene Darstellung in Anlehnung an BMZ, 2017

Partnerschaft (Partnership)

Es sollen die notwendigen Mittel durch eine Revitalisierung der globalen Partnerschaft für nachhaltige Entwicklung mobilisiert werden, um die Umsetzung und den Erfolg der Agenda 2030 zu gewährleisten. Somit beruht die Partnerschaft auf dem Geist der globalen Solidarität und richtet sich besonders auf die Bedürfnisse der Ärmsten und Schwächsten aus. Dabei sollen sich alle Länder, die Stakeholder und Menschen beteiligen. Für eine dauerhafte Umsetzung nachhaltiger Entwicklung ist die Verknüpfung bzw. Zusammenführung der Ziele der Agenda 2030 von entscheidender Bedeutung. Dies wird in Abbildung 12 grafisch dargestellt.

Die fünf Kernbotschaften sind den Nachhaltigkeitszielen handlungsleitend übergeordnet. Sie werden in den 17 SDGs berücksichtigt. Die fünf Kernbotschaften und die 17 Sustainable Development Goals sind die Grundlage für eine nationale Nachhaltigkeitsstrategie. In der Präambel der Agenda 2030 werden weiterhin die Prinzipien aufgeführt. Sie geben für die Ausgestaltung und Umsetzung einer nationalen Nachhaltigkeitsstrategie eine Orientierung:

- **Universalität:** die Strategie gilt für alle Länder, also für Entwicklungs- aber auch für Industrieländer;
- **Unteilbarkeit:** die Agenda soll in ihrer Gesamtheit, d. h. nicht nur einzelne Ziele, umgesetzt werden;
- **Niemand zurücklassen:** die Agenda 2030 ist erst dann realisiert, wenn auch die Ärmsten eine Verbesserung ihrer Lebensbedingungen erfahren;
- **Rechenschaftspflicht:** es soll eine regelmäßige, transparente und internationale Berichterstattung zur Gewährleistung der Rechenschaftspflicht stattfinden;
- **Partnerschaftlichkeit:** alle tragen für die Umsetzung Verantwortung: Länder, Städte und Gemeinden, Zivilgesellschaft, Wirtschaft und Wissenschaft.

Besonders hervorzuheben ist, dass im Gegensatz zu den MDGs, die den Entwicklungsländern zugeordnet wurden, die SDGs – wie schon erwähnt – die Grundlage für eine nationale Nachhaltigkeitsstrategie aller Länder sind. Es geht auch darum nicht einzelne Ziele oder Unterziele isoliert zu betrachten und anzustreben. Sie sind vielmehr als Zielbündel zu verstehen, die in ihrer Gesamtheit anzustreben sind. Dabei ist natürlich zu berücksichtigen, dass die einzelnen Länder unterschiedliche Ausgangsbedingungen wie die wirtschaftlich Entwicklung, die gesellschaftliche und politische Stabilität, die Intensität von Umweltbelastungen und z.B. die Verfügbarkeit von trinkbarem Wasser aufweisen, die bei der Ausgestaltung der nationalen Nachhaltigkeitsstrategie zu berücksichtigen sind.

Eine wichtige Herausforderung ist auch, niemand zurück zu lassen. Dies gilt nicht nur für die Armutsbevölkerung bzw. für extrem arme Bevölkerungsgruppen, sondern auch für ethnische oder religiöse Minderheiten. Die nationale Evaluierung hinsichtlich des Fortschritts der Zielumsetzung bzw. -erreichung wird noch durch eine regelmäßige internationale Berichterstattung und Rechenschaftspflicht ergänzt. Für die Umsetzung der SDGs ist eine Vielzahl von Akteuren verantwortlich. Neben den Regierungen, denen eine besondere Aufgabe zukommt, sind es auch die Verbände, die Wirtschaft, die einzelnen Unternehmen, Länder und Kommunen, aber auch die Wissenschaft, die Zivilgesellschaft und die Kirchen. Schon bei der Wahrnehmung und entsprechend auch bei der Umsetzung der Agenda 2030 und den 17 SDGs besteht bei den verschiedenen Akteuren noch ein großer Handlungsbedarf. So gibt es bisher nur wenige Kommunen, die eine Agenda 2030 entwickelt haben.

Dabei kommt der Umsetzung in dem UN Dokument zur Agenda 2030 eine große Bedeutung zu, was immer wieder vernachlässigt wird. Das erklärt sich aus den Erfahrungen mit den MDGs und vielen anderen internationalen Vereinbarungen. Sie fanden oft große Beachtung. Bei der Umsetzung kam es jedoch zu großen Unzulänglichkeiten und Defiziten. Im Folgenden werden daher die Pflichten der Akteure benannt, die sie zu erfüllen haben. Bei der Umsetzung wird zunächst *„eine mit neuem Leben erfüllte Globale Partnerschaft"* gefordert, um diese zu gewährleisten. Der Anspruch lautet:

„Diese Partnerschaft wird in einem Geist der globalen Solidarität wirken, insbesondere der Solidarität mit den Ärmsten und mit Menschen in prekären Situationen." (UN 2015, S. 10).

Die globale Partnerschaft soll im Rahmen von konkreten Politiken und Maßnahmen, die im Ergebnisdokument der vom 13. bis 16. Juli 2015 in Addis Abeba abgehaltenen dritten internationalen Konferenz über Entwicklungsfinanzierung beschrieben sind, angestrebt werden. Zur Relevanz wird festgestellt, dass die volle Umsetzung der Aktionsagenda von Addis Abeba für die Verwirklichung der Ziele und der dazugehörigen Zielvorgaben von ausschlaggebender Bedeutung ist. Jedes Land trägt die Hauptverantwortung für seine eigene wirtschaftliche, ökologische und soziale Entwicklung. Dabei ist die Mobilisierung von Finanzmitteln und der Aufbau von Kapazitäten ebenso notwendig, wie der Transfer umweltfreundlicher Technologien in die Entwicklungsländer zu günstigen Bedingungen. Weiterhin nehmen der breit gefächerte Privatsektor – von Kleinunternehmen über Genossenschaften bis zu multinationalen Unternehmen –, aber auch Organisationen der Zivilgesellschaft und philanthropischen Organisationen bei der Umsetzung der neuen Agenda eine zentrale Rolle ein.

6.2 Die 17 Nachhaltigkeitsziele und exemplarische Interdependenzen zwischen den SDGs

Ein wichtiger Grundsatz ist, dass sich die Ziele einander bedingen und unteilbar miteinander verbunden sind (Prinzip der Unteilbarkeit). Sie sind weiterhin global ausgerichtet, universell anwendbar und jede Regierung soll – wie schon erwähnt – die unterschiedlichen Realitäten, Kapazitäten und Entwicklungsstufen des eigenen Landes berücksichtigen (v. Hauff, Schulz, Wagner 2018, S. 37). Jede Regierung muss also nationale Planungsprozesse, Politiken und Strategien individuell auf die globalen Zielvorgaben ausrichten. Die SDGs erfordern jedoch nicht nur eine nationale Nachhaltigkeitsstrategie und deren Umsetzung, sondern zielen auf eine globale Entwicklung ab, bei der es für alle Länder und deren Bevölkerung zu einer gewinnbringenden Zusammenarbeit kommt. (UN 2015) Das wird besonders in SDG 17 gefordert.

Danach soll eine Partnerschaft aufgebaut werden, um nachhaltige Entwicklung weltweit zu ermöglichen. Dazu gehört sowohl auf globaler als auch auf nationaler Ebene eine kohärente Politik. Die Forderung in dem Unterziel 17.14 lautet: *„Die Politikkohärenz zugunsten nachhaltiger Entwicklung fördern."* In diesem Zusammenhang kommt dem „Policy Coherence for Sustainable Development (PCSD)" Konzept eine wachsende Bedeutung zu. Kohärenz ist in der Entwicklungspolitik im Prinzip eine „alte Forderung", die trotz häufiger Wiederholungen in vielen offiziellen Papieren und Statements bis heute noch nicht zu der gewünschten Realisierung gefunden hat.

Das Konzept lässt sich damit begründen, dass Machtverhältnisse und Hierarchien im Zusammenhang mit der Entstehung und Verbreitung der Politikkohärenz für eine nachhaltige Entwicklung näher zu untersuchen sind. So stellt Zeigermann schon hinsichtlich der Beziehung zwischen OECD und EU fest:

"Among the main promoters of the concept between 1990 and 2015 – the OECD and the EU – organizational interests are reflected in, rivalries across different departments and institutional hierarchies and competition with non-state actors and regarding the framing of the concept, integration of different networks, approaches and stakeholders to the policy coherence for sustainable development debate in order to broadly circulate the idea and create consensual knowledge based on own ideas, common paradigms of multilateralism, interconnected global processes and international competition which require PCSD, and a focus on the global North and member states in particular." (Zeigermann 2018, S. 145)

Berücksichtigt man die Vielzahl von nationalen und internationalen Akteuren, so bietet das Konzept der Politikkohärenz noch große Potenziale zur Erhöhung einer effizienteren Entwicklungszusammenarbeit (vgl. hierzu die Ausführungen zu „Aid Effectiveness). Die Ziele der Agenda 2030 können also nur durch eine globale und kohärente Zusammenarbeit optimal erreicht werden (BMZ 2017). Es werden fünf Bereiche genannt, auf denen die globale Partnerschaft für nachhaltige Entwicklung basiert (UN 2015, S. 26 ff):

- Finanzierung
- Technologie
- Kapazitätsaufbau
- Handel
- systemische Probleme

Die inhaltliche Konkretisierung soll exemplarisch an dem Bereich Finanzierung und Handel kurz verdeutlicht werden, wodurch auch die Forderung nach Politikkohärenz deutlich wird. Bei der Finanzierung geht es einmal um die Verstärkung der Mobilisierung einheimischer Ressourcen, die Sicherung der Entwicklungszuwendungen, die Mobilisierung finanzieller Mittel für Entwicklungsländer, die Unterstützung der Entwicklungsländer bei der Schuldenfinanzierung, Entschuldung und Umschuldung und die Beschließung von Investitionsförderungen (UN 2015, S. 26). Positiv formuliert kann festgestellt werden: Auch hier gibt es noch große Potenziale zur Stärkung des Bereiches der Finanzierung.

Im Bereich des Handels geht es um die Förderung eines Handelssystems, durch das besonders Entwicklungsländer gestärkt werden sollen. So sollen die Exporte der Entwicklungsländer deutlich gesteigert und eine Umsetzung des zoll- und kontingentfreien Marktzugangs besonders für die am wenigsten entwickelten Länder nachhaltig erreicht werden (UN 2015, S. 27). Hierbei kommt den Multi-Akteurs-Partnerschaften eine besondere Bedeutung zu. Dabei versteht man unter Multi-Akteurs-Partnerschaften eine Kooperationsform, bei der die Akteure aus Staat, zwischen- oder suprastaatlichen Organisationen, Zivilgesellschaft, Privatwirtschaft und Wissenschaft gemeinsam einen Beitrag leisten, nachhaltige Entwicklungsziele zu erreichen. Das wird in den folgenden beiden Unterziehlen konkretisiert:

„17.16: Die Globale Partnerschaft für nachhaltige Entwicklung ausbauen, ergänzt durch Multi-Akteurs-Partnerschaften zur Mobilisierung und zum Austausch von Wissen, Fachkenntnissen, Technologie und finanziellen Ressourcen, um die Erreichung der Ziele für nachhaltige Entwicklung in allen Ländern und insbesondere in den Entwicklungsländern zu unterstützen.

17.17 Die Bildung öffentlicher, öffentlich-privater und zivilgesellschaftlicher Partnerschaften aufbauend auf den Erfahrungen und Mittelbeschaffungsstrategien bestehender Partnerschaften unterstützen und fördern.“ (UN, 2015, S. 30)

In diesem Zusammenhang sollten die realisierten und geplanten Freihandelszonen zwischen Industrieländern bzw. Regionen von Industrieländern überdacht

Sustainable Development Goals	
Ziel 1	Armut in allen ihren Formen und überall beenden
Ziel 2	Den Hunger beenden, Ernährungssicherheit und eine bessere Ernährung erreichen und eine nachhaltige Landwirtschaft fördern
Ziel 3	Ein gesundes Leben für alle Menschen jeden Alters gewährleisten und ihr Wohlergehen fördern
Ziel 4	Inklusive, gleichberechtigte und hochwertige Bildung gewährleisten und Möglichkeiten lebenslangen Lernens für alle fördern
Ziel 5	Geschlechtergleichstellung erreichen und alle Frauen und Mädchen zur Selbstbestimmung befähigen
Ziel 6	Verfügbarkeit und nachhaltige Bewirtschaftung von Wasser und Sanitärversorgung für alle gewährleisten
Ziel 7	Zugang zu bezahlbarer, verlässlicher, nachhaltiger und moderner Energie für alle sichern
Ziel 8	Dauerhaftes, breitenwirksames und nachhaltiges Wirtschaftswachstum, produktive Vollbeschäftigung und menschenwürdige Arbeit für alle fördern
Ziel 9	Eine widerstandsfähige Infrastruktur aufbauen, breitenwirksame und nachhaltige Industrialisierung fördern und Innovationen unterstützen
Ziel 10	Ungleichheit in und zwischen Ländern verringern
Ziel 11	Städte und Siedlungen inklusiv, sicher, widerstandsfähig und nachhaltig gestalten
Ziel 12	Nachhaltige Konsum- und Produktionsmuster sicherstellen
Ziel 13	Umgehend Maßnahmen zur Bekämpfung des Klimawandels und seiner Auswirkungen ergreifen*
Ziel 14	Ozeane, Meere und Meeresressourcen im Sinne nachhaltiger Entwicklung erhalten und nachhaltig nutzen
Ziel 15	Landökosysteme schützen, wiederherstellen und ihre nachhaltige Nutzung fördern, Wälder nachhaltig bewirtschaften, Wüstenbildung bekämpfen, Bodendegradation beenden und umkehren und dem Verlust der biologischen Vielfalt ein Ende setzen
Ziel 16	Friedliche und inklusive Gesellschaften für eine nachhaltige Entwicklung fördern, allen Menschen Zugang zur Justiz ermöglichen und leistungsfähige, rechenschaftspflichtige und inklusive Institutionen auf allen Ebenen aufbauen
Ziel 17	Umsetzungsmittel stärken und die Globale Partnerschaft für nachhaltige Entwicklung mit neuem Leben erfüllen

* *In Anerkennung dessen, dass das Rahmenübereinkommen der Vereinten Nationen über Klimaänderungen das zentrale internationale zwischenstaatliche Forum für Verhandlungen über die globale Antwort auf den Klimawandel ist..*

Tabelle 3: Die 17 SDGs der Vereinten Nationen
Eigene Darstellung in Anlehnung an UN, 2015b, S. 15

werden, in welchem Maße sie dazu beitragen den Handel zwischen diesen Industrieländern und Entwicklungsländern zu begrenzen.

Die vorangegangene Übersicht gibt einen ersten Überblick über die 17 Sustainable Development Goals für eine nachhaltige Entwicklung (die Unterziele bzw. Targets zu den 17 SDGs sind in dem UN-Dokument 2015 zu finden).

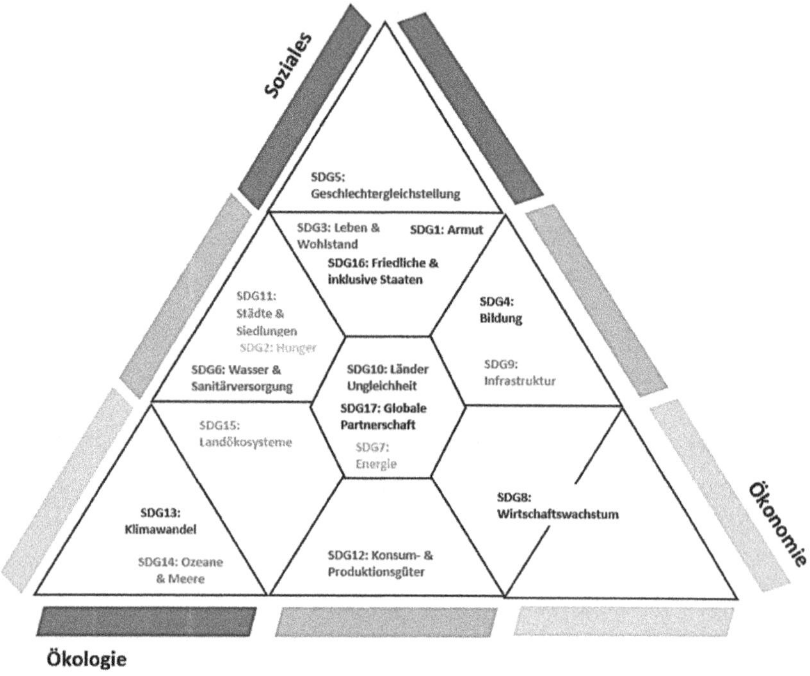

Abbildung 13: Das Nachhaltigkeitsdreieck mit den 17 SDGs
Eigene Darstellung

Bei der Zusammenstellung der SDGs wollte man aus den Erfahrungen bzw. Stellungnahmen zu den MDGs lernen. So wurden die Millennium Development Goals u.a. aus dem Grund kritisiert, dass die Ziele, die der sozialen Dimension zugeordnet werden, ein Übergewicht aufweisen. Daher stellt sich im Zusammenhang mit den SDGs die Frage, ob sie hinsichtlich der Dreidimensionalität gleichgewichtig sind. Hierzu lässt sich das integrierende Nachhaltigkeitsdreieck zugrunde legen, in dem sich die Ziele den drei Dimensionen zuordnen lassen (zu den Grundlagen des integrierenden Nachhaltigkeitsdreiecks vgl. v. Hauff 2014, S. 170 ff). Die Prüfung der Ausgewogenheit ist dem Leser überlassen.

In Tabelle 3 werden die 17 SDGs einzeln und deskriptiv vorgestellt. Dadurch erhält man eine erste Vorstellung über die Ausrichtung bzw. Inhalte der einzelnen Ziele. Das reicht jedoch für die Entwicklung, Beurteilung und Implementierung einer nationalen Nachhaltigkeitsstrategie nicht aus. Daher werden nun exemplarisch einige Konkretisierungen und Bewertungen vorgenommen. Eine umfassende und differenzierte Stellungnahme zu den einzelnen SDGs bietet beispielsweise die Studie „*Die Agenda 2030 – Globale Zukunftsziele für nachhaltige Entwicklung.*" (Martens, Obenland 2016)

Konkretisierungen und Bewertungen werden nach verschiedenen Kriterien vorgenommen. In neueren Beiträgen werden u.a.

- aktuelle Entwicklungen der Ziele unter Berücksichtigung regionaler Unterschiede,
- die Einschätzung der Relevanz der Ziele und der Dringlichkeit ihrer Implementierung,
- Zielbeziehungen der SDGs und der Unterziele,
- Widersprüche zwischen Zielen oder Zielbündeln und
- zu vage Formulierungen einzelner Ziele,

diskutiert.

Diese Themenbereiche haben gerade auch für Entwicklungsländer hinsichtlich der Gestaltung und Umsetzung einer nationalen Nachhaltigkeitsstrategie eine große Bedeutung. Sie sind bereits bei ersten Entwürfen, aber auch bei der weiteren Ausgestaltung nationaler Nachhaltigkeitsstrategien zu berücksichtigen. So erschwert beispielsweise eine zu große Zahl von Unterzielen die Zielbeziehung der SDGs und ihrer Unterziele zu analysieren.

Wie schon erwähnt haben alle Mitgliedsländer der UN die Agenda 2030 im Jahr 2015 angenommen. Dabei weisen die Mitgliedsländer sehr unterschiedliche ökologische, wirtschaftliche und soziale Rahmenbedingungen und Problemkonstellationen auf (v. Hauff, Schulz, Wagner 2018, S. 48). Obwohl in der Agenda 2030 die einzelnen Ziele und Unterziele differenziert aufgeführt werden, geht es bei der Umsetzung darum konsistente Zielbündel zu bilden und diese anzustreben. In Anlehnung an die „*invisible hand*" von dem schottischen Ökonomen und Moralphilosoph Adam Smith könnte man hier von der „*invisible agenda*" sprechen, die theoretisch gebildet werden kann, da zwischen den Zielen und besonders den Unterzielen vielfältige Interdependenzen bestehen. Die Zielbeziehungen lassen sich aber auch im Rahmen von computergestützten Netzwerken aufbauen und darstellen. Das folgende Schaubild zeigt den hohen Grad der Komplexität der SDGs als Netzwerk.

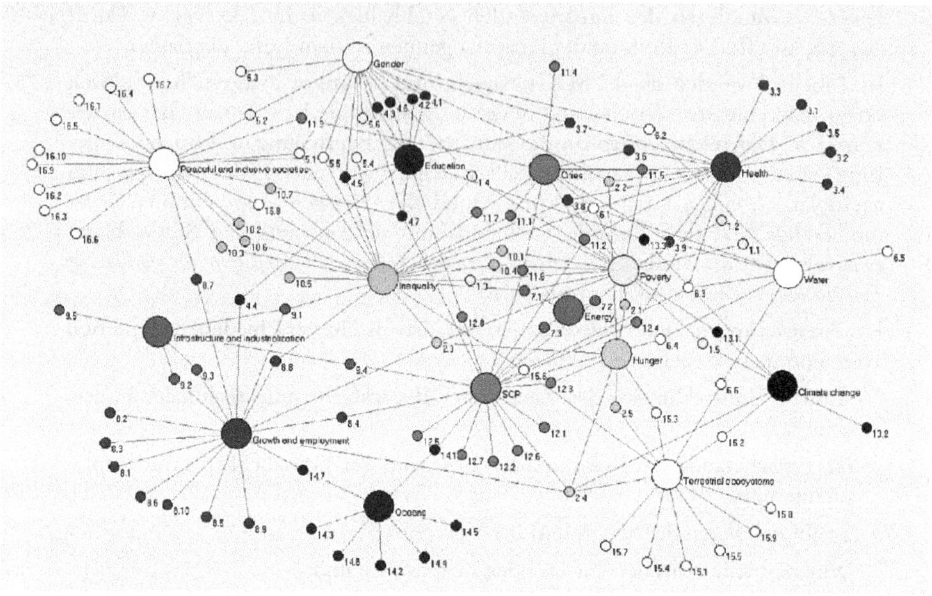

Abbildung 14: Die SDGs als Netzwerk von Zielen
Quelle: Le Blanc 2015, S. 179

Das bedeutet für die Praxis also, dass die Ziele zu Zielbündeln zusammengeführt und angestrebt werden sollten (Pradhan et al., 2017). In der Praxis steht das Anliegen der „*invisible agenda*" jedoch noch ganz am Anfang, obwohl sie für die Gestaltung einer nationalen Nachhaltigkeitsstrategie von Bedeutung ist. Eine umfassende und differenzierte Analyse der positiven und negativen Beziehungsverhältnisse ist u.a. in der Studie zu finden: „*A Guide to SDG Interactions: From Science to Implementation*". (International Council For Science, 2017)

Die Zielbeziehungen sollen an ausgewählten Beispielen kurz aufgezeigt werden (v. Hauff, Schulz, Wagner 2018, S. 49 ff). Dadurch lässt sich auch das Gleichgewichtsverständnis nachhaltiger Entwicklung verdeutlichen. Eine der wichtigsten Beziehungen besteht zwischen Armut (SDG 1), Hunger (SDG 2) und Krankheit (SDG 3). Das grundlegende Problem einer unzureichenden Zielerreichung erklärt sich aus einer mangelhaften Grundbedürfnissicherung, obwohl die Relevanz in der Entwicklungszusammenarbeit seit einigen Dekaden betont wird.

Krankheitsrisiken lassen sich ganz wesentlich auf Hunger (SDG 2), Mangel- und Fehlernährung zurückführen. Ein weiteres Krankheitsrisiko besonders für Kleinkinder ist verunreinigtes Wasser (SDG 6). Weiterhin besteht aber auch ein kausaler Zusammenhang zwischen Armut und Bildung (SDG 4): Kinder, die in Armut aufwachsen, haben in der Regel keinen oder einen unzureichenden Zugang zu Bildung, wie eine Reihe von Studien belegen. Hier wird das Prinzip der Chancengleichheit, das – wie schon erwähnt – in der Verfassung vieler Länder verankert ist, nicht oder nur unzureichend erfüllt.

Die vier Ziele SDG 12 (Konsum und Produktion), SDG 13 (Klimawandel), SDG 14 (Ozeane) und SDG 15 (Landökosysteme und Biodiversität) sind auf den Schutz bzw. Stabilität des Erdsystems ausgerichtet (Scholz, 2017, S. 28). Es besteht international ein breiter Konsens, dass dieser Schutz für die Menschheit von existenzieller Bedeutung ist, zu dem alle vier Ziele beitragen müssen. Dabei gibt es heute in vielen Ländern einen klaren Widerspruch zwischen Produktion und Konsum einerseits und Klimaschutz andererseits.

Dabei gilt natürlich zu berücksichtigen, dass die Relevanz und Dringlichkeit der 17 SDGs und ihrer Unterziele sich in den verschiedenen Ländern unterschiedlich begründen bzw. eine unterschiedliche Dringlichkeit aufweisen. Das führt zu der Frage, ob es in der Völkergemeinschaft wirklich zu einem gemeinsamen Verständnis nachhaltiger Entwicklung kommen kann. Daraus erklären sich auch Zweifel, ob eine konsequente und konsistente Implementierung von Zielbündeln entsprechend dem Prinzip der Universalität in umfassendem Maße möglich ist und ob ein länderübergreifender Dialog hinsichtlich des geforderten Monitorings und der Evaluierung wirklich angestrebt wird (Janus, Keijzer, Weinlich, 2015, S. 11 ff).

Es ist davon auszugehen, dass bisher kaum ein Entwicklungsland eine qualifizierte nationale Nachhaltigkeitsstrategie hat. Eine wichtige Bedingung für eine belastbare Untersuchung wäre, dass einheitliche Kriterien, die eine Nachhaltigkeitsstrategie zu erfüllen hat, entwickelt werden müsste. Es gibt mehrere Gründe dafür, dass bisher kaum ein Entwicklungsland eine qualifizierte nationale Nachhaltigkeitsstrategie hat. Vielfach fehlen die statistischen Grundlagen bzw. Daten, um die erforderlichen Indikatoren für die Strategie zu entwickeln. Es mangelt aber auch an ausgewiesenen Experten und der notwendigen Kooperationsbereitschaft bzw. -fähigkeit zwischen den Ministerien, die eine Voraussetzung zur Entwicklung einer konsistenten und ausgewogenen nationalen Nachhaltigkeitsstrategie sind.

Dabei geht es auch – wie oben bereits erläutert – um die Vernetzung der 17 SDGs und ihrer Unterziele, die für eine effiziente Strategie von großer Bedeutung sind. Schließlich ist noch festzustellen, dass es auch in Entwicklungsländern Widerstände gegen eine nationale Nachhaltigkeitsstrategie besonders aus Politik und Wirtschaft gibt. Bestimmte Veränderungen wie mehr Umweltschutz, eine gleichgewichtige und stabile Gesellschaftsstruktur aber auch eine ausgewogenere Verteilung von Einkommen und Vermögen sind von bestimmten Bevölkerungsgruppen nicht erwünscht. So haben Lobbyisten auf Grund labiler Rechtsstrukturen die Möglichkeit, ihre Partikularinteressen erfolgreich zu vertreten.

Dennoch gibt es, wie aus der folgenden Abbildung zu entnehmen ist, Informationen über jene Entwicklungsländer, die bereits durch Maßnahmen oder Instrumente zugunsten nachhaltiger Produktion, Konsum, Energie und nachhaltigem Städtebau eingeleitet haben. Das kann als Vorstufe zu einer nationalen Nachhaltigkeitsstrategie eingeordnet bzw. bewertet werden.

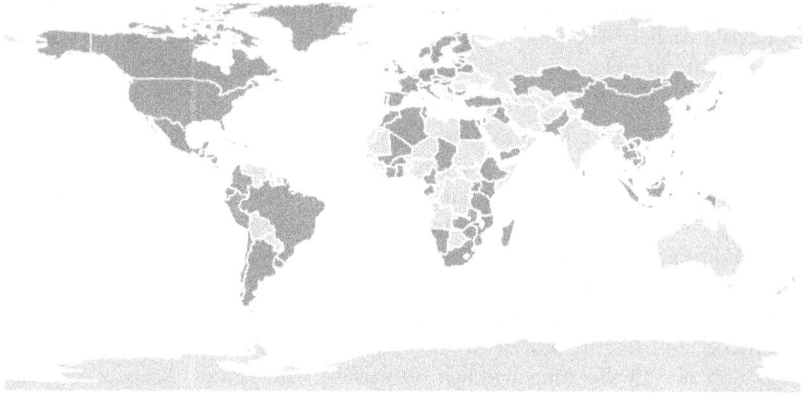

Abbildung 15: Länder weltweit, die Maßnahmen oder Instrumente zugunsten nachhaltiger Produktion oder Konsum haben
Quelle: United Nations, SDG Report 2018, https://unstats.un.org/sdgs/report/2018/goal-12/

Zur Beurteilung des Fortschritts nachhaltiger Entwicklung verdient die etwas ernüchternde Untersuchung von Brackley und Lee (2017) Beachtung, die 511 ausgewiesene Nachhaltigkeitsexpertinnen und -experten im November 2016 in 74 Ländern aus ganz verschiedenen Bereichen wie Wirtschaft, Wissenschaft, NGOs und Medien nach ihrer Einschätzung der Relevanz und Dringlichkeit der SDGs befragt haben. Einige ausgewählte Ergebnisse sind:

- 54 % haben die Fortschritte hinsichtlich der Umsetzung gering eingeschätzt
- 9 % schätzten den Fortschritt positiv ein, wobei es sowohl regionale Unterschiede und Unterschiede bei den verschiedenen Gruppen der Experten gab,
- 57 % haben in Europa und Nordamerika nur geringe Fortschritte konstatiert, wogegen in Afrika und dem mittleren Osten nur 28 % einen geringen Fortschritt erkannten,

- 58 % der Wissenschaftler erkannten einen deutlich geringeren Fortschritt als die Vertreter der Regierungen (44 %),
- 70 % erkannten bei SDG 10 „Verringerung der Ungleichheiten", 66 % bei SDG 14 „nachhaltige Nutzung und Erhaltung von Meeren" und 60 % bei den Zielen SDG 1 „Armut begrenzen" und 60 % bei SDG 15 „Ökosysteme schützen und fördern" nur geringe Fortschritte,
- 13 % erkannten bei SDG 9 „widerstandsfähige Infrastruktur aufbauen" und 11 % bei SDG 7 „*Zugang zu Energie*" relativ gute Fortschritte.

Die „*Planetary Boundaries*" als „*guiding human development on a changing world*" sind für Steffen et al. (2017) für eine nachhaltige Entwicklung von großer Bedeutung. In einigen der 17 SDGs sind Einflussfaktoren der planetarischen Grenzen zumindest indirekt enthalten. Zu nennen sind: Klimawandel, Veränderung der Biosphärenintegrität (genetische Vielfalt), stratosphärischer Ozonabbau, Ozeanversauerung, biogeochemische Flüsse (Abfluss von Süßwassersystemen in den Ozean), Veränderung von Landsystemen (Waldfläche in % der ursprünglichen Waldfläche), Süßwassernutzung (maximale Menge an konsumiertem Trinkwasser) und atmosphärische Aerosolbelastung.

Zwischen einzelnen Zielbündeln gibt es jedoch auch Widersprüche, die erkannt und bei der Ausarbeitung einer nationalen Nachhaltigkeitsstrategie vermieden werden sollten. Einige Ziele sollten auch noch weiter präzisiert werden. Dies soll wiederum exemplarisch aufgezeigt werden (eine umfassende Analyse ist zu finden in Loewe; Rippin, 2015). Besonders widersprüchlich ist – wie schon erwähnt – das SDG 8 „Dauerhaftes, breitenwirksames und nachhaltiges Wirtschaftswachstum, produktive Vollbeschäftigung und menschenwürdige Arbeit für alle fördern" (UN, 2015, S. 15). Eine Konkretisierung wird in dem Unterziel „*8.1 Ein Pro-Kopf-Wirtschaftswachstum entsprechend den nationalen Gegebenheiten und insbesondere ein jährliches Wachstum des Bruttoinlandsproduktes von mindestens 7 % in den am wenigsten entwickelten Ländern aufrechterhalten*" vorgenommen. Diese Wachstumsorientierung bestand – wie in Kapitel 2 ausführlich aufgezeigt wurde – bereits in den ersten Entwicklungsdekaden.

Es besteht heute international jedoch ein breiter Konsens, wonach das Bruttoinlandsprodukt bzw. das Pro-Kopf-Wirtschaftswachstum für die Messung nachhaltigen Wachstums völlig unzulänglich ist (v. Hauff, Jörg 2017, S. 20). Bei dem Indikator Bruttoinlandsprodukt werden weder Umweltbelastungen noch die Ungleichverteilung von Einkommen und Vermögen als konstitutive Merkmale nachhaltiger Entwicklung berücksichtigt. Dagegen gehen in dem zunehmend geforderten „*inclusive growth*" diese beiden Effekte explizit ein. Interessant ist, dass in der englischen Version der Agenda 2030 „*sustained, inclusive and sustainable economic growth*" gefordert wird, wodurch der Widerspruch noch klarer hervortritt.

Betrachtet man das SDG 8 im Kontext eines Zielbündels, so wird deutlich, dass es mit dem SDG 13 „*Maßnahmen zur Bekämpfung des Klimawandels*" in einem Zielkonflikt steht: In der Regel verschärft Wirtschaftswachstum den Klimawandel, da ein steigendes Wachstum in der Regel auch den CO_2-Ausstoß erhöht. Daher sollte das Bruttoinlandsprodukt, wie auch Stiglitz, Sen und Fitoussi (2009) in ihrem viel beachteten Bericht forderten, in Richtung eines Strukturindikators weiterentwickelt werden. Hier noch einmal kurz ihre Forderung: Es sollte aufgezeigt werden, welche Sektoren in einem Land wachsen und in welchem Maße sie zur Umweltbelastung beitragen.

Dadurch ließe sich die Wirtschaftskraft eines Landes differenziert, d.h. Sektor spezifisch betrachten und es könnten die Umweltbelastungen einzelner Sektoren z.B. in Form von CO_2-Emissionen verdeutlicht werden. So gehören beispielsweise die beiden Sektoren Energie und Verkehr global zu den stark wachsenden Sektoren, die gleichzeitig einen hohen Ausstoß an CO_2 aufweisen. Weiterhin sollte in jeder nationalen Nachhaltigkeitsstrategie zusätzlich ein Nachhaltigkeitsindikator analog dem Nationalen Wohlfahrtsindex (NWI) Deutschlands eingeführt werden, bei dem sowohl Umwelt- als auch Verteilungseffekte berücksichtigt werden. Dieser würde die Entwicklung der Wohlfahrt bzw. Lebensqualität der Bevölkerung eines Landes aufzeigen.

Eine mangelnde Konkretisierung bei Unterzielen lässt sich für die Entkopplung von Wirtschaftswachstum und Umweltzerstörung aufzeigen. In dem Unterziel 8.4 wird gefordert: „*Bis 2030 die weltweite Ressourceneffizienz in Konsum und Produktion Schritt für Schritt verbessern und die Entkopplung von Wirtschaftswachstum und Umweltzerstörung anstreben, im Einklang mit dem 10 Jahres-Programmrahmen für nachhaltige Konsum- und Produktionsmuster, wobei die entwickelten Länder die Führung übernehmen.*" Dabei geht es bei der Forderung nach Entkopplung von Wirtschaftswachstum nicht nur um Umweltzerstörung, sondern auch um die Entkopplung von Ressourcenverbrauch. Ein Beispiel ist die Digitalisierung die heute weltweit, d.h. auch in vielen Entwicklungsländern vehement gefordert wird.

Exkurs: Digitalisierung

In der Entwicklungszusammenarbeit besteht heute ein breiter Konsens, dass die Digitalisierung für alle Lebensbereiche vielfältige Chancen bietet. Teilweise ist die EZ 4.0 – so die Kurzformel für die Digitalisierung in der Entwicklungszusammenarbeit – schon Realität. In der deutschen EZ sind digitale Lösungen in vielen EZ-Projekten und -Programmen bereits ein wichtiger Bestandteil (Sangmeister 2018, S. 22). Digitalisierung bietet sowohl den Menschen in Entwicklungsländern vielfältige Chancen als auch den Geberländern die Möglichkeit die Effizienz bei der Durchführung der Entwicklungszusammenarbeit zu erhöhen (Steltemeier, Christ 2018, S. 33 ff). Dies wurde bereits unter dem Begriff

„Aid Effectiveness" diskutiert. Teilweise sind die Unterschiede zwischen einzelnen Ländern, zwischen Stadt und Land aber auch zwischen Regionen noch sehr groß. Einerseits hat sich die Zahl der Internetnutzer zwischen den Jahren 2000 und 2015 global verachtfacht und beträgt gegenwärtig etwa 3,2 Milliarden. Andererseits sind 4 Milliarden Menschen weltweit noch online, wodurch sich die wirtschaftliche und soziale Ungleichheit vergrößert (BMZ 2017, S. 9). Während einige neuere Untersuchungen sich dem Beitrag der Digitalisierung zu den einzelnen SDGs zuwenden (Wu et al. 2018), beschränken sich die folgenden Ausführungen auf die grundlegenden Zusammenhänge.

Die fortschreitende Digitalisierung ist – so die weit verbreitete Einschätzung verdeutlicht – aus der Perspektive wirtschaftlicher Entwicklung bzw. der Wettbewerbsfähigkeit einer Volkswirtschaft von zentraler Bedeutung. Anders formuliert: wer dem globalen Wettbewerb um die Digitalisierung nicht gewachsen ist, wird wirtschaftlich zum Verlierer. Daher sind zumindest die aufstrebenden Entwicklungsländer darum bemüht, den Digitalisierungsgap, der zwischen Industrie- und Entwicklungsländern besteht, zu verringern bzw. zu überwinden. Aber auch für andere Bereiche wie den Gesundheitssektor, die Mobilität, die Bildung, den Arbeitsmarkt, die Umwelt und natürlich für die Wissenschaft bzw. Forschung ist die Digitalisierung für Entwicklungsländer zu einem unverzichtbaren Bestandteil geworden.

Das BMZ weist in seiner „Digitalen Agenda" (2014-2017) fünf strategische Ziele für die Entwicklungspolitik auf (BMZ 2017, S. 10 f):

- Digitale Innovationen nutzen.
- Demokratische Verfahren stärken.
- Menschen auf der Flucht helfen.
- Zukunftssichere Jobs schaffen.
- Menschenrechte und Teilhabe schaffen.

In der folgenden Tabelle werden ausgewählte Schwerpunkte und die zugeordneten Anwendungsmöglichkeiten zusammengestellt.

Schwerpunkt	IKT-Anwendungsmöglichkeiten
Zugang zu Bildung und beruflicher Bildung	Elektronisch unterstütztes Lernen (E-Learning) verbessert die Aus- und Weiterbildungsmöglichkeiten. Erschwingliche digitale Medien und Anwendungen verbessern den Zugang zu Bildungsmaterialien. Der Zugang zu Bildungsangeboten für benachteiligte Bevölkerungsgruppen, zum Beispiel durch Unterricht übers Radio in abgelegenen ländlichen Regionen, wird erleichtert. Die Förderung digitaler Kompetenzen (Informationstechnik, Informations- und Medienkompetenz) ermöglicht den Anschluss an die globale Wissensgesellschaft.
Gute Regierungsführung und Modernisierung des Staates	Informationen über politische Beteiligungsmöglichkeiten und neue Kommunikationswege stärken die Partizipation der Menschen. Elektronisch gestützte Verwaltungsprozesse sind leichter überprüfbar und verbessern so die Transparenz. Die Rechenschaftspflicht wird durch die Veröffentlichung von Informationen zu politischen Entscheidungen, zum Beispiel zu Haushaltsplänen oder zum Stand einer Antragsbearbeitung, erfüllt. Die schnelle und kostengünstige Bereitstellung von Informationen, transparente und nachvollziehbare Prozesse und ein sicheres Datenmanagement erhöhen die Effizienz der öffentlichen Verwaltung.
Gesundheit	Die Aus- und Weiterbildung von Personal im Gesundheitswesen wird erleichtert. Informationen, auch über sensible Themen wie HIV/AIDS oder Familienplanung, werden über Internetseiten, Handy-Applikationen oder Telefon-Hotlines leichter zugänglich. Die Kommunikation zwischen den verschiedenen Akteuren im Gesundheitswesen (etwa zwischen Krankenstationen auf dem Land und Fachpersonal in entfernten Krankenhäusern) wird erleichtert. Das Wissensmanagement und der Informationsaustausch, zum Beispiel zu Patienteninformationen wie Krankheiten oder Impfausweisen, werden verbessert. Die Versorgung chronisch Kranker wird verbessert (beispielsweise durch SMS, die an die Einnahme wichtiger Medikamente erinnern).

Ernährung, ländliche Entwicklung und Landwirtschaft	Der Zugang zu Wettervorhersagen oder zu Informationen über neue Anbaumethoden, Saatgut und Schädlingsbekämpfung (etwa über SMS-Infodienste oder Internetforen) steigert die Produktivität in der Landwirtschaft.
Klima und Energie, Umwelt	Durch Einsatz von geografischen Informationssystemen (GIS) und von elektronischen Katasterverwaltungen wird dir nachhaltige Landnutzung unterstützt. Die Beobachtung von Umweltveränderungen und -einflüssen wird durch geografische Informationssysteme erleichtert.
Nachhaltige Wirtschaftsentwicklung und Finanzsystementwicklung	Ein besserer Zugang zu wichtigen Marktinformationen (zum Beispiel zu Preisen) per Internet oder Mobilfunk (SMS) schafft ein erhöhtes Einkommen für Bauern und Kleinstunternehmer. Weiterbildungen, etwa zum Thema Geschäftsmodelle für IT-Dienstleistungen, fördern mittlere, kleine und kleinste Unternehmen. Die Einführung IKT-gestützter Managementsysteme steigert die Effektivität von Arbeitsabläufen. Der Zugang zu IKT steigert die Wettbewerbsfähigkeit von Kleinstunternehmen; Online-Handel schafft neue Absatzchancen. Standardisierte IKT-Anwendungen stärken die Integration in globale Wertschöpfungsketten. IKT-basierte Dienstleistungen (etwa Informationskioske oder Vermietung von Gemeinschaftshandys) schaffen neue Einkommensmöglichkeiten. Finanzdienstleistungen werden, insbesondere durch Nutzung von Mobilfunktechnologie (Mobile Banking), besser zugänglich.

Abbildung 16: Einsatz von IKT in verschiedenen Themenbereichen
Quelle: BMZ (Bundesministerium für wirtschaftliche Zusammenarbeit und Entwicklung): Digitalisierung für Entwicklung, BMZ/Papier 1, Berlin 2019

Um IKT effektiv für die Agenda 2030 zu nutzen, müssen die Regierungen dafür sorgen, dass der gesamte öffentliche Sektor, einschließlich der Erbringung von Dienstleistungen im Gesundheitswesen, Bildung, Energie und Infrastruktur durch eine hochwertige IKT-Infrastruktur unterstützt wird. Das sollte Folgendes umfassen (The Earth Institute Columbia University 2018, S. 17):

- Broadband connectivity of all public facilities by 2020.
- ICT training of all relevant public officials and service providers.
- ICT-based delivery systems for healthcare, education and infrastructure.
- Deployment of the Internet of Things (remote sensing and control of connected devices) for public infrastructure and environmental management.
- Encouragement of universities to scale up education and incubation of ICT solutions, including through partnerships with the business sector.
- Public-Private Partnerships (PPP) for ICT-enabled systems.
- Adoption of state-of-the-art indicators and real-time data collection to track progress against the SDGs.

Neben den bisher genannten Bereichen wird hervorgehoben, dass die Digitalisierung auch für eine positive wirtschaftliche Entwicklung einer Volkswirtschaft von hoher Relevanz ist. Dabei geht es primär um die Steigerung von Produktivität und Wirtschaftswachstum. Die bisherigen Forschungserkenntnisse zeigen jedoch positive Effekte nur für digitalisierungsintensive Branchen wie den IKT Sektor (Corrado, Jäger 2014, S. 13 ff). Dabei gelten die vorliegenden Forschungsergebnisse bisher jedoch primär für Industrieländer. Daher gibt es für Entwicklungsländer noch einen großen Forschungsbedarf. Das gilt auch für die Auswirkungen der zunehmenden Digitalisierung auf den Arbeitsmarkt. Tendenziell kann man davon ausgehen, dass die zunehmende Digitalisierung in Entwicklungsländern sich negativ auf die Beschäftigung auswirkt. Hier sind besonders die gering qualifizierten Arbeitskräfte gefährdet. So sind durch die Digitalisierung bis zu zwei Drittel aller aktuellen Arbeitsplätze in Gefahr (BMZ 2019, 1.2).

Weiterhin ist für die Umsetzung der Digitalisierung die starke Erhöhung des Verbrauchs knapper Ressourcen wie seltene Erden zu erwähnen. Bei dem Abbau seltener Erden und Metalle kommt es in der Regel auch zu einem hohen Wasserverbrauch und es bleiben hoch belastete Abwässer ungereinigt zurück. Nach der Schließung der Bergwerke findet dann auch keine Renaturierung statt. Das hat für die lokale bzw. regionale Bevölkerung oft sehr negative Auswirkungen indem das Krankheitsrisiko stark ansteigt und landwirtschaftliche Nutzfläche verloren geht. So kommt es zu einer Privatisierung der Gewinne und zu einer Vergesellschaftung der Verlust, die Armut in den betroffenen Regionen oft verschärft.

Weiterhin verursacht die Digitalisierung sowohl bei der Produktion digitaler Geräte als auch bei der Nutzung bzw. Anwendung im Verhältnis zu vielen anderen Sektoren einen überproportional hohen und steigenden Energieverbrauch. Neben der Produktion von digitalen Geräten gilt das besonders für Rechenzentren und die Nutzung von Endgeräten. Daraus erklärt sich zunehmend die Forderung nach „*grünen Rechenzentren*". Da in vielen Entwicklungsländern Energie noch ganz wesentlich mit Kohle erzeugt wird, führt die Digitalisierung zu einem steigenden CO_2-Ausstoß. So geht man davon aus, dass die Emissionen, die durch den Energieverbrauch der Digitalisierung verursacht werden, jenen des weltweiten Flugverkehrs entsprechen. Daraus lässt sich begründen, dass sich Digitalisierung und Klimaschutz – unter Berücksichtigung aller Vorteile der Digitalisierung – auf einem Kollisionskurs befinden.

In diesem Kontext fehlt bisher bei dem SDG 7 „*Zugang zu bezahlbarer, verlässlicher, nachhaltiger und moderner Energie*" ein klarer Bezug zu dem SDG 13 „*Bekämpfung des Klimawandels*" in dem Sinne, dass sich diese beiden Ziele ergänzen sollten (Scholz 2017, S. 28). Abschließend ist festzustellen, dass die von der UN vorgelegte Agenda mit den 169 Unterzielen einen Rahmen vorgibt, der von den einzelnen Ländern auf die nationalen Gegebenheiten angepasst werden soll. Dabei sollte es – wie exemplarisch aufgezeigt wurde – darum gehen, Widersprüche und mangelnde Konkretisierungen zu vermeiden. Hier ist auch der Anspruch an die schon geforderte Politikkohärenz noch einmal zu erwähnen.

6.3 Agenda 2030: Grundlage für die nationale Nachhaltigkeitsstrategie

Die Agenda 2030 bedeutete für die Staaten weltweit eine Neuausrichtung ihrer nationalen Nachhaltigkeitsstrategie, wobei sich die Länder an dem UN Dokument „Resolution der Generalversammlung, verabschiedet am 1. September 2015 – Entwurf des Ergebnisdokuments des Gipfeltreffens der Vereinten Nationen zur Verabschiedung der Post-2015-Entwicklungsagenda" orientieren sollten. Neu dabei ist, dass die nationalen Nachhaltigkeitsstrategien aller Länder auf der Agenda 2030 und den 17 SDGs einschließlich der Unterziele basieren und somit eine ähnliche Struktur haben sollten. Dabei weisen die nationalen Nachhaltigkeitsstrategien sowohl der Industrie- als auch der Entwicklungsländer einen unterschiedlichen Grad des Fortschritts auf.

Theoretischer Exkurs

Die theoretische Begründung einer nationalen Nachhaltigkeitsstrategie bietet der Principal-Agent-Ansatz, welcher der Neuen Institutionenökonomie zugeordnet wird. Die Bedeutung von Institutionen wurde in der Ökonomie lange Zeit vernachlässigt, was jedoch mit der Entstehung der Neuen Institutionenökonomie überwunden wurde. Dabei versteht man unter Institutionen Spielregeln in Form von Verträgen oder Normen aufgrund derer ökonomisches Handeln strukturiert wird. Dadurch lassen sich Unsicherheiten in wirtschaftlichen Abläufen und im gesellschaftlichen Zusammenleben vermeiden. Sie sorgen für eine stabile Ordnung im täglichen Leben (v. Hauff 2014, S. 25).

Institutionen wurden in einer umfassenden Definition auf alle strukturerhaltenden Aspekte der Gesellschaft ausgeweitet. Voraussetzung ist, dass sie auf Werten basieren. Nach einem der Begründer der Neuen Institutionenökonomie Douglass North sind Institutionen *„jegliche Art von Beschränkung … zur Gestaltung menschlicher Interaktionen."* (1992, S. 4). Grundsätzlich geht es nun um die Frage, wie die nationale Nachhaltigkeitsstrategie im Rahmen der Principal-Agent-Theorie begründet werden kann. Dabei ist zunächst zwischen Prinzipal (Auftraggeber bzw. Wähler) und Agent (Beauftragter bzw. Politiker) zu unterscheiden. Die Beziehung soll kurz an Deutschland verdeutlicht werden. Das lässt sich jedoch auf andere demokratisch fundierte Länder übertragen.

Die Principal-Agent-Beziehung lässt sich aus dem Grundgesetz ableiten: „Alle Staatsgewalt geht vom Volke aus. Sie wird vom Volke in Wahlen und Abstimmungen und durch besondere Organe der Gesetzgebung, der vollziehenden Gewalt und der Rechtsprechung ausgeübt." Das bedeutet, dass die wahlberechtigten Bürgerinnen und Bürger als Prinzipal die Abgeordneten als Agent wählen. Diese Gegenüberstellung von Bürgern und Parlamentariern ist jedoch in dem Kontext von nationalen Nachhaltigkeitsstrategien nicht ausreichend. So lässt sich für die deutsche Nachhaltigkeitsstrategie – und dies gilt auch in vielen anderen Ländern – feststellen, dass in der Vergangenheit und auch gegenwärtig Dritte wie z.B. Sachverständige aus Wissenschaft und Wirtschaft, Medien und zivilgesellschaftliche Organisationen aber auch Wirtschaftsverbände beim Screening an Bedeutung gewinnen (Mumm 2016, S. 71). Sie nehmen, so die Begründung, an Anhörungen und Beratungen zur nationalen Nachhaltigkeitsstrategie teil. Die Beteiligung der Bevölkerung findet nur marginal statt. Das ist ein Grund dafür, dass die nationale Nachhaltigkeitsstrategie nur eine geringe Beachtung gefunden hat.

Die folgenden Ausführungen wenden sich nun einigen Anforderungen an Nachhaltigkeitsstrategien zu. Nachhaltigkeitsstrategien zielen darauf ab, Prozesse und Maßnahmen wirtschaftlicher Entwicklung, um positive soziale und ökologische Effekte zu erweitern bzw. negative Auswirkungen zu vermeiden oder zu begrenzen. Das erfordert aus der Sicht strategischer Planung, dass soziale und ökologische Ziele und Indikatoren festgelegt und von Beginn an in alle Politikbereiche integriert werden. Vergleicht man das mit dem Mainstream ökonomischen Denkens und politischer Entscheidungsfindung, so ist dieses strategische Vorgehen anspruchsvoll und innovativ, da es soziale und ökologische Belange z.B. in die wirtschaftspolitische Entscheidungsfindung in allen Sektoren (u.a. in die Landwirtschafts-, Energie-, Wachstums-, Regional- und Strukturpolitik) integriert (Scholz 2017, S. 25). Die Nachhaltigkeitsstrategie basiert somit auf der Dreidimensionalität nachhaltiger Entwicklung. Industrieländer können Entwicklungsländern bei methodischen Fragen wie der Erhebung von Daten für die Entwicklung von Indikatoren, aber auch bei der Entwicklung von Monitoring- bzw. Evaluierungskonzepten unterstützen (Stockmann, Meyer 2017, S. 75 ff).

Die Definitionen und Leitlinien für Nachhaltigkeitsstrategien, die von der OECD und von der UN-Abteilung für wirtschaftliche und soziale Angelegenheiten (UNDESA) 2001/2002, d.h. schon vor mehr als 15 Jahren eingebracht wurden, werden auch heute noch als wichtige konzeptionelle Quellen betrachtet. Die OECD definiert eine Strategie für nachhaltige Entwicklung als

"co-ordinated set of participatory and continuously improving processes of analysis, debate, capacity-strengthening, planning and investment, which seeks to integrate the short and long term economic, social and environmental objectives of society – through mutually supportive approaches wherever possible – and manages trade-offs where this is not possible." (OECD 2001, S. 25)

Die Definition der UNDESA lautet

"A national sustainable development strategy is a coordinated, participatory and iterative process of thoughts and actions to achieve economic, environmental and social objectives in a balanced and integrated manner. The process encompasses situation analysis, formulation of policies and action plans, implementation, monitoring and regular review. It is a cyclical and interactive process of planning, participation and action in which the emphasis is on managing progress towards sustainability goals rather than producing a "plan" as an end product." (UNDESA 2002, p. 1)

Die beiden Definitionen sind bei der Problemanalyse, des Monitorings und der Bewertung einer nationalen Nachhaltigkeitsstrategie sehr ähnlich. Das gilt auch für die Politik hinsichtlich der Formulierung und Umsetzung von politischen Aktionsplänen aber auch bei der Beteiligung von Stakeholdern. Beide Definitionen sind weiterhin bei den Anforderungen an Planungsprozesse und deren Koordination viel spezifischer als bei der Konkretisierung von Zielen, da diese als kontextspezifisch betrachtet und als Ergebnis von politischen Prozessen gesehen werden (Scholz 2017, S. 26).

6.4 Resümee: Bewertung der Agenda 2030 und der 17 SDGs

Zunächst ist positiv zu bewerten, dass die UN-Mitgliedstaaten die relativ ambitionierte Agenda mit den darin vereinbarten Zielen nachhaltiger Entwicklung im September 2015 im Konsens verabschiedet haben. Hierfür werden verschiedene Gründe genannt. So wird besonders positiv bewertet, dass die UN-Arbeitsgruppe eine Arbeits- und Stimmverteilung quer zu den sonst üblichen Verhandlungsgruppen der UN aufwies. Dadurch konnten die eingefahrenen Nord-Süd-Konfliktmuster vermieden werden. Hinzu kommt die sehr gute Zusammenarbeit mit nichtstaatlichen Akteuren (Vertreter aus der Zivilgesellschaft). Daher ist hier noch einmal zu betonen: die Entwicklung und Verabschiedung der Agenda 2030 wäre heute auf globaler Ebene unter Berücksichtigung der vielen regionalen, aber auch globalen Konflikte nicht noch einmal konsensfähig.

Bei einzelnen konkreten Themen bzw. Fragestellungen gibt es jedoch auch Dissens. Während im Jahr 2015 einerseits der Geist einer „neuen globalen Partnerschaft" beschworen wurde, gibt es bei den *„Common But Differentiated Responsibilities"*, z.B. bei der Aufteilung der Kosten, deutliche Meinungsunterschiede. Weiterhin gibt es Differenzen bei der Interpretation der Menschenrechte und bei Gender-Themen hinsichtlich der Rolle und den Rechten von Frauen. Eine gegensätzliche Position bzw. Widerspruch kommt – wie nicht anders zu erwarten – von Saudi-Arabien, Russland und dem Heiligen Stuhl. Während die Interessenkonflikte in den Verhandlungen noch durch allgemeine Formulierungen überspielt werden konnten, werden sie heute bei der Umsetzung in zunehmendem Maße deutlich.

Teilweise wird bei der Bewertung der Agenda 2030, d.h. wie die UN-Mitgliedstaaten die Zukunft gestalten wollen, auch nur von einem internationalen Minimalkonsens gesprochen. In jedem Fall setzt sich die Agenda 2030 von der konventionellen Entwicklungspolitik klar ab, indem sie in allen Politikbereichen einen Transformationsprozess fordert. Es kommt auch – wie schon ausgeführt wurde – den Verbindungen zwischen den Zielen und den Zielbündeln eine deutlich größere Bedeutung zu (Kanie et al. 2017, S. 12). Bei der Umsetzung besteht jedoch noch ein großer Handlungsbedarf.

Insgesamt werden strukturelle Probleme wie militärische Konflikte, Korruption und menschenunwürdige Arbeit in den Mittelpunkt gestellt und haben damit einen prominenteren Stellenwert als in der bisherigen Entwicklungspolitik (Beisheim 2018, S. 8). Ähnliches gilt auch für negative Spill-Over-Effekte für den Finanz- und Handelsbereich, die in der Entwicklungspolitik bisher eher vernachlässigt bzw. verdrängt wurden. Es zeichnet sich jedoch noch nicht ab, dass die Konflikte bzw. Konfliktpotenziale in den kommenden Jahren verringert werden.

Als *„Herzstück der UN-Nachhaltigkeitsarchitektur"* gilt das hochrangige politische Forum zu nachhaltiger Entwicklung (High-level Political Forum on Sustainable Development, HLPF). Das HLPF wurde 2013, d.h. zwei Jahre vor der Verabschiedung der Agenda 2030, verabschiedet. Daraus begründet sich, dass die Arbeitsmethoden und die praktische Umsetzung, mit denen das Forum arbeitet, noch nicht dem Niveau der Ambitionen der Agenda 2030 entsprechen. Daher haben sich die UN-Mitgliedsstaaten bereits 2016 dazu entschieden, das Format und auch die organisatorischen Rahmenbedingungen zu überprüfen. Es geht um die grundsätzliche Entscheidung, ob ausführlichere Sitzungen angestrebt werden sollten, um die überfrachteten Programme bewältigen zu können, oder ob sie das Mandat inhaltlich verschlanken sollen (Beisheim 2018, S. 31).

Das High-level Political Forum on Sustainable Development kam im Juli 2018 zum dritten Mal zusammen. Dazu ist jedoch festzustellen, dass sich die bei dem HLPF jährlich stattfindenden thematischen Reviews und SDG-Reviews kaum für eine systematische Überprüfung eignen. Das Defizit ist, dass Reports keine Reviews sind. Hierfür bedarf es eines Auswertungs- und Analyseschritts. Daher besteht ein weitgehender Konsens, dass es bisher an einer zielführenden Vor- und Nachbereitung fehlte. Bisher gilt die wachsende Zahl der Präsentationen freiwilliger nationaler Umsetzungsberichte bei den HPLF-Voluntary National Reviews als Erfolg und nicht die inhaltliche Qualität und Überprüfbarkeit der Reviews. So haben bis 2016 mehr als die Hälfte der UN-Mitgliedstaaten, d.h. auch viele Entwicklungsländer bei dem HLPF über die Umsetzung der SDGs in ihren Ländern berichtet.

Zusammenfassend lässt sich feststellen: Die Vielzahl von „*Reports*“ führt in zunehmendem Maße dazu, dass diese zwar zur Kenntnis genommen werden, die Ergebnisse jedoch weder ausgewertet noch diskutiert werden. Es gibt keinen Zweifel, dass die Qualität der Berichte und die Überprüfung der Prozesse nachhaltiger Entwicklung in der Mehrzahl deutlich verbessert werden muss (Beisheim 2018, S. 6). Betrachtet man den Titel des UN-Dokuments „*Transformation unserer Welt: die Agenda 2030 für nachhaltige Entwicklung*“ so gilt, dass bisher kaum ein Bericht systematische Reformen präsentiert hat, der real transformatives Potenzial aufweist. Daher besteht gegenwärtig die Gefahr, dass das HLPF ein Opfer seines Erfolges wird. Es gilt auch noch zu klären, welche Konsequenzen die Berichterstattung hat, wenn vorgegebene Ziele, wie sie auf nationaler Ebene vorgegeben wurden, nicht die gewünschte Entwicklung genommen haben. Die Empfehlung, einen sanktionsberechtigten Weltnachhaltigkeitsrat in New York zu etablierten, erscheint kaum realistisch.

Einige der bisher aufgezeigten Defizite hinsichtlich der Ausgestaltung und Umsetzung der Agenda 2030 im Rahmen einer nationalen Nachhaltigkeitsstrategie beginnen jedoch bereits auf nationaler Ebene. Sie sollen exemplarisch aufgezeigt werden. Der Ausgangspunkt ist: der Staat ist primär für die Erstellung und Implementierung einer nationalen Nachhaltigkeitsstrategie zuständig. Daher muss er zunächst die institutionelle Verortung und die Koordination zwischen den staatlichen Trägern klären. Da der Transformationsprozess, der durch die nationale Nachhaltigkeitsstrategie realisiert werden soll, alle Politikbereiche miteinschließt, muss eine effiziente Koordination zwischen allen verantwortlichen

Ministerien angestrebt werden. Für die Messung des Fortschritts einer Nachhaltigkeitsstrategie sind klar formulierte Ziele, die einen konkreten Auftrag und eine klare zeitliche Vorgabe der Realisierung festlegen, unabdingbar. In vielen Entwicklungsländern gibt es bei der institutionellen Verortung aber auch hinsichtlich einer qualifizierten Wahrnehmung der Koordination, Ausgestaltung und Umsetzung der nationalen Nachhaltigkeitsstrategie noch ein großes Verbesserungspotenzial. Das gilt besonders bei der Qualifizierung der Verantwortlichen und der Steigerung der Effizienz und Kohärenz.

Die UN Agenda weist neben den 17 SDGs noch 169 Unterziele auf. Während die 17 SDGs für jede nationale Nachhaltigkeitsstrategie verbindlich sind, sollen die Unterziele entsprechend der nationalen Bedingungen an die UN-Unterziele angelehnt werden. Da zwischen den Zielen eine Vernetzung angestrebt werden soll bzw. Zielbündel zu bilden sind, aber auch Synergieeffekte zwischen den Zielen genutzt und Zielkonflikte vermieden werden sollen, ist zu empfehlen, eine deutlich geringere Zahl von Unterzielen und Indikatoren festzulegen. Die Nachhaltigkeitsstrategie Deutschlands, die im Januar 2017 veröffentlicht wurde, basiert auf 63 Unterzielen. Bei einer Fortschreibung der Nachhaltigkeitsstrategie können die Ziele und Indikatoren dann noch erweitert werden. Bei der Umsetzung des Transformationsprozesses gilt jedoch zu berücksichtigen, dass nicht alle Ziele zeitgleich umgesetzt werden können. Entsprechend der Dringlichkeit der nationalen Probleme ist es daher sinnvoll Prioritäten zu setzen.

Die Messung des Fortschritts der Nachhaltigkeitsstrategie kann z.B. durch das von Deutschland präferierte System erfolgen. Dadurch ist erkennbar, welche Ziele in welchem Maße erreicht wurden bzw. wo die „*Entwicklung in die falsche Richtung*“ geht. So weist die nationale Nachhaltigkeitsstrategie Deutschlands 21 Ziele auf, die (nahezu) erreicht wurden, sechs Ziele, deren Entwicklung in die richtige Richtung geht, aber Zielverfehlungen zwischen 5 und 20 % aufweisen, 20 Ziele, bei denen die Entwicklung in die richtige Richtung geht, aber Lücken von mehr als 20 % verbleiben, und 9 Ziele, bei denen die Entwicklung in die falsche Richtung geht (v. Hauff, Schulz, Wagner 2018, S. 130 ff).

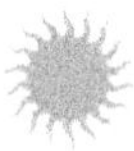

Ziel wird (nahezu) erreicht

Entwicklung geht in die richtige Richtung, aber Zielverfehlung zwischen 5 und 20 Prozent bleiben

Entwicklung in die richtige Richtung, aber Lücke von mehr als 20 Prozent verbleibt

Entwicklung in die falsche Richtung

Abbildung 17: Klassifizierung des Zielerreichungsgrades
Quelle: Die Bundesregierung 2017, S. 35

Für die Vorgabe bzw. Auswahl von Zielen bzw. für die inhaltlichen Anforderungen an Ziele gibt es eine Reihe von Qualitätskriterien die zu erfüllen sind. Ziele müssen einen klaren Auftrag aufweisen, was erreicht werden soll, und sie müssen durch Indikatoren quantifizierbar sein. Sonst ist der Fortschritt nicht messbar. Da Ziele oft einen Kompromiss zwischen gegensätzlichen Interessen einer Gesellschaft widerspiegeln, entziehen sie sich oft einem konkreten Auftrag. Für die Festlegung der relevanten Indikatoren fehlen in vielen Entwicklungsländern qualifizierte bzw. belastbare statistische Grundlagen.

Es reicht jedoch nicht aus, wenn internationale Organisationen die notwendigen Statistiken erstellen ohne nationale Fachkräfte in diesen Prozess mit einzubeziehen. Weiterhin ist wichtig, dass bei der inhaltlichen Vorgabe der Ziele die Anforderungen realistisch sind. Ist die Zielvorgabe schon weitgehend realisiert, lässt sich nur ein geringer Fortschritt erreichen. Hier besteht die Gefahr, dass eine Nachhaltigkeitsstrategie den „*Weg des geringsten Widerstands geht.*" Ist die Zielvorgabe zu ambitioniert, lässt sie sich kaum erreichen und löst Frustrationen aus, die den Prozess belasten. Die Effizienz einer Nachhaltigkeitsstrategie hängt aber auch ganz wesentlich von der Wahl der Instrumente bzw. Maßnahmen, die eingesetzt werden, ab.

Die Effizienz einer nationalen Nachhaltigkeitsstrategie wird aber auch dadurch determiniert, dass die inhaltliche Ausgestaltung bzw. die Zielwerte der 17 SDGs in ausreichendem Maße kritisch reflektiert und gegebenenfalls weiter konkretisiert werden. Das lässt sich an dem SDG 1 wie folgt verdeutlichen: es muss zunächst analysiert werden, wie hoch die Armutsquote bisher war und welche Armutsquote in Zukunft angestrebt wird. Hier geht es also wieder um die Frage, wie ambitioniert die Zielsetzung bzw. der vorgegebene Zielwert ist. Als Indikator zur Messung der Armut werden in der Regel nur die materielle und erheblich materielle Deprivation herangezogen. Es bleibt bei dem Ziel „*Armut in jeder Form überall beenden*" auch oft unberücksichtigt, dass es keine armutsfeste Alterssicherung gibt. Weiterhin gilt zu berücksichtigen, dass der Human Development

Indicator grundsätzlich ein breiteres Armutsverständnis wiederspiegelt, als der Armutsindikator der Weltbank, der sich am verfügbaren Einkommen orientiert. Daher ist es wichtig, alle 17 SDGs hinsichtlich ihrer inhaltlichen Ausgestaltung kritisch zu analysieren und dort zu konkretisieren, wo dies erforderlich ist (vgl. hierzu v. Hauff, Schulz, Wagner 2018, S. 136 ff).

Schließlich ist noch zu berücksichtigen, dass die Förderung nationaler Entwicklungsstrategien in Entwicklungsländern durch internationale Organisationen auch neue Anforderungen an die Evaluierungspraxis stellt. Hierzu gibt es neue Untersuchungen bzw. Forschungsergebnisse, die Erfolge aber auch Defizite aufzeigen. So zeichnet sich z.B. die deutsche Entwicklungszusammenarbeit durch einen hohen Deckungsgrad bei der Evaluierung aus. Es wurde aber auch deutlich, dass die Evaluierungsqualität auf Modulebene noch verbessert werden kann. Diese Erkenntnisse sollten verstärkt in der Entwicklungszusammenarbeit auch auf internationaler Ebene berücksichtigen werden (Deval 2018).

7 Leistungsfähige Good-Governance-Strukturen als Bedingung für die Implementierung der Agenda 2030 – am Beispiel Indiens

Parallel zu der wachsenden Bedeutung der nachhaltigen Entwicklung und ihrer Konkretisierung durch die Agenda 2030 mit den 17 SDGs kam es in vielen Entwicklungsländern zu einer intensiven Diskussion zu dem Thema „Good Governance". Nuscheler und Wittmann sprechen sogar von einem Boom des Konzepts Governance.

„Prior to the rise of the normative concept of good governance to be-come the key concept of international development discourse was a rise of the concept of governance in various scientivic disciplines" (Nuscheler, Wittman 2017, S. 91)

Dabei lässt sich feststellen, dass es im Prinzip vielfältige Beziehungen zwischen dem Konzept Good Governance und der Agenda 2030 gibt. Dieses Kapitel geht von der These aus, dass Good Governance-Strukturen in einem Land die Voraussetzung für eine erfolgreiche Konzipierung und Umsetzung einer nationalen Nachhaltigkeitsstrategie sind. Die Zusammenführung von Good Governance und der Agenda 2030 wird besonders in SDG 16 deutlich bzw. gefordert: *„Friedliche und inklusive Gesellschaften für eine nachhaltige Entwicklung fördern, allen Menschen Zugang zur Justiz ermöglichen und leistungsfähige, rechenschaftspflichtige und inklusive Institutionen auf allen Ebenen aufbauen."*

Hierzu stellt Sachs fest:

"This goal calls for the reduction of violence, the defense of the rule of law, the end of human trafficking, the promotion of inclusive and transparent institutions of governance, and the protection of fundamental freedoms." (Sachs 2016, S. 489)

Betrachtet man die Beziehung zwischen Good Governance und nachhaltiger Entwicklung näher, so lassen sich verschiedene Beziehungsstrukturen aufzeigen. Die Entwicklungsorganisation DAC der OECD führt in ihrer Resolution *„Development Cooperation in the 1990s"* im Zusammenhang mit „participatory development" die folgenden Kriterien auf, die einen starken Bezug zu nachhaltiger Entwicklung und damit auch zur Agenda 2030 haben. Dieser Bezug ist primär auf Entwicklungsländer ausgerichtet:

- promoting sustainable economic growth,
- enabling broader participation of all the people in the productive process and a more equitable sharing of their benefits,

- ensuring environmental sustainability and slowing population growth in those many countries where it is too high to permit sustainable development.

In diesem Kontext basiert Good Governance stark auf dem Prinzip der Partizipation, das auch für nachhaltige Entwicklung von zentraler Bedeutung ist. Sachs dagegen ordnet Good Governance neben den drei Dimensionen der wirtschaftlichen Entwicklung, der sozialen Inklusion und der ökologischen Nachhaltigkeit sogar als vierte Dimension nachhaltiger Entwicklung zu. Hierfür gibt er folgende Begründung:

„*Good governance will play a central role in the eventual success or failure of the SDGs, so it behooves us to think clearly what we really mean by the term.*" (Sachs 2015, S. 502)

Diese Erweiterung nachhaltiger Entwicklung durch eine vierte Dimension erscheint jedoch nicht notwendig. Good Governance ist als Querschnittsanforderung nachhaltiger Entwicklung zu verstehen. Good Governance lässt sich aber auch in besonderem Maße der sozialen Dimension nachhaltiger Entwicklung zuordnen. So gibt es Normen bzw. Regeln im Kontext der sozialen Dimension, die auch für Good Governance von zentraler Bedeutung sind. Dabei gilt jedoch zu berücksichtigen, dass die Regeln einer Regierung zur Umsetzung der SDGs sich in den verschiedenen Ländern unterscheiden können. Anders formuliert: es gibt für die Umsetzung der SDGs jedoch nicht ein einheitliches Set von „*Governance Rules*".

Good Governance ist heute ein wichtiger Bereich der entwicklungspolitischen Diskussion bzw. der Entwicklungszusammenarbeit. Das Fehlen bzw. Versagen oder die unzureichende Funktionsweise öffentlicher Institutionen und Regierungen in vielen Entwicklungsländern ist seit Jahrzehnten ein hinreichend bekanntes Problem. Es besteht auch international ein breiter Konsens, dass dies ganz wesentlich die mangelnde Entwicklung vieler Entwicklungsländer mitbegründet. Es war vor allem die Weltbank, die dieses Thema aufgriff und konkretisierte. Daraufhin hat Good Governance auch außerhalb der Weltbank eine wachsende Beachtung erfahren.

Die Weltbank hat Anfang der neunziger Jahre unter der Begrifflichkeit von Good Governance ein Anforderungsprofil für Staat und öffentliche Verwaltung entworfen. Das Thema fand besonders in der politikwissenschaftlichen entwicklungsländerbezogenen Diskussion eine breite Zuwendung. Im Folgenden wird das Thema Good Governance jedoch mehr aus ökonomischer Perspektive diskutiert. Aus der Sicht der Ökonomie kann besonders die Neue Politische Ökonomie hierzu wichtige Begründungszusammenhänge aufzeigen. Auffällig ist jedoch, dass der Zusammenhang von Good Governance und Sustainable Development bisher in der nachhaltigkeitsökonomischen Literatur kaum diskutiert wurde. Am Beispiel von Indien lässt sich das Thema besonders gut verdeutlichen. Viele Erkenntnisse in diesem Kapitel lassen sich aber auch auf andere Entwicklungsländer zumindest in ähnlicher Form übertragen.

In Abschnitt 7.1 folgt eine kurze Darstellung ausgewählter Strukturmerkmale Indiens im Kontext von Good Governance. Dieses Kapitel beschränkt sich also nicht auf allgemeine Begründungszusammenhänge von Good Governance und dem Leitbild nachhaltiger Entwicklung, sondern soll am Beispiel Indiens konkretisiert werden. In Abschnitt 7.2 wird die theoretische Begründung von Good Governance aus der Perspektive der Neuen Politischen Ökonomie vorgenommen. Dies führt dann auch zu ersten Erkenntnissen der Relevanz dieses Themas für Indien und zu Schlussfolgerungen hinsichtlich der Stärkung von Good-Governance-Strukturen. In Abschnitt 7.3 werden die beiden Bereiche Bürokratie und Korruption, die im Kontext von Good Governance eine besondere Bedeutung haben, exemplarisch für Indien erläutert. Daraus lässt sich ableiten, in welchem Maße die Rahmenbedingungen für das Leitbild nachhaltiger Entwicklung in Indien schon gegeben sind bzw. noch gestärkt werden sollten.

7.1 Die Bewertung ausgewählter Strukturmerkmale Indiens im Kontext von Good Governance

Indien gilt in Bezug auf die Bevölkerungszahl als die größte Demokratie der Welt. Es gibt eine Vielzahl von politischen Parteien, die – wie in anderen etablierten Demokratien auch – sich in einem politischen Wettbewerb zueinander befinden, der nach demokratischen Regeln, d.h. im Rahmen von Wahlen, ausgetragen wird. In Indien ist auch die Existenz und Pluralität von Interessenorganisationen weitgehend gewährleistet. Es besteht ferner eine unabhängige und eigenständige Justiz. Positiv hervorzuheben ist weiterhin die relativ friedliche Koexistenz verschiedener Religionen und der kulturellen bzw. ethnischen Vielfalt, wobei hier zunehmend Konflikte sichtbar werden.

Die positiven Strukturmerkmale, die häufig genannt werden, müssen jedoch kritisch hinterfragt werden. Das soll an zwei ausgewählten Beispielen kurz aufgezeigt werden. Obwohl die Demokratisierung Indiens auch von Drèze und Sen anerkannt wird, weisen sie gleichzeitig auf die vielen kapitalen Unzulänglichkeiten und Pannen bei dem Prozess zur Demokratie hin. Sie zeigen das am Beispiel des Versagens der Medien auf, die nicht ernsthaft bemüht sind, die faktischen Ungerechtigkeiten und Unzulänglichkeiten des wirtschaftlichen und gesellschaftlichen Lebens zu verdeutlichen. (Drèze, Sen 2014, S. 21)

Ein weiteres unbefriedigendes Problem im Kontext nachhaltiger Entwicklung ist, dass die hohen Wachstumsraten nur einen relativ kleinen Teil der Bevölkerung erreichen, weshalb Indien von einem „*inclusive growth*" (SDG 8) bzw. nachhaltigen Wachstum noch weit entfernt ist. Es gibt auch heute noch vielfältige Formen der Diskriminierung bestimmter Bevölkerungsgruppen wie z.B. der Adivasis und Harijans. Indien ist auch von einer Geschlechtergleichstellung noch relativ weit entfernt. *„Angesichts der Entwicklungs- und Gleichheitsziele, für die Indien während des Ringens um seine Unabhängigkeit eintrat, muss diese Bilanz zweifellos als enormer Misserfolg gelten.“* (Drèze, Sen 2014, S. 23) Diskriminierung und Ungleichheit sollen im Kontext der SDGs 5 und 10 verringert bzw. vermieden werden.

Das Staatsgebilde Indiens zeichnet sich durch ein föderalistisches System aus, d. h. es untergliedert sich in unabhängige Bundesstaaten und Territorien (Rothermund 2008, S. 54 ff). Während der indische Föderalismus noch bis zu Beginn der 1990er Jahre durch die jeweilige Zentralregierung erfolgreich zurückgedrängt wurde, lässt sich seit Beginn der Liberalisierungspolitik im Jahr 1991 bei den meisten Bundesstaaten ein stärkeres Interesse nach Eigenverantwortung bzw. politischer und wirtschaftlicher Eigenständigkeit beobachten (v. Hauff, Veling 2017, S. 9). Die Bundesstaaten entdecken in zunehmendem Maße ihre eigene Verantwortung und besonders die Möglichkeiten, ihre eigene wirtschaftliche Entwicklung zu gestalten und auszubauen. Dies führt zu einem wachsenden Wettbewerb zwischen den Bundesstaaten in Indien u.a. um ausländische Direktinvestitionen (FDI).

Innerhalb der Ländergruppe der Entwicklungsländer weist Indien in den letzten Dekaden eine positive wirtschaftliche Entwicklung auf. Seit Beginn der Liberalisierung zu Beginn der 1990er Jahre hat die wirtschaftliche Dynamik deutlich zugenommen und Indien kann seit einigen Jahren ein relativ konstantes Niveau des Wirtschaftswachstums aufweisen. Daher stellt sich der Wirtschaftsstandort Indien im Vergleich zu vielen anderen Ländern in der Region zunächst positiv dar und entspricht den zumindest hinsichtlich des Wachstums den Anforderungen von SDG 8. Aber auch Indien ist von einem nachhaltigen bzw. *inclusive growth* noch weit entfernt.

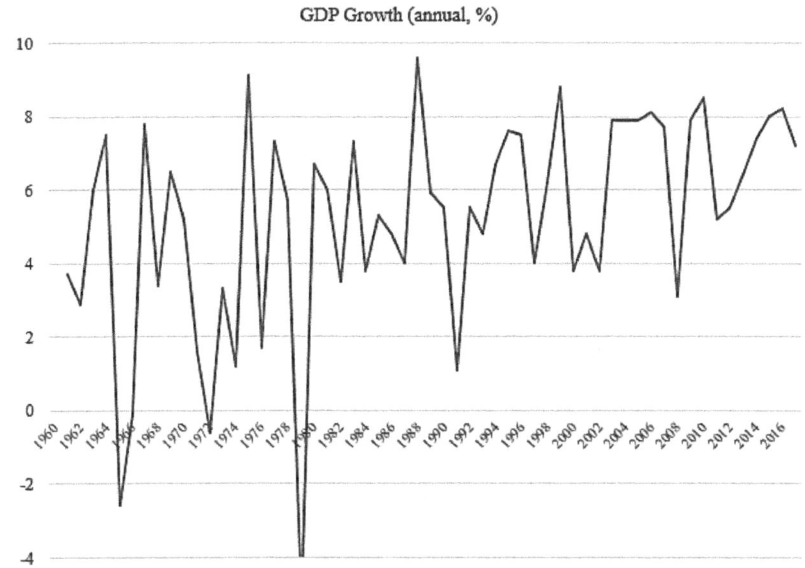

Abbildung 18: Indiens Wachstumsrate
Eigene Darstellung in Anlehnung an World Economic Forum, https://www.weforum.org/agenda/2018/04/india-s-remarkably-robust-and-resilient-growth-story)

Das gilt auch unter Berücksichtigung der Tatsache, dass andere Länder in der Region wie z. B. China eine größere wirtschaftliche Dynamik aufweisen und als Wirtschaftsstandort für ausländische Kapitalgeber teilweise attraktiver erscheinen. Unter Berücksichtigung der insgesamt positiven politischen, soziokulturellen und ökonomischen Entwicklungstendenzen, weist Indien eine beachtliche Stabilität auf. Diese Entwicklung zeigt auf den ersten Blick wichtige Merkmale von Good Governance und nachhaltiger Entwicklung auf. Daher könnte man zu der Erkenntnis kommen, dass sich Indien zumindest wirtschaftlich bereits auf einem Nachhaltigkeitspfad befindet. Es sollte jedoch nicht übersehen werden, dass sich diese insgesamt positiven Entwicklungstendenzen in Indien – wie in anderen Demokratien auch – faktisch durch eine Reihe von politischen und institutionellen Unzulänglichkeiten auszeichnen, die den Anspruch von Good Governance einschränken. Weiterhin gibt es eine Reihe von ökonomischen, ökologischen und sozialen Ungleichgewichten, die dem Anspruch einer nachhaltigen Entwicklung noch widersprechen. (ausführlich hierzu v. Hauff, Veling 2017, S. 6 ff)

So gibt es in Indien wachsende sektorale und regionale ökonomische Ungleichgewichte, teilweise menschenunwürdige Arbeitsverhältnisse (Widerspruch zu der Forderung von decent work in SDG 8), ein wachsendes Einkommensgefälle, stark zunehmende ökologische Belastungen, die sich in manchen Regionen zu einer Umweltkrise ausgeweitet haben und schließlich ein starkes soziales Gefälle (Kastensystem), das sich beispielsweise in einem noch unausgewogenen Bildungssystem widerspiegelt. Indien ist aber auch von anderen Sustainable Development Goals wie SDG 2 *„den Hunger beenden, Ernährungssicherheit und eine bessere Ernährung erreichen und eine nachhaltige Landwirtschaft fördern"* aber auch von SDG 3 *„ein gesundes Leben für alle Menschen jeden Alters gewährleisten und ihr Wohlergehen fördern"* zumindest für einige Bevölkerungsgruppen noch relativ weit entfernt (Drèze, Sen 2014, 166 ff). Aber auch die Energieversorgung stellt sich im Kontext des SDG 7 noch unzulänglich dar.

Exkurs: Energieversorgung in Indien

Energie ist für die wirtschaftliche Entwicklung und das Wirtschaftswachstum eines Landes von großer Bedeutung. Insofern besteht eine direkte Beziehung zu dem Sustainable Development Goal 8. Für die Analyse der Energieversorgung gibt es verschiedene Indikatoren wie den Energiebedarf, die Energiebedarfssteigerung und die Elektrifizierungsrate. Mit diesen Indikatoren wurde bisher die konkrete Energieversorgung eines Landes beurteilt und es wurden Ländervergleiche durchgeführt. Dabei wird oft auch nach der Energiequelle differenziert.

Beispiel: Während in einigen Industrieländern wie den USA und in den europäischen Ländern einschließlich Japans sich die Nachfrage nach primärer Energie deutlich verringert, geht man in Entwicklungsländern von einer steigenden Nachfrage aus (World Energy Outlook 2017). Auffällig ist, dass in Indien in Zukunft das höchste Wachstum primärer Energie zu erwarten ist. Danach folgt China. Die Regionen Mittlerer Osten und der afrikanische Kontinent folgen mit etwa einer gleichen Nachfragesteigerung. Schließlich folgen die Länder des Südosten Asiens.

Betrachtet man die Rate der Elektrifizierung Indiens, so lag sie im Jahr 2000 mit 43% weit unter dem Durchschnitt der asiatischen Region (67%). Im Vergleich hierzu lag China in dem Jahr schon bei 100%. Danach konnte Indien die Elektrifizierung landesweit stark ausbauen und lag 2016 bei 82%, wobei ein relativ großer Unterschied zwischen städtischen und ländlichen Regionen besteht. Indien liegt bei der Elektrifizierung aber auch 2016 noch unter dem Durchschnitt der asiatischen Region (89%). (Lampenscherf 2018, S. 57) Hier stellt sich die Frage, ob die Energieversorgung, wie sie bisher auf der Grundlage der genannten Indikatoren analysiert wird, mit den Anforderungen von SDG 7 übereinstimmt. Das SDG 7 stellt folgende Anforderungen:

Ziel 7. Zugang zu bezahlbarer, verlässlicher, nachhaltiger und moderner Energie für alle sichern

7.1 Bis 2030 den allgemeinen Zugang zu bezahlbaren, verlässlichen und modernen Energiedienstleistungen sichern

7.2 Bis 2030 den Anteil erneuerbarer Energie am globalen Energiemix deutlich erhöhen

7.3 Bis 2030 die weltweite Steigerungsrate der Energieeffizienz verdoppeln.

Die folgenden Ausführungen beschränken sich auf einige wenige übergreifende Zusammenhänge von SDG 7 zu anderen SDGs, die es zu beachten gilt, da Zielbündel angestrebt werden sollen (v. Hauff, Kandpal 2018):

- Indien hat derzeit mehr als ein Sechstel der Weltbevölkerung. Das Land verbraucht jedoch nur 6 Prozent der globalen Energie, wobei der Pro-Kopf-Energieverbrauch ein Drittel des globalen Durchschnitts beträgt (IEA 2015).
- Darüber hinaus fehlt einem großen Teil der Haushalte mit Zugang zu Elektrizität eine zuverlässige Stromversorgung, wie das in SDG 7 gefordert wird. Die Infrastruktur für die Stromversorgung ländlicher und abgelegener Gebiete des Landes ist häufig unterfinanziert und unzuverlässig.
- Die indische Regierung beabsichtigt daher, den Zugang zu Elektrizität auf über 200 Millionen Menschen ohne Netzstrom auszudehnen.
- Aufgrund der demografischen Entwicklung, des steigenden Einkommens bzw. der wachsenden Mittelschicht, der Verstädterung und der Industrialisierung ist der Energieverbrauch im Land rapide gestiegen und trägt zur Verschlechterung der Luft-, Wasser- und Landverschmutzung bei. Dieser Trend wird sich weiter fortsetzen. Beispielsweise befinden sich elf der 20 am stärksten verschmutzten Städte der Welt in Indien. Die Lebenserwartung der Menschen wird aufgrund der Luftverschmutzung um 23 Monate verringert (IEA 2016).
- Hinzu kommt, dass Indien im letzten Jahrzehnt nur eine geringfügige Reduzierung seiner Primärenergieintensität erreichen konnte, was die hohe Luftbelastung mitbegründet. Gleichzeitig bedeutet das aber bei der hohen Beschäftigung in der Kohleindustrie Indiens, dass dadurch viele Arbeitsplätze erhalten werden (SDG 8).

Abschließend lässt sich feststellen, dass die Energieversorgung Indiens im Kontext der Agenda 2030 noch ein beachtliches Potenzial der Verbesserung bzw. Weiterentwicklung aufweist. Dabei ist noch nicht abzuschätzen, welchen Beitrag die eingeleiteten und geplanten Maßnahmen haben werden. Eine Bewertung der Umsetzung der Agenda 2030 in Indien erfordert vergleichbare Analysen der anderen SDGs.

Ein wesentliches Merkmal der Agenda 2030 und den SDGs ist, dass es – wie schon erwähnt – viele Beziehungen bzw. Verknüpfungen zwischen den Zielen gibt. Die Umsetzung eines Ziels hängt von mehreren anderen Zielen ab. So ist das SDG 7 für die Bereitstellung von Dienstleistungen, die für das Wohlergehen der Menschen wichtig sind, von großer Bedeutung. Es hat einen direkten Bezug zu den SDGs Armutsbekämpfung, Ernährungssicherheit, sauberes Wasser, Bildung und die Schaffung von Arbeitsplätzen. Schließlich ist bei der Produktion von Energie noch der direkte Bezug zum Klimaschutz zu beachten, der in Indien gegenwärtig zweifellos konfliktär ist.

Die betroffenen Ministerien haben auch Initiativen zur Erreichung von Zielen und /oder zugewiesenen Zielen ergriffen. Zu nennen sind Pradhan Mantri Jan DhanYojana for financial inclusion, Make in India, Smart Cities Mission, Start-up India, Digital India, the Beti Bachao Beti Padhao which literally means "save daughters, educate daughters" essentially a programme for gender equity und Programme wie *"Power for All"*, *"Housing for All"*, und *"Clean India Mission"*. Sie können einen wichtigen Beitrag zu den SDGs leisten. Es gilt jedoch zu beobachten, wie effizient sie wirklich umgesetzt werden.

7.2 Politische Ökonomie von Good Governance

Gute Regierungsführung hat sich für Entwicklungsländer und somit auch für Indien als ein zentrales Anliegen und eine Notwendigkeit herausgestellt, um Gerechtigkeit mit Effizienz und gesellschaftlichem Wohlergehen, auf das nach der Agenda 2030 die Bürger Anspruch haben, zu erreichen. Seit den Anfängen der sozialen und politischen Historie haben Governance-Stile, die auf den damals vorherrschenden Wertesystemen und Organisationsstrukturen basierten, die bestehenden gesellschaftlichen Institutionen geprägt. So kommen Singh und Barpujari zu der Erkenntnis: *„Governance in this sense is as old as human history.“* (2017, S. 1). Das Thema wurde also von der Weltbank neu entdeckt, jedoch nicht „erfunden".

Es ist festzustellen, dass die Aufgaben und Funktionen von Staat und Verwaltung in Entwicklungsländern erst in den Jahren 1983 und 1988 in Berichten der Weltbank kritisch reflektiert wurden. Der konkrete Anlass für die Weltbank, sich diesem Thema gezielt zuzuwenden, war schließlich in der zweiten Hälfte der 1980er Jahre die ökonomische und soziale Fehlentwicklung im südlichen Teil Afrikas. Wesentliche Ursachen für die wirtschaftliche und soziale Fehlentwicklung identifizierte die Weltbank besonders bei den Defiziten im institutionellen Umfeld von Staat und Verwaltung. Diese Fehlentwicklungen wurden mit der Begrifflichkeit *„bad“* bzw. *„poor“* Governance charakterisiert. Es kam dann von einer ursprünglich negativ besetzten Begrifflichkeit, d. h. von „bad oder poor" Governance, zu einer Umkehrung, d. h. zu „*Good Governance*". Die von der Weltbank festgestellten Mängel wurden in eine positive Strategie von Good Governance eingebracht.

„*Ins Blickfeld rückten damit die staatlichen Institutionen und Strukturen, die Entscheidungsfindungsprozesse bzw. das Leistungsvermögen bei diesbezüglicher Implementierung sowie das Verhältnis zwischen Regierung und Verwaltung einerseits und der Gesellschaft andererseits.*" (Theobald 2000, S. 95)

Hier stellt sich die Frage, ob es sich bei Good Governance wirklich um ein neues Phänomen handelt, oder ob es hierzu bereits eine breite wissenschaftliche Diskussion mit einer langen Tradition gibt. Goerlich (2006) stellt hierzu treffend fest, dass dieses Thema im Trend der internationalen Diskussion liegt und daher ein altes Problem in „*modischem Gewand*" vorliegt. Er belegt dies am Beispiel der Entwicklung des Europarechts. In diesem Zusammenhang ist die Unterscheidung zwischen „*administration*" und „*governance*" von Bedeutung.

„*Sie mag sich erledigen, wenn auch weltweit eine solche verwaltungsrechtliche Verdichtung der Rechtsbindungen erreicht ist wie innerhalb der Europäischen Union im Europarecht. Zunächst ist sie aber festzuhalten.*" (Goerlich 2006, S. 315)

Insofern ist die Problemstellung der Weltbank auf „*gute Regierungsführung*" sicher zu eng, worauf später noch einmal Bezug genommen wird. In diesem Zusammenhang wird der inhaltliche Bezug zur Neuen Politischen Ökonomie (NPÖ) deutlich (Neck, Schneider 2013). Die Neue Politische Ökonomie ist im englischen Sprachraum unter Public-Choice-Theorie bekannt (Fischer 2015, S. 99). Gegenstand der Analyse ist das Verhalten von Politikern, Bürokraten und Interessenvertretern (Lobbyisten).

Die Analyse basiert auf dem ökonomischen Instrumentarium. Danach werden Politiker, Bürokraten und Interessenvertreter nicht als „*wohlwollende Diktatoren*", die ihre Politik primär zur Förderung der Wohlfahrt bzw. des Wohlergehens aller Bürger konzipieren, betrachtet, wie das noch in der traditionellen Wohlfahrtstheorie unterstellt wird. In der Neuen Politischen Ökonomie werden also die Formen und Mechanismen der Koordination zwischen Staat, Wirtschaft und Gesellschaft analysiert und thematisiert. Dabei geht es vor allem auch um Prozesse der kooperativen Entscheidungsfindung. Ausgangspunkt ist das Verhaltensmuster von „*Homines oeconomici*", die typischerweise versuchen, unter den für sie gegebenen Rahmenbedingungen ihren eigenen Nutzen zu maximieren, was dem Leitbild nachhaltiger Entwicklung entgegensteht (v. Hauff 2014, S. 20 ff). Als Beispiel werden oft Wahlgeschenke an gut organisierte bzw. mächtige Interessengruppen genannt. Die Handlungen der Regierung als Agent bzw. Anbieter politischer Maßnahmen (politische Güter) müssen daher nicht mit den Interessen der Bürger als Prinzipale bzw. Nachfrager oder zumindest einem großen Teil der Bürger der Maßnahmen (politischer Güter) übereinstimmen. Die daraus entstehenden Konflikte werden allgemein als Principal-Agent-Probleme bezeichnet.

Es wurde in diesem Zusammenhang zunehmend erkannt, dass die Wohlfahrt bzw. das Wohlergehen der Bevölkerung besonders in Entwicklungsländern durch eine eigennützig handelnde Elite aufgrund von Korruption und *rent seeking* reduziert wird. Dabei versteht man unter rent seeking Eingriffe von Politikern und Bürokraten, die zu neuen Eigentumspositionen zu ihren Gunsten führen. So werden privilegierte und staatlich geschützte „*Rentenpositionen*“ geschaffen. Da es jedoch *bei rent seeking* aus gesamtgesellschaftlicher Perspektive nicht um eine Zunahme von produktiven Leistungen, sondern um eine Umverteilung des bisher Produzierten geht, lassen sich rent-seeking-Aktivitäten gerade auch im Kontext nachhaltiger Entwicklung als gesellschaftlich unproduktiv und unerwünscht einordnen. Weiterhin kommt es zu einer Umverteilung, die von einer privilegierten Gruppe zu ihrem eigenen Vorteil vorgenommen wird und die zu einer Erhöhung der Ungleichverteilung beiträgt, was zu sozialen Unruhen führen kann (Stiglitz 2012, S. 169 ff, Piketty 2014). Das widerspricht ebenfalls dem Leitbild nachhaltiger Entwicklung, wie in Kapitel vier aufgezeigt wurde.

Das Postulat, das die Weltbank in ihrem Bericht von 1992 festschrieb, wurde wie folgt formuliert: „*Governance must provide rules to make markets work and ensure property rights.*“ (World Bank 1992, S. 6) Die Weltbank stellt somit die Funktionsfähigkeit des Marktes als einen zentralen Schwerpunkt von Governance in den Vordergrund. Dagegen weist das Anforderungsprofil von Good Governance normative Komponenten auf. Es verknüpft Good Governance z.B. mit menschenrechtlichen Postulaten. Es unterstreicht weiterhin die Relevanz unabhängiger Kontrollinstanzen für die Regierung sowie die Bedeutung einer freien Presse.

In dem Anforderungsprofil der Weltbank sind hingegen Demokratisierungsforderungen nicht enthalten, was immer wieder kritisiert wurde. So stellt beispielsweise Nuscheler fest, dass es widersprüchlich sei, einerseits die Verantwortlichkeit der Regierenden, Rechtsstaatlichkeit und die Wahrung der Menschenrechte zu fordern, ohne gleichzeitig die politische Systemfrage zu stellen (Nuscheler 2016, S. 398). Dem Thema Good Governance kommt in den vergangenen Jahren in vielen Weltentwicklungsberichten eine große Bedeutung zu und wird somit auch zu einem wichtigen Strategieelement der Weltbank:

„Viele der Institutionen, die Märkte unterstützen, werden von der öffentlichen Hand bereitgestellt. Die Fähigkeit des Staates, diese Institutionen bereitzustellen, ist deshalb ein wichtiger Bestimmungsfaktor für das Verhalten von Menschen in Märkten und die Funktionsfähigkeit der Märkte. Die erfolgreiche Bereitstellung solcher Institutionen wird häufig als „gute Staatsführung“ (Good Governance) bezeichnet. Gute Staatsführung umfasst die Einführung, den

Schutz und die Durchsetzung von Eigentumsrechten, ohne die die Möglichkeiten von Markttransaktionen eingeschränkt bleiben. Dazu gehört auch, ein System von Regeln bereitzustellen, das gemeinsam mit dem Markt den Wettbewerb fördert, und es beinhaltet eine solide makroökonomische Politik, die ein stabiles Umfeld für Marktaktivitäten schafft. Ein Ergebnis guter Staatsführung ist auch das Fehlen von Korruption, weil diese die Ziele von Politik und die Legitimation der die Märkte unterstützenden Institutionen der öffentlichen Hand untergraben kann." (World Bank 2002, S. 99)

Die Fokussierung von Good Governance auf die Staatsführung, die zu einer optimalen Funktionsfähigkeit von Märkten beitragen soll, wie sie beispielsweise bei der Weltbank, aber auch bei anderen internationalen Organisationen zu finden ist, wird jedoch schon früh kritisiert. So gibt schon Lakshman (2003) zu bedenken, dass Good Governance eine sehr viel größere Reichweite haben muss. In diesem Zusammenhang weist er auf die Poverty Reduction Strategy (PRS) der Asian Development Bank als eine „*Crosscutting Priority*" hin. Aber wie auch im Kontext der Millennium Development Declaration (vgl. Abschnitt 3.3) und schließlich in der Agenda 2030 (vgl. Abschnitt 3.4) vorgestellt wurde, ist diese inhaltliche Abgrenzung zu eng.

Wie schon ausgeführt, wurde am 8. September 2000 auf dem Millennium Gipfel der Vereinten Nationen in New York die Millennium-Erklärung unterzeichnet. In dem Kapitel über „*Menschenrechte, Demokratie und Good Governance*" wird aufgezeigt, dass Good Governance in der internationalen Entwicklungspolitik in einem weiten Sinne eine zentrale Bedeutung beigemessen wird. Auffällig ist, dass Good Governance in den Zielvorgaben der MDGs in dem Abbau von Handelsbarrieren und „*als Verpflichtung auf gute Regierungsführung, Entwicklung und Armutsreduzierung auf nationaler und internationaler Ebene*" berücksichtigt wurde. Dagegen fordern die SDGs explizit rechenschaftspflichtige und inklusive Institutionen.

Exemplarisch kann in diesem Zusammenhang festgestellt werden, dass es nicht nur um die Existenz von Strategien z.B. der Armutsverringerung, sondern um die politische Gestaltung und Durchsetzung einer Armutsbekämpfungspolitik geht, die an den Ursachen ansetzt. Es geht also darum, „*to understand the political economy factors that determine the effectiveness of poverty alleviation policies (Lakshman 2003, S. 2).*" Neben der Armutsbekämpfung könnte in diesem Zusammenhang auch die Ursachenbekämpfung für die anderen SDGs aufgezeigt werden.

Exkurs: Armutsvermeidung

Zu dem Thema der Armutsvermeidung gab es bereits in den 1990er Jahren eine sehr grundsätzliche Diskussion. So stellte Stiglitz (1996) in diesem Zusammenhang die interessante Frage, warum es in vielen ostasiatischen Ländern zu der rasanten ökonomischen Entwicklung mit einer relativ geringen Armut gekommen ist. Diese Länder werden vielfach als „*Miracle Economies*" bezeichnet und eingeordnet. Stiglitz kommt zu der Schlussfolgerung, dass das wirkliche Mirakel des ostasiatischen Raums eher politisch als ökonomisch zu begründen ist. Für ihn stellt sich die Frage, warum Regierungen eine Politik anstrebten und umsetzten, die zu diesem wirtschaftlichen Aufstieg führte. Die Alternative wäre, dass die politischen Akteure ihre eigenen Interessen stärker durchgesetzt und sich damit auch entsprechend bereichert hätten (Stiglitz 1996, S. 174). In diesem Zusammenhang weist Quibria (2002) darauf hin, dass die Miracle Economies sich durch autoritäre Regime auszeichneten. Stellt man diese Erkenntnis der Situation von Indien gegenüber, so wird deutlich, dass das demokratische System Indiens bei der Armutsbekämpfung deutlich langsamer war als die autoritären Regime der Miracle Economies (Quibria 2002, S. 62 ff).

Es ist jedoch vor einer Vereinfachung dieser Erkenntnis zu warnen. Man sollte nicht davon ausgehen, dass Demokratien oder autoritäre Regime alleine schon eine Armutsverringerung erschweren oder garantieren können. Auch Overland et al. (2000) geben zu bedenken, dass diese Position keineswegs generell gilt. So gibt es in der Region auch autoritäre Regime bzw. Diktaturen, die einen rapiden wirtschaftlichen Niedergang mit steigender Armut aufweisen. Ein „*trauriges Beispiel*" hierfür ist Myanmar. Während Myanmar noch in den 1950er Jahren zu den aufstrebenden Ländern der Region gehörte, kam es ab Ende der 1950er Jahre durch autoritäre Regime zu einem dramatischen wirtschaftlichen Verfall und Abstieg. Nachdem es 2011 seit 1950er Jahren zu ersten freien Wahlen kam, zeichnet sich eine leichte wirtschaftliche Verbesserung ab. Dies lässt sich in einem politikökonomischen Modell anhand der Überlebensstrategie des autoritären Regimes bzw. Diktators erklären, wie noch aufgezeigt wird (Overland et al. 2000, S. 1 ff).

Zunächst ist jedoch die empirische Evidenz, wonach autoritäre Regime in dieser Region wirtschaftlich erfolgreicher sind, offensichtlich: Eine starke und autokratische Führerschaft in einigen Entwicklungsländern war ein essenziell wichtiger Faktor für ein rasches Wirtschaftswachstum und gleichzeitig auch für eine starke Armutsverringerung. Als Beispiele können Südkorea, Singapur, Hongkong, Taiwan, aber auch China in den 1960er und 1970er Jahren, Thailand in den 1970er und 1980er Jahren und schließlich Indonesien in den 1980er und frühen 1990er Jahren genannt werden.

Dieser Zusammenhang, der auf den ersten Blick sehr überzeugend ist, sollte jedoch im Kontext von Good Governance kritisch hinterfragt werden. Zunächst ist zu berücksichtigen, dass autoritäre Regime neben ihrem wirtschaftlichen Erfolg auch viele gesellschaftspolitische Probleme verursacht haben bzw. auch heute noch verursachen. Beispielhaft ist die Verletzung von Menschenrechten, aber auch die Unterdrückung freiheitlicher gesellschaftlicher Strukturen wie z. B. das Verbot von Interessenverbänden zu nennen, wie das in Südkorea lange zu beobachten war. Hierfür ist auch China ein besonders offensichtliches Beispiel. Daher stellt sich heute die Frage, ob demokratische oder autoritäre Regierungen bei der Einführung und Umsetzung einer Nachhaltigkeitsstrategie erfolgreicher sind. Hierzu gibt es noch einen großen Forschungsbedarf.

Aus ökonomischer Sicht kann man in diesem Zusammenhang von Opportunitätskosten sprechen, die besonders den Gegnern des autoritären Regimes entstehen, wenn sie für ihre – nach demokratischen Regeln – legitimen Forderungen bestraft werden. Opportunitätskosten entstehen also Wirtschaftssubjekten bzw. Bürgern, wenn sie sich für eine von mehreren Entscheidungsalternativen entschließen. Damit gehen ihnen die Vorteile, die ihnen die anderen Alternativen gebracht hätten, verloren. Opportunitätskosten sind also „Alternativkosten." Es besteht kein Zweifel, dass autoritäre Regime mit der indirekten Methode der Armutsbekämpfung, die grundsätzlich wachstumsorientiert ist, im Sinne rascher ökonomischer Erfolge erfolgreicher als demokratische Regime mit der direkten Methode z. B. von Einkommenstransfers sind. Es ist jedoch unbestritten, dass sich autoritäre Regime negativ auf die Anforderungen von Good Governance, z.B. auf Partizipation und Freiheitsrechte einer Gesellschaft, auswirken.

Aus der Perspektive der Neuen Politischen Ökonomie besteht der Unterschied hauptsächlich darin, dass die direkte Methode in demokratischen Ländern klar und transparent ist und von den unterschiedlichen politischen Parteien bzw. Interessengruppen gefordert wird. Gleichzeitig gibt es in der Regel jedoch zwischen den regierenden Parteien bzw. der Regierung und den Oppositionsparteien, aber auch zwischen den gesellschaftlichen Interessengruppen intensive Kontroversen über die „richtigen bzw. notwendigen Maßnahmen zur nachhaltigen Entwicklung". Das kann effiziente oder notwendige Entscheidungen hinsichtlich einer nachhaltigen Armutsreduktion be- bzw. verhindern. Dieser Effekt kann bei schwachen Regierungen, d. h. bei einem hohen Grad an Korruption bzw. bei Unvermögen, Entscheidungen durchzusetzen, noch verstärkt werden. Hier könnte der Digitalisierung eine positive Bedeutung zukommen (vgl. Exkurs Digitalisierung in Abschnitt 6.2).

Es wurde aufgezeigt, dass die Rahmenbedingungen Indiens im Zusammenhang von Good Governance zunächst positiv zu beurteilen sind. Nun kommt das Dilemma: Es konnte aus der Perspektive der Neuen Politischen Ökonomie erklärt werden, warum Indien wirtschaftlich, d. h. auch bei der Armutsbekämpfung, weniger erfolgreich war als eine Reihe südost- und besonders ostasiatischer Länder, obwohl diese eine schlechtere Performance, gemessen an den Anforderungen des Paradigmas von Good Governance, hatten. Die Differenzierung bzw. Klassifizierung in bestimmte Ländertypen wie demokratische Staaten mit schwachem oder starkem Staat oder schwach oder stark autoritäre Regime reicht nicht aus, um daraus eindeutige Erkenntnisse für die Begründung der wirtschaftlichen Entwicklung ableiten zu können. Aus diesem Grund stellt sich die Frage, in welchem Maße Indien dem Anspruch von Good Governance gerecht wird bzw. wo die Stärken und Schwächen hinsichtlich der Gestaltung und Umsetzung von Good Governance Strukturen liegen.

7.3 Anspruch und Wirklichkeit von Good Governance in Indien

Eine erste Orientierung für Good Governance in Indien formulierte Jawaharlal Nehru. In seiner berühmten Rede „*Tryst with Destiny*" am 14. August 1947 stellte er fest:

„*Long years ago we made a* **tryst with destiny**, *and now the time comes when we shall redeem our pledge, not wholly or in full measure, but very substantially. At the stroke of the midnight hour, when the world sleeps, India will awake to life and freedom.*"

Für ihn war die zentrale Herausforderung das „*Ende von Armut und Unwissenheit und Krankheit und Ungleichheit der Chancen*". Daher ist das Prinzip der verantwortungsvollen Staatsführung für die indische Gesellschaft nicht neu. Im Rahmen der fünfzigjährigen Unabhängigkeit Indiens im Jahr 1997 kam es zu einer Umfrage der Bevölkerung über die wichtigsten Probleme des Landes. Dabei wurde deutlich, dass überwiegend Probleme genannt wurden, die einen unmittelbaren Bezug zu Good Governance haben (Ray 1999, S. 48):

- Indien wird als Nation in den nächsten fünfzig Jahren auseinander fallen (47 %),
- die Situation von Recht und Ordnung ist heute schlechter als unter der britischen Kolonialzeit (43 %),
- Politiker sind unehrlich bzw. unredlich (55 %); nur 6 % glauben, dass Politiker ehrlich sind,
- Polizisten sind unehrlich (60%); nur 7 % glauben, dass sie ehrlich sind,
- 51% der Bevölkerung glauben daran, dass 51 % der Parlamentarier nicht im Geringsten an der Lösung der Probleme der Wähler interessiert sind.

Auf die Frage, welches der Probleme ihrer Meinung nach in diesem Zusammenhang die größte Belastung für das Land habe, antworteten 34% der Befragten die Korruption, 20% nannten die Arbeitslosigkeit und 18% die Preissteigerungen, die wachsende Umweltbelastung nimmt ebenfalls eine hohen Stellenwert ein. Die Antworten und Ein-schätzungen der Befragten zeigen klar, dass die Befragten nur ein eingeschränktes Vertrauen in die politischen Entscheidungsprozesse des Landes, die Politiker und ihre Politik, aber auch in die Administration und sonstige öffentliche Personen mit einer machtvollen Position haben. Diese Einschätzung wird auch von Drèze und Senn bestätigt. (2014) So ist davon auszugehen, dass bei einer Befragung der Bevölkerung die Agenda 2030 mit den 17 SDGs eine hohe Akzeptanz finden würde.

Eine neuere Analyse ist in dem Human Development Report von 2013 zu finden, die jedoch nicht deckungsgleich mit der zuvor aufgezeigten Befragung ist. Die Werte zeigen jedoch, dass die indische Gesellschaft in wichtigen Lebensbereichen eher unzufrieden ist (Gesundheitsversorgung, Lebensstandard, lokaler Arbeitsmarkt, Umweltschutz, Vertrau-en in andere Menschen), was sich ganz zentral auf Politiker bezieht. Insofern haben sich die Probleme bzw. Herausforderungen nicht wesentlich geändert.

Criteria	Unit	2011	2012	2013
Satisfaction with education quality	% satisfied		69	
Satisfaction with health care quality	% satisfied		48	
Satisfaction with standard of living	% satisfied			47
Satisfaction with job	% satisfied		67	
Perception of safety	% Answering yes		61	
Satisfaction with freedom of choice	% satisfied		57	
Satisfaction with local labour market	% Answering yes		30	
Trust in other people	% Answering can be trusted	20		
Satisfaction with community	% Answering yes		75	
Satisfaction with efforts to deal with the poor	% satisfied			39
Satisfaction with actions to preserve the environment	% satisfied			40
Trust in national government	% Answering yes		54	
Overall Life Satisfaction Index	0 = at least satisfied, 10 = most satisfied: 4,6			

Tabelle 4: Bewertung der verschiedenen Lebensbereiche in Indien durch die Bevölkerung
Quelle: UNDP 2013

Betrachtet man Good Governance als Prozess, so kommt es neben den langfristig verfestigten Problemen auch zu neuen Problemfeldern. Für die aktuelle Stärkung von Good Governance in Indien nennen Zargar und Sheikh folgende Herausforderungen (2018, S. 62 ff):

- Verbesserung bzw. Stärkung der Förderung von Frauen;
- Bekämpfung der wachsenden Häufigkeit von Gewalt;
- wirksame Bekämpfung von Korruption;
- Verringerung von Wartezeiten bei der Justiz;
- Erhöhung der Effizienz des Verwaltungssystems durch Zentralisierung;
- Verringerung der Kriminalität in der Politik;

- Empowerment sozial und wirtschaftlich unterprivilegierter Menschen;
- Verbesserung des Umweltschutzes und nachhaltiger Entwicklung;
- Herausforderungen der Globalisierung, Liberalisierung und Marktwirtschaft lösen.

Trotz vieler Erfolge gibt es in Indien noch viele Herausforderungen für ein Good-Governance-System. Korruption ist dabei eine der größten, bisher unbewältigten, Herausforderungen, die die Effizienz der Verwaltung und die Armutsbekämpfung beeinträchtigt. Hemmnisse bei der Erbringung von Dienstleistungen besonders für die unterprivilegieren Menschen müssen beseitigt werden. Es ist auch notwendig, einen nicht diskretionären Ansatz bei der Entscheidungsfindung zu verfolgen und eine wechselseitige Kommunikation mit den betroffenen Menschen zu initiieren. Governance ist ein ganzheitlicher Ansatz, der alle Bereiche des Staates einbezieht, einschließlich der Realisierung von Gerechtigkeit. Die Notwendigkeit von Justizreformen und die Einleitung von Maßnahmen wie der verstärkte Einsatz von Informationstechnologien zur Klärung anhängiger Gerichtsverfahren ist dabei von großer Bedeutung. (Zargar, Sheikh 2018, S. 63)

Ein Vergleich von Good Governance Strukturen lässt sich zwischen Ländern durch den Good Governance Index vornehmen. Hierfür werden die folgenden fünf Determinanten zu Grunde gelegt:

- Frieden / Sicherheit
- Demokratie / Rechtsstaatlichkeit
- Menschenrechte / Partizipation
- nachhaltige Entwicklung
- menschliche Entwicklung

Auf der Grundlage aufwendiger Berechnungsmethoden berechnet die Weltbank für jede einzelne Dimension den jeweiligen Wert. Daraus ergeben sich Einzelindikatoren, die zu einem Gesamtindex zusammen geführt werden. Aus der folgenden Weltkarte ist zu erkennen, wo die einzelnen Länder einzuordnen sind. Entsprechend ist Indien der unteren Hälfte der Länder einzuordnen.

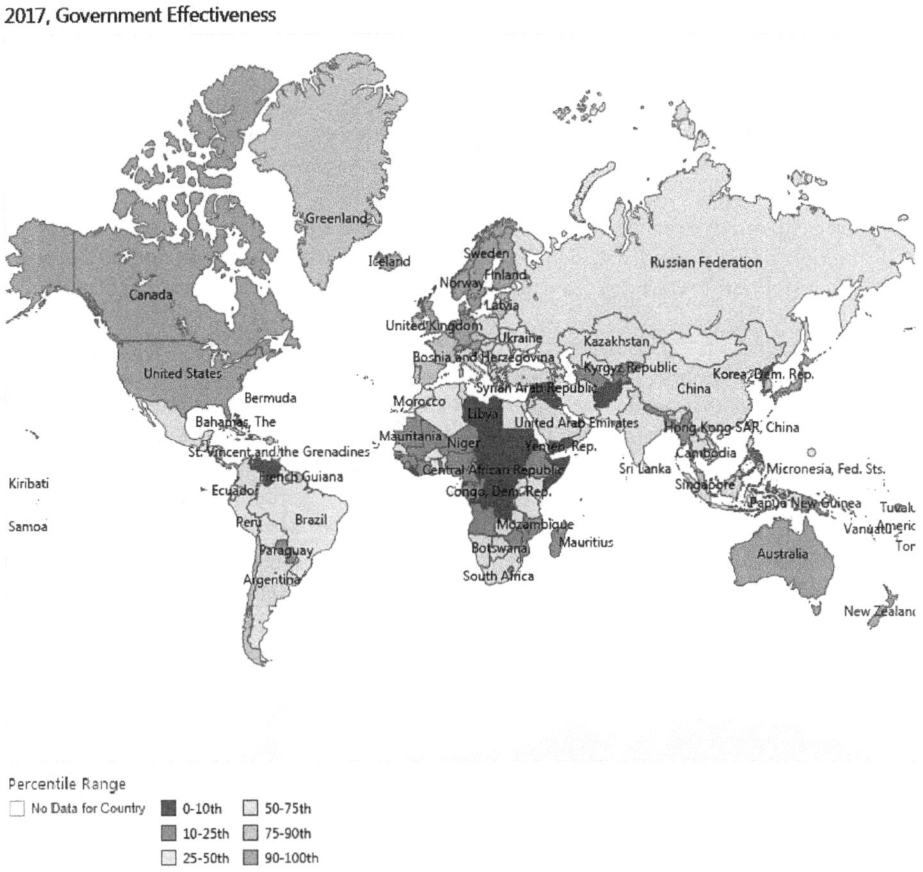

Abbildung 19: Weltweite Übersicht der Government Effectiveness
Quelle: Worldwide Governance Indicators, Worldbank,
http://info.worldbank.org/governance/wgi/index.aspx#reports

7.3.1 Bürokratie als Hemmnis von Good Governance

Die Theorie der Bürokratie ist – wie schon erwähnt – neben der Theorie der Demokratie, der Diktatur und der Interessengruppen ein zentraler Forschungsgegenstand der Neuen Politischen Ökonomie (Neck, Schneider 2013). Die Aufgabe von Bürokratien ist im Prinzip die Ausführung politischer Entscheidung durch die Bereitstellung öffentlicher Güter bzw. Leistungen. Dabei ist jedoch zu berücksichtigen, dass die ausführenden Personen, also die Bürokraten, durchaus eigene Interessen haben können. Diskretionäres Handeln, d.h. den individuellen Nutzen bzw. den Nutzen der eigenen Gruppe zu maximieren, kann in der Neuen Politischen Ökonomie mit Hilfe des Principal-Agent-Ansatzes erklärt werden. Entscheidend ist, dass die einzelnen Bürokraten (Agent bzw. Auftragnehmer) in ihrer Leistungserstellung nicht vollständig vom Bürger und dessen Vertretern, den Politikern (Principal bzw. Auftraggeber), kontrollierbar sind.

Der Agent hat gegenüber dem Prinzipal oft einen Inforationsvorsprung, indem er nützliches Wissen hat, das der Prinzipal nicht hat aber eigentlich benötigt. Hier stellt sich die Frage, warum der Agent sein Wissen uneigennützig teilen sollte. Daher kann es dazu kommen, dass Agent und Prinzipal unterschiedliche Ziele verfolgen. So erlässt z.B. die Regierung (Prinzipal) eines Entwicklungslandes Programme zur Verringerung von Hunger und Armut. Sie sollen von Bürokraten (Agent) umgesetzt werden. Dabei kann es durchaus dazu kommen, dass die Bürokraten (Agent) sich an den Programmen bereichern, d.h. nur ein Teil der Programme bei der Zielgruppe ankommt. Das ist natürlich im Sinne des Prinzipals nicht erwünscht. Hier sollte eine Lösung gefunden werden wie verhindert wird, dass der Agent seinen Vorteil gegenüber dem Prinzipal ausspielt.

Nach der Unabhängigkeit im Jahr 1947 erhielt Indien nach knapp 200 Jahren britischer Kolonialherrschaft dem Modell der *„Westminster-Demokratie" zugerechnet.* Die größte Demokratie entspricht nach dieser Vorstellung dem britischen Regierungssystem einer parlamentarischen Demokratie. Dabei gilt jedoch zu berücksichtigen, dass sich das Westminster-Modell sich am besten für homogene Gesellschaften eignet. Dagegen entspricht Indien eher einer heterogenen Gesellschaft für das sich das konsensdemokratische Modell eignet. Jürgenmeyer kommt jedoch zu der Erkenntnis, dass Indien beiden Modellen nicht entspricht. Indien geht vielmehr in Richtung Mehrheitsdemokratie (Jürgenmeyer 2007, S. 134). Dennoch nimmt die Bürokratie in Indien eine wichtige Rolle ein *„in translating government policies into actions. It also gives practical shapes to the constitutional provisions contributes in institutional building, relevant to the progress of individuals and the community.*" (Ray 1999, S. 98)

Fragt man nun nach den Besonderheiten der Bürokratie in Indien, so wird zunächst deutlich, dass das System wegen der praktizierten Rekrutierung von Mitarbeitern bekannt geworden ist. Dabei handelt es sich um ein System der personellen Rekrutierung der Bürokratie nach ganz speziellen Anforderungskriterien. Danach werden die Mitarbeiter in Indien eher nach einem spezifischen Karrieremuster als den entsprechenden Anforderungen des Arbeitsplatzes eingestellt. Hierzu gibt es ein strenges Auswahlverfahren. Zusätzlich ist zu berücksichtigen, dass in Indien nur für eine relativ kleine privilegierte Minderheit die Möglichkeit einer guten Schulbildung und berufsqualifizierenden Ausbildung offensteht (v. Hauff, Veling 2018, S. 68 ff).

Daher ist nicht davon auszugehen, dass in den entscheidungsrelevanten bürokratischen Institutionen die Vielfalt von Interessenlagen der Bevölkerung repräsentiert und bei der Umsetzung von politischen Entscheidungen auch vertreten werden (Zur Funktionsweise der demokratischen Institutionen in Indien vgl. die treffende Analyse von Drèze, Sen 2014, S. 273 ff). Es kommt in den entscheidungsrelevanten bürokratischen Institutionen vielmehr zu einem „*Filterprozess*", bei dem die Interessenlagen der privilegierten Gruppen, d. h. der sozioökonomischen Gruppen, zu denen die Verantwortlichen in den Bürokratien gehören, besondere Beachtung finden. Dies steht dem Partizipationsprinzip, wie es den Anforderungen von Good Governance und nachhaltiger Entwicklung entspricht, entgegen.

Eine vergleichbare Situation der Rekrutierung von politischen Akteuren in Indien ist auch in der Politik vorzufinden. Das führt zu einem Multiplikatoreffekt bei der Interessenwahrnehmung und -vertretung. In diesem Zusammenhang wird auch von einer „*coalition of well-off farmers, industrialists, and business, who use resources to feather their own nests rather than building the productive capacity of the Indian economy*" gesprochen. (Ray 1999, S. 61)

Die Interessenlagen der weniger privilegierten Gruppen in Indien, besonders jene der Armutsbevölkerung bzw. unteren Kasten, finden bei dieser Struktur der politischen Entscheidungsfindung bzw. Umsetzung durch die bürokratische Administration kaum Beachtung (v. Hauff, Veling 2017, S. 153 ff). Diese Strukturmerkmale führen weiterhin zu einer starken Informationsasymmetrie zwischen den verschiedenen gesellschaftlichen Gruppen, da die privilegierten Gruppen, d. h. die Nutznießer des Systems, daran interessiert sind, ihre privilegierte Lebenslage zu erhalten bzw. zu verbessern. Das entspricht im Prinzip der Principal-Agent-Theorie. Sie werden also die Informationen zurückhalten, deren Weitergabe die Lebenslage der weniger privilegierten Gruppen verbessern und ihre eigene Lebenslage beeinträchtigen könnte. Dadurch kommt es sowohl zu einer Behinderung intragenerationeller als auch intergenerationeller Gerechtigkeit.

Es besteht in der Neuen Politischen Ökonomie ein breiter Konsens, dass ein Mangel an politischem Wettbewerb und die bewusste Vernachlässigung bestimmter gesellschaftlicher Interessenlagen die Entstehung von Innovationen in starkem Maße behindert. Das gilt besonders für die Entwicklung und Umsetzung sozialer Innovationen. In diesem System gibt es wenig Anreize bzw. eine geringe Motivation, gesellschaftliche Innovationen zu generieren, solange sie nicht der eigenen Lebenslage dienlich sind. Daraus begründet sich eines der wesentlichen Hemmnisse für die Entwicklung und Implementierung einer innovativen und effektiven Nachhaltigkeitsstrategie. Es ist jedoch zu erwarten, dass dieses System durch die zunehmende Verbreitung der Informations- und

Kommunikationstechnologien, die zu einem Abbau der Informationsasymmetrie führen können, „*aufgeweicht*" und damit verändert wird.

Die weitergehende Differenzierung von Gulati macht diese Zusammenhänge noch deutlicher. Er weist darauf hin, dass in Indien drei verschiedene Ebenen der Bürokratie zu unterscheiden sind (Gulati 1999, S. 114 ff), wobei die Probleme, die sich dahinter verbergen von Drèze und Senn sehr differenziert aufgezeigt werden. (Drèze, Senn 2014, S. 100 ff)

- Die bürokratisch-technische Elite wirkt entscheidend bei der Gestaltung bzw. Formulierung der Politik mit. Es handelt sich um Personen, die die Funktion eines „*advisor to a minister*" haben oder zu der „*Planning Commission*" oder zu einem staatlichen Forschungsinstitut gehören. Sie verfügen über einen Hochschulabschluss und stammen häufig aus dem Indian Administrative Service (IAS).
- Die bürokratische Mittelschicht ist oft in öffentlichen Verwaltungsinstitutionen oder in Staatsbetrieben in leitender Position tätig. Sie hat jedoch ein relativ geringes Einkommen. Daher besteht bei dieser Gruppe eine gewisse Affinität, ihr Einkommen auf nicht immer korrekte Weise zu verbessern. Hierfür lässt sich auch der Begriff der Korruption verwenden.
- Die organisierte Bürokratie bezieht sich primär auf die gewerkschaftlich organisierte Bürokratie, die überwiegend in der öffentlichen Verwaltung oder in Staatsunternehmen verankert ist. Sie ist primär für die Implementierung der Fünf-Jahres-Pläne zuständig und an der Erhaltung bzw. Erweiterung ihres Tätigkeitsspektrums interessiert. Auch daraus leitet sich eine gewisse Neigung zur Korruption ab. Maßnahmen zum Abbau der Bürokratie werden von ihr bekämpft. Daraus begründet sich ein immanenter Konflikt zwischen der Liberalisierungspolitik und der Interessenlage der Vertreter dieser Bürokratieebene.

Aus der Analyse der Bürokratie als Hemmnis von Good Governance in Indien wurde nicht nur diese Beziehungsstruktur deutlich. Es wurden auch schon einige Hinweise auf Korruption als Hemmnis von Good Governance gegeben, die im Folgenden weiter vertieft werden.

7.3.2 Korruption als Hemmnis von Good Governance

Das Ausmaß der Korruption ist, wie schon aufgezeigt wurde, ein wichtiger Indikator für die Defizite von Good Governance. Anders formuliert: Korruption beeinträchtigt die Existenz bzw. die Entwicklung von Good Governance-Strukturen und die Umsetzung der Agenda 2030 mit den 17 SDGs. Korruption zeichnet sich durch den Missbrauch öffentlicher und/oder privater Mittel zur eigenen Bereicherung aus. Das Korruptionsniveau in einem Land spiegelt die zugrundeliegenden ökonomischen, rechtlichen, politischen und sozialen Institutionen wider und kann als Antwort auf ein bestehendes schlechtes Regelwerk verstanden werden (Stöver 2014, S. 30). In der volkswirtschaftlichen Theorie wird Korruption vielfach als zusätzliche Steuer oder Abgabe eingeordnet. Davon sind viele Bevölkerungsgruppen betroffen, wobei die Armutsbevölkerung unter Korruption besonders zu leiden hat, da viele Entwicklungsprogramme nicht oder nur in eingeschränktem Maße bei ihnen ankommen.

Auf die negativen Auswirkungen von Korruption sowohl aus ökonomischer als auch gesellschaftlicher und ökologischer Perspektive, d.h. aus der Perspektive nachhaltiger Entwicklung, soll hier noch einmal nachdrücklich hingewiesen werden. Hierzu gibt es in Entwicklungs- aber auch Industrieländern einen breiten Konsens (Drèze, Sen 2014, S. 213). In den folgenden Ausführungen geht es primär um die Politische Ökonomie der Korruption, die in der wissenschaftlichen Diskussion eine besondere Beachtung gefunden hat.

In den letzten Jahren ging es besonders in Entwicklungsländern sowohl um die Analyse und Quantifizierung von Korruption als auch um die Ursachen und die Politik der Bekämpfung von Korruption. Die Vereinten Nationen, die Weltbank und andere internationale Organisationen und Geberländer fordern von Entwicklungsländern zunehmend ein, dass die verschiedenen Formen und Mechanismen der Korruption verstärkt bekämpft werden. Insofern wird die aktive und erfolgreiche Bekämpfung von Korruption für die Entwicklungszusammenarbeit eine wichtige Bedingung.

Zunächst werden einige für Indien grundlegende Aspekte der Korruption und anschließend aktuelle Tendenzen sowie das Problem der Quantifizierung von Korruption aufgezeigt. Paul nennt für Indien vier wesentliche Gründe für Korruption, die ebenfalls auf der Grundlage der Principal-Agent-Theorie begründet werden können (Paul 2017, S. 31 ff):

[1] Unwissenheit und mangelndes Bewusstsein der Bürger über ihre Rechte und traditionelle Praktiken bei der Zahlung von Bestechungsgeldern an Beamte,

[2] die Besonderheit der Regierung und ihre Funktionsweise schaffen Spielräume und Möglichkeiten für Korruption,

[3] der Missbrauch öffentlicher Macht für private Zwecke hätte minimiert werden können, wenn die Regierung die Fähigkeit und das Engagement gehabt hätte, ihre Aktivitäten, Strategien und Programme regelmäßig zu überwachen (Monitoringsystem),

[4] da den Bürgern ihre Rechte nicht bekannt sind und ihnen Informationen über die Bedingungen und ihre Transaktionen mit Regierungsbehörden verweigert werden, kann die Erbringung wichtiger öffentlicher Dienstleistungen zu einem wesentlichen Grund für Korruption werden.

Aus den Ursachen von Korruption lassen sich im Prinzip schon Maßnahmen der Gegenwehr ableiten. Um sich der Korruption zu erwehren, sind aber auch Kenntnisse über relevante Informationen und die entstehenden Kosten erforderlich (Kosten der Informationsbeschaffung). Aber auch die Durchsetzung der Rechte ist in der Regel mit Kosten verbunden (Opportunitätskosten), wobei ein Erfolg, die Rechte durchzusetzen, nicht garantiert ist.

Auf der Ebene der subjektiven Wahrnehmung durch die Bevölkerung kann festgestellt werden, dass ein großer Teil der Bevölkerung in Indien unter Korruption leidet.

„The vast majority of Indians say transparency is their number one concern, according to polls before the recent election, with figures peaking at over 90% among young voters. People are right to be concerned. Transparency issues are not just a daily irritation, they are a drag on the whole economy, hampering competitiveness, growth and development. For example, corruption in connection with border administration – and the associated inefficiencies, delays and lack of predictability – is part of the explanation for India ranking 96th out of 138 countries in the Forum's latest Global Enabling Trade Report. India is home to 23% of the world's population, but sees only 2% of global trade." (Metha 2014, S. 2)

Das gilt besonders für die ländliche Bevölkerung, die Korruption neben Armut, Umweltverschmutzung und Arbeitslosigkeit als besonders belastend empfindet (Paul 1997; Drèze, Sen 2014, S. 110). Die mangelnde Bildung und die mangelnden Kenntnisse der rechtlichen Ansprüche vieler Menschen besonders auf dem Land sind – wie oben schon erwähnt – eine Ursache der weitverbreiteten Korruption. Für eine Stärkung der Property Rights der Bevölkerung ist daher eine faire und speditive Justiz notwendig (Gulati 1999, S. 177). Dabei versteht man unter Property Rights das Recht über Eigentum zu verfügen.

Ein wesentliches Problem für die ländliche Bevölkerung und hier besonders für die unteren Kasten und Adivasis (Ureinwohner Indiens) ist, dass sie oft kein schriftlich besiegeltes Recht auf Landeigentum haben. Daher werden sie im Zusammenhang mit großen Infrastrukturprojekten bzw. von privaten Konzernen, die z.B. Ressourcen abbauen wollen, oft ohne entsprechende Kompensationen verdrängt. Dabei kann festgestellt werden, dass das Fehlen von Eigentumsrechten bzw. deren Missachtung zu Marktversagen führt und daher staatliches Eingreifen notwendig macht, das jedoch oft ausbleibt.

Die Mechanismen und Folgen der Korruption sind in vielen Fallstudien hinreichend dokumentiert. Die Verbreitung von Korruption bzw. Fehlverhalten wird noch durch weitere Indikatoren bestätigt. Schätzungen gehen davon aus, dass in Indien seit der Unabhängigkeit 2 Billionen US-$ Finanzkapital nicht versteuert und 500 Milliarden US-$ illegal aus dem Land transferiert wurden. Dadurch entgingen dem Staat hohe Steuereinnahmen, die für Armutsbekämpfung, Bildung, Gesundheit, aber auch Infrastrukturausbau dringend benötigt werden. Das war ein wesentlicher Grund, dass Ministerpräsident Modi am ersten Tag nach seiner gewonnenen Wahl im Jahr 2014 ein Ermittlerteam gegen Steuersünder einsetzte, was jedoch die Ministerpräsidenten vor Modi bereits in ähnlicher Weise initiierten.

Die Weltbank erhebt weiterhin Daten über die Möglichkeiten bzw. die Bedingungen, in Ländern ein Unternehmen zu gründen und zu betreiben. Indien lag im Jahr 2017 auf Platz 81 von 180 untersuchten Ländern mit einem CPI-Wert von 40. Damit liegt Indien gleichauf mit der Türkei, Marokko und Ghana. Indien hat sich jedoch seit 2010 (CPI-Wert 33) verbessert. Besondere Schwierigkeiten treten aber immer noch bei der Gründung eines Unternehmens (Platz 165), bei dem Umgang mit Baugenehmigungen (Platz 177) und bei der Durchsetzung von Verträgen (Platz 182) auf (Stöver 2014, S. 33). In dem folgenden Schaubild wird aufgezeigt, wo Indien im internationalen Maßstab der Korruption steht.

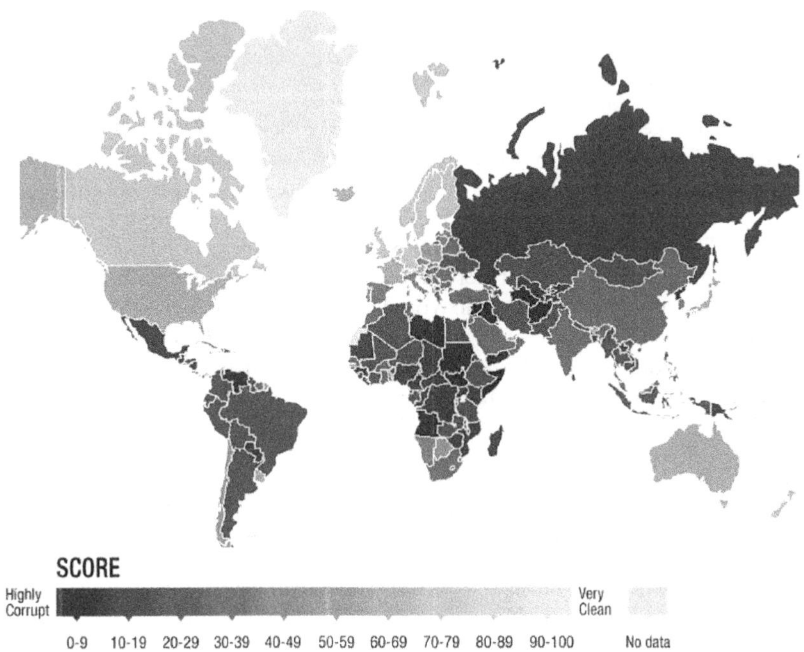

Abbildung 20: Indien im internationalen Maßstab der Korruption
Quelle: http://thailandtip.info/2018/02/26/thailand-kann-seine-position-beim-korruptionswahrnehmungsindex-2017-verbessern/

Es gibt eine Reihe von Faktoren, die Korruption fördern, wie z. B. Überregulierung, mangelnde Transparenz bei Entscheidungsprozessen und der Mangel an Einrichtungen, denen Korruptionsvorfälle gemeldet werden können, die diese auch gewissenhaft registrieren und konsequent verfolgen und sanktionieren. Das wäre eine wichtige Voraussetzung für eine Verringerung von Korruption. Dadurch könnte besonders die bisher von Korruption betroffene Bevölkerung auch wieder Vertrauen gewinnen. Ein weiteres Problem besteht darin, dass Korruption von vielen Bürokraten und Politikern nicht mehr als etwas Unmoralisches bzw. Beschämendes empfunden oder betrachtet wird. Weitere Beispiele für Korruption in Indien zeigen Drèze und Senn auf (2014, S. 100 ff). Besonders problematisch ist, dass Korruption oft auf höchster politischer Ebene stattfindet, obwohl es in den letzten Dekaden auch immer wieder aufsehenerregende Korruptionsprozesse mit entsprechender Bestrafung von hohen politischen Vertretern gab. Das Phänomen, wonach hohe politische Amtsträger in Korruptionsvorfälle involviert sind, ist in Indien jedoch nicht neu.

„*However, what is new is that other countries are making every effort to address this issue constructively, whereas India only plays lip service to the eradication or reduction of corrupt practices.*" (Ray 1999, S. 76)

Im Folgenden geht es nun um einige aktuelle Tendenzen. Positiv hervorzuheben ist zunächst, dass in Südasien alle größeren Länder außer Sri Lanka und Afghanistan die Anti-Corruption Initiative, die für den asiatisch-pazifischen Raum von der Asian Development Bank-Organisation for Economic Cooperation and Development (ADB-OECD) vorgelegt wurde, im November 2001 unterzeichnet haben. Somit hat sich auch Indien dazu verpflichtet, einen „Anti-Corruption Action Plan" innerhalb von 18 Monaten zu entwickeln (Transparency International 2003, S. 154). Das hat sich jedoch nach Erkenntnissen von Transparency International bisher weder im öffentlichen noch im privatwirtschaftlichen Sektor nachhaltig ausgewirkt. So gab es auch in dem Zeitraum von 2001-2003 und auch in den folgenden Jahren in Indien wieder eine Vielzahl von Korruptionsfällen.

Heute besteht ein breiter Konsens, dass es in Indien eines umfassenden institutionellen Wandels bedarf, um Korruption stärker zurück zu drängen. Noch sind viele Beamte geneigt, das zu hohen Preisen zu verkaufen, was sie im Rahmen ihrer Tätigkeit eigentlich kostenlos zu leisten hätten. Oder Beamte fordern von den Empfängern der Entwicklungsprogramme, für deren korrekte Abwicklung sie verantwortlich sind, eine materielle Beteiligung. Das ist die Voraussetzung dafür, dass die legitimierten Empfänger nur bedingt in den Genuss der geplanten Maßnahmen bzw. Programme kommen. Dadurch wird vielen Menschen Unterstützung und Hilfe im Rahmen von staatlichen Programmen entzogen bzw. verringert, die diese Leistungen aufgrund ihrer Lebenslage dringend benötigen und lässt sie jenen zukommen, die die Verantwortung für eine zweckgebundene Zuweisung an spezifische Zielgruppen haben.

Drèze und Sen sehen dennoch verschiedene Ansatzpunkte für eine Verringerung von Korruption in Indien (2014, S. 115 ff). Sie erwarten einen institutionellen Wandel, der dadurch gefördert werden kann, dass Korruption in zunehmendem Maße sichtbar und nicht länger verschleiert wird. Eine wichtige Voraussetzung hierfür ist die Förderung von Transparenz und der umfassende Zugang zu Informationen, was durch die Kommunikationsmedien verbessert werden kann. Eine wichtige Bedingung hierfür ist aber, dass alle Mitglieder der Bevölkerung durch eine verbesserte Bildung mehr Selbstbewusstsein entwickeln und sich zunehmend an staatliche Einrichtungen zur Bekämpfung von Korruption wenden.

Das Gesetz „*Right to Information Act*", das 2005 verabschiedet wurde, hat bereits einen Beitrag zu mehr Transparenz geleistet. Hinzu kommt – wie schon ausgeführt – eine starke Ausbreitung der Informationstechnologien, die zu einem intensiven Austausch von Informationen innerhalb der Bevölkerung geführt haben. Eine kreative Medienarbeit (auch in den sozialen Medien) kann den Prozess der Korruptionsbekämpfung zusätzlich fördern. Obwohl die Zahl strafrechtlicher Verfahren noch relativ gering ist, haben strafrechtliche Ermittlungen gegen prominente Personen und deren Verurteilung wegen Korruption in Indien viel Aufmerksamkeit erfahren. Diese wenigen Hinweise verdeutlichen, dass Wandel möglich ist. So hatte der schon erwähnte „*Right to Information Act*" eine Reihe von radikalen Änderungen zur Folge, wobei dieser Act nur ein Beispiel für verschiedene gesetzgeberische und institutionelle Änderungen ist.

7.4 Bewertung aktueller Entwicklungstendenzen

Indien weist hinsichtlich des Konzeptes Good Governance grundsätzlich positive Rahmenbedingungen und Entwicklungstendenzen auf: Indien ist weltweit die größte Demokratie mit einer föderalistischen Struktur. Weiterhin zeichnet sich Indien im Verhältnis zu vielen anderen Staaten in der Region durch eine beachtliche politische und wirtschaftliche Stabilität aus. Die soziale, kulturelle und religiöse Vielfalt der Bevölkerung weist – abgesehen von einigen regionalen Problemen, die jedoch an Bedeutung gewinnen – relativ geringe Konfliktpotenziale auf. Der wachsende Hindu-Fundamentalismus könnte jedoch zu einer Verschärfung führen, was dem SDG 16 widersprechen würde. Schließlich wird teilweise noch auf die lange Tradition von „*grassroots participation*" hingewiesen, die durch eine Vielzahl von „*Non Governmental Organizations* (NGOs)" gestärkt wird. Insofern sind – zumindest auf den ersten Blick – leistungsfähige Good-Governance-Strukturen als Voraussetzung für eine erfolgreiche Entwicklung und Implementierung einer nationalen Strategie nachhaltiger Entwicklung gegeben.

In den vergangenen Jahren wurde jedoch die Diskussion über Good Governance in Indien intensiver. Dabei ist zu berücksichtigen, dass Good Governance nicht nur in Indien, sondern auch auf internationaler Ebene eine beachtliche Aufmerksamkeit erfahren hat. „*Gute Staatsführung*", wie dies auf Regierungen übersetzt wird, wurde auch für die bilaterale und multilaterale Entwicklungszusammenarbeit zu einem wichtigen Vergabekriterium für die Förderung entwicklungspolitischer Projekte bzw. Programme. Das gilt auch für die deutsche Entwicklungszusammenarbeit, da ein Mangel an tragfähigen Governance-Strukturen keine effiziente bzw. effektive Förderung nachhaltiger Entwicklung, d.h. eine Umsetzung der Agenda 2030 und den 17 SDGs, möglich macht.

Die theoretische Begründung von Good Governance aus ökonomischer Perspektive findet hauptsächlich in der Neuen Politischen Ökonomie und auch in der Neuen Institutionenökonomie statt. Aus dieser Sicht stellte sich die Frage nach der Relevanz von Good Governance in Indien. Zunächst ging es um die Diskussion, warum die asiatischen Tigerstaaten mit ihren autoritären politischen Regimen wirtschaftlich erfolgreicher waren als das demokratische Indien. Einer der zentralen Indikatoren hierbei ist die Armutsquote, aber auch die Rate des Wirtschaftswachstums. Das konnte im Rahmen der Differenzierung in direkte und indirekte Methode der Armutsbekämpfung begründet werden.

Schließlich ging es um Anspruch und Wirklichkeit von Good Governance in Indien. Dabei wurde deutlich, dass es hier eine starke Diskrepanz gibt. Aus der Perspektive der Neuen Politischen Ökonomie bieten sich für eine Analyse besonders die Bereiche der Bürokratie und der Korruption an. Zunächst ist auffällig, wie kritisch die öffentliche Wahrnehmung der Bevölkerung in Indien aber auch in vielen anderen Entwicklungsländern hierzu ist. Im Kontext von Bürokratie und Korruption konnte gezeigt werden, dass es in Indien strukturelle Probleme wie ein relativ starkes (Aus-) Bildungsgefälle gibt. Das trägt dazu bei, dass sich Politik und Bürokraten aus einer Bevölkerungsminderheit rekrutieren. Dadurch gehen bestimmte Interessenlagen von großen Bevölkerungsgruppen wie z.B. den Adivasis aber auch der unteren Kasten nur unzureichend in politische Entscheidungsprozesse ein oder werden sogar gezielt unterdrückt. Es kommt systematisch zu Informationsasymmetrien, die große Bevölkerungsgruppen benachteiligen.

Daher gibt es in Indien eine intensive, aber auch sehr kontroverse Diskussion über Möglichkeiten, Good-Governance-Strukturen zu stärken. Einige alternative Ansätze, die wiederum aus der Perspektive der Neuen Politischen Ökonomie relevant sind, werden von Jayal aufgeführt (Jayal 2001, S. 132 ff):

- die Einschränkung von Liberalisierung und Globalisierung,
- einen höheren Grad an partizipatorisch demokratischer Politik,

- eine Stärkung der Civil Society,
- eine stärkere Einbeziehung von NGOs in die
- Implementierung politischer Programme und schließlich
- eine partnerschaftliche Kooperation zwischen Staat und Kommunen.

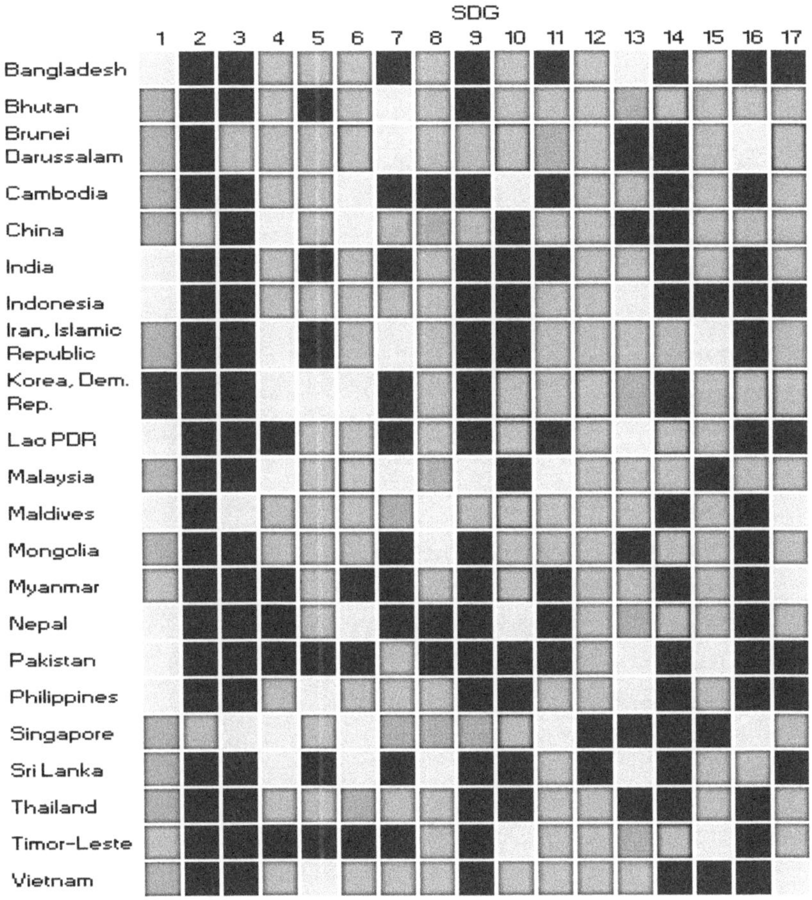

Abbildung 21: Global SDG Index Score und Dashboard für Ost- und Südasien
Quelle: Eigene Darstellung in Anlehnung an Bertelsmann Stiftung, Sustainable Development Solutions Network: SDG Index and Dashboards Report 2018, Global Responsibilities – Implementing the Goals, S. 20
Bewertung/Interpretation: Dunkle Felder unbefriedigend, helle Felder richtige Richtung, mittelhelle Felder noch überwiegend unbefriedigend.

	SDG 1	2	3	4	5	6	7	8	9	10	11	12	13	14	15	16	17
Bangladesh	↑	↗	↗	··	↗	··	↗	→	↗	··	→	··	→	→	↓	→	→
Bhutan	↑	↗	↗	→	↗	··	··	··	··	··	··	··	→	··	→	··	→
Brunei Darussalam	→	↗	↗	→	··	··	↑	··	↗	··	··	··	→	→	↗	↑	··
Cambodia	↑	↗	↗	↗	↗	··	↗	↑	↗	··	→	··	→	→	↓	↓	→
China	↑	↑	↗	··	↗	··	↗	↑	↑	··	→	··	↓	→	→	↓	··
India	↑	↗	↗	··	→	↗	→	↑	↗	··	→	··	→	↗	→	→	→
Indonesia	↑	↗	↗	→	→	↗	↑	↑	↑	··	→	··	→	→	↓	↗	→
Iran, Islamic Republic	→	→	↗	↗	→	··	↗	↑	↗	··	↓	··	↓	→	↓	↓	··
Korea, Dem. Rep.	→	↗	↗	··	↗	↗	↗	··	··	··	··	··	↑	→	→	··	··
Lao PDR	↑	↗	↗	↗	↗	↑	··	··	··	··	→	··	→	··	→	··	→
Malaysia	↑	→	↗	↗	↗	··	↑	↑	↑	··	→	··	↓	↗	→	↗	→
Maldives	↑	↗	↗	↗	→	↗	··	··	··	··	··	··	↓	→	··	··	↑
Mongolia	→	→	↗	↗	↑	↗	→	↑	↑	··	→	··	↓	··	↗	↗	··
Myanmar	↑	↗	↗	↗	↗	→	→	··	··	··	··	··	→	→	↓	··	··
Nepal	↑	↗	↗	··	↗	··	↗	↗	↗	··	→	··	→	··	→	→	↗
Pakistan	↑	↗	→	→	→	··	↗	↗	↗	··	↓	··	→	→	↓	→	··
Philippines	↑	↗	→	↗	↑	↗	→	↗	↑	··	→	··	→	↗	↓	↗	··
Singapore	→	→	↗	··	↗	→	→	→	↑	··	↗	··	↓	→	··	→	··
Sri Lanka	↑	↗	↗	↗	→	↑	→	↑	↗	··	→	··	→	↗	↗	↓	↓
Thailand	→	↗	↗	→	↗	↑	↗	↑	↗	··	↗	··	↓	↗	→	→	→
Timor-Leste	↑	↗	↗	↗	↗	↗	··	··	↑	··	··	··	→	··	··	↓	··
Vietnam	↑	↑	↗	··	↗	↑	↗	↑	↑	··	→	··	→	→	↗	↓	↗

↓ Decreasing → Stagnating ↗ Moderately Increasing ↑ On track → Maintaining SDG achievement

Abbildung 22: SDG Trend Dashboard für Ost- und Südasien
Quelle: Eigene Darstellung in Anlehnung an Bertelsmann Stiftung, Sustainable Development Solutions Network: SDG Index and Dashboards Report 2018, Global Responsibilities – Implementing the Goals, S. 21, 44).

Eine zentrale Bedeutung würde hierbei der Entwicklung und Umsetzung einer nationalen Nachhaltigkeitsstrategie auf der Grundlage der Agenda 2030 und den 17 SDGs zukommen. Die Ausführungen dieses Kapitels haben deutlich gemacht, dass die Voraussetzungen für eine nachhaltige Entwicklung und besonders für die Implementierung einer nationalen Strategie nachhaltiger Entwicklung aus der Perspektive von Good Governance in Indien jedoch noch nicht in ausreichendem Maße gegeben sind (v. Hauff, Veling 2018). Die Abbildung 21 zeigt, in welchem Maße die 17 SDGs in asiatischen Ländern bisher positiv zu bewerten sind. Die mittelgrau markierten Felder sind als sehr positiv und die dunkelgrauen Felder als unbefriedigend zu bewerten. Bei der Abbildung 22 wird durch die Pfeile gezeigt, ob Fortschritte, Stagnation und Rückschritte zu verzeichnen sind.

8 Schlussfolgerungen

In den ersten Dekaden der Entwicklungsländerforschung entstanden bis zu Beginn der 1990er Jahre unterschiedliche Entwicklungstheorien, die sich teilweise ganz wesentlich unterschieden. Die Entwicklungsstrategien, die in diesen Dekaden dominierten, zeigten für die Entwicklungspolitik Handlungsoptionen auf. Das änderte sich erst zu Beginn der 1990er Jahre als das Paradigma der nachhaltigen Entwicklung aufkam und global Zuspruch fand. Das Leitbild „*Nachhaltige Entwicklung*" ist eine normative Vereinbarung der Völkergemeinschaft. Der konkrete Handlungsrahmen wurde zu Beginn durch die Agenda 21 vorgegeben, die auf der Konferenz von Rio de Janeiro im Jahr 1992 von Vertretern von 178 Staaten verabschiedet wurde. Dabei sollten der Handlungsrahmen der Agenda 21 und der „*Plan of Implementation*", wie er auf der Konferenz in Johannisburg im Jahr 2002 verabschiedet wurde, auch für die Entwicklungszusammenarbeit eine hohe Verbindlichkeit haben.

Die Konferenz RIO+20, die erneut in Rio de Janeiro stattfand, stand unter der Forderung einer „*Green Economy*" bei der es um die konkrete Umsetzung nachhaltiger Entwicklung geht. Eine weitere Konkretisierung des Leitbildes nachhaltiger Entwicklung fand 2015 durch die Annahme der Agenda 2030 mit den 17 SDGs statt, die für Entwicklungs- und Industrieländer gültig ist. Dadurch hat sich – zumindest vom Grundsatz her – ein einheitliches Verständnis nachhaltiger Entwicklung entwickelt. Der normative Anspruch nachhaltiger Entwicklung zielt auf die gleichrangige Umsetzung der drei Dimensionen Ökologie, Ökonomie, Soziales ab. Daher war es notwendig, zunächst die drei Dimensionen inhaltlich abzugrenzen. Entsprechend dem Anspruch des Leitbildes sollte es jedoch nicht nur um die inhaltliche Abgrenzung der drei Dimensionen gehen, sondern besonders auch um die Analyse der Komplementarität der drei Dimensionen.

Im Rahmen der nachhaltigen Ökonomie gibt es bisher unterschiedliche Ansätze zur theoretischen Begründung nachhaltiger Entwicklung. Daher ist es notwendig, die unterschiedlichen Ansätze zu klären, um deutlich zu machen, welche Ansätze in welchem Maße dem normativen Leitbild nachhaltiger Entwicklung entsprechen. Zunächst stehen sich die neoklassische Umweltökonomie und die ökologische Ökonomie durch die gegensätzlichen Paradigmen der schwachen und starken Nachhaltigkeit unversöhnlich gegenüber.

Neben der wichtigen Frage, in welchem Maße eine Substitution von Naturkapital durch menschengemachtes Kapital zulässig bzw. konsistent ist, geht es auch um die Kontroverse, ob Wirtschaftswachstum und Umweltschutz gleichzeitig realisierbar sind. Schließlich geht es um die Begründung intra- und intergenerationeller Gerechtigkeit. Auch in diesem Zusammenhang konnte gezeigt werden, dass es verschiedene Gerechtigkeitstheorien gibt, die den Anforderungen nachhaltiger Entwicklung in unterschiedlichem Maße entsprechen.

Die Erkenntnisse der theoretischen Begründungsansätze nachhaltiger Entwicklung bieten schließlich die Grundlage bzw. eine erste Orientierung für nationale Nachhaltigkeitsstrategien. Dabei geht es z.B. um die Frage, ob der schwachen oder starken Nachhaltigkeit eine Priorität zukommt. 1997 verpflichtete sich die Weltgemeinschaft darauf, dass alle Länder im Jahr 2002 eine nationale Nachhaltigkeitsstrategie vorlegen. Dieser Forderung kamen jedoch nur einige wenige Länder nach und die große Mehrzahl der Entwicklungsländer hatten hierzu nur rudimentäre Vorstellungen. Dabei entstanden sehr unterschiedliche Ansätze von Nachhaltigkeitsstrategien.

2015 einigte sich die Völkergemeinschaft auf die Agenda 2030 und die 17 SDGs als gemeinsame Grundlage für eine nationale Nachhaltigkeitsstrategie. Dabei hat sich die Völkergemeinschaft verpflichtet bis 2030 die Ziele und Unterziele, wie sie in den nationalen Nachhaltigkeitsstrategien aufgeführt werden, zu realisieren. Hierbei bietet sich die Möglichkeit der Kooperation zwischen verschiedenen Ländern an. Dazu ist festzustellen, dass sich die Industrieländer in diesem Kontext verpflichtet haben, Entwicklungsländer bei der Erstellung und Umsetzung einer nationalen Nachhaltigkeitsstrategie zu beraten und finanziell zu fördern.

Die Implementierung einer Strategie nachhaltiger Entwicklung auf der Grundlage der Agenda 2030 und den 17 SDGs setzt jedoch nicht nur ein konsistentes methodisches Vorgehen voraus. Es müssen vielmehr leistungsfähige Good-Governance-Strukturen als Bedingung bzw. Voraussetzung für die Entwicklung und Implementierung einer nationalen Nachhaltigkeitsstrategie bestehen. Am Beispiel Indies wurde aufgezeigt, welche positiven, aber auch negativen Faktoren bestehen. Dabei wurde auch gezeigt, wie Good Governance Strukturen weiterentwickelt werden können. Daraus lässt sich schließlich ableiten, welche Strukturen für die Implementierung einer nationalen Strategie nachhaltiger Entwicklung förderlich oder hemmend sind. Dies wurde an dem Beispiel von Bürokratie und Korruption konkretisiert.

Es ist zu erwarten, dass die Völkergemeinschaft die Agenda 2030 mit den 17 SDGs weiter entwickeln wird. Dies hat für die einzelnen Nationen die Konsequenz, dass sie die Weiterentwicklung wahrnehmen und in ihrer nationalen Nachhaltigkeitsstrategie berücksichtigen und umsetzen. Unabhängig hiervon sollten die einzelnen Nationen ihre nationale Nachhaltigkeitsstrategie immer wieder überprüfen und weiterentwickeln. Weiterhin müssen die Indikatoren zu den einzelnen Zielen regelmäßig aktualisiert und überprüft werden, welche Fortschritte bei der Umsetzung der Ziele und ihrer Indikatoren festzustellen sind (Monitoringsystem). Wenn die vorgegebenen Ziele nicht erreicht werden, muss es zu Anpassungsmaßnahmen bzw. -prozessen kommen. Gegebenenfalls muss es bei den 17 SDGs und den Unterzielen zu neuen bzw. veränderten Prioritäten kommen. Damit wird deutlich, dass nationale Nachhaltigkeitsstrategien einem fortdauernden Prozess der Anpassung bzw. Weiterentwicklung gerecht werden müssen.

Abschließend stellt sich die Frage, warum bei der Dringlichkeit vieler Probleme wie Klimawandel, Verlust an Biodiversität, Armut und Hunger in vielen Regionen, bedrohliche Formen der Umweltbelastung, soziale Konflikte in einzelnen Ländern aber auch zwischen Ländern bzw. Regionen die Bemühungen um nachhaltige Entwicklung nicht eine deutlich höhere Dynamik aufweisen. Daran anschließend stellt sich die Frage, wie man die Dynamik lokal regional und global intensivieren kann. Obwohl einige Ursachen bekannt sind, gibt es hier noch Forschungsbedarf.

9 Literaturverzeichnis

Abdalla, I. S.: Heterogeneity and Differentiation. The End of 3rd World, in: Development Dialogue, Bd. 2 1978.

Abramovitz, M.: Catching up, forging ahead, and falling behind, in: The Journal of Economic History, Vol. 46, No. 2, 1986, S. 385-406.

Ahrens, J.: Governance and Economic Development. A Comparative Institutional Approach, Cheltenham 2002.

Akude, J.E.: Theorien der Entwicklungspolitik, Ein Überblick, in: König, J., Thema, J. (Hrsg.): Nachhaltige Entwicklungszusammenarbeit, Wiesbaden 2011.

Bains, M., Herfkens, E.: Entwicklungshilfe, die bei den Ärmsten ankommt – Die Millenniumsentwicklungsziele und die Wirksamkeit der Entwicklungszusammenarbeit, OECD, Paris 2006.

Baran, P.A., Sweezy, P.A.: Monopoly Capital, New York, 1966.

Bertelsmann Stiftung; Sustainable Development Solutions Network: SDG Index and Dashboards Report 2018, Global Responsibilities-Implementing the Goals, July 2018.

Bhagwati, J.: Immiserizing growth: A geometrical note, in: Review of Economic Studies, Band 25, 1958.

Le Blanc, D.: Towards Integration at Last? The Sustainable Development Goals as a Network of Targets, DESA Working Paper No. 141, 2015.

Bleischwitz, R.: Ressourcenproduktivität – Innovationen für Umwelt und Beschäftigung, Berlin/Heidelberg 1998.

BMZ Bundesministerium für wirtschaftliche Zusammenarbeit und Entwicklung (2017): 2030 AGENDA for Sustainable Development – one year on, URL: http://www.bmz.de/en/zentrales_downloadarchiv/ziele/2030_AGENDA_for_Sustainable_Development_one_year_on.pdf, Abrufdatum: 05.04.2017.

BMZ Bundesministerium für wirtschaftliche Zusammenarbeit und Entwicklung: Die digitale Revolution für nachhaltige Entwicklung nutzen. Die digitale Agenda des BMZ, Bonn 2017.

BMZ Bundesministerium für wirtschaftliche Zusammenarbeit und Entwicklung: Technologien für nachhaltige Entwicklung – Durch Digitalisierung die Wirksamkeit steigern, Bonn 2018.

BMZ Bundesministerium für wirtschaftliche Zusammenarbeit und Entwicklung: Digitalisierung für Entwicklung, BMZ/Papier 1, Berlin 2019.

BMZ Bundesministerium für wirtschaftliche Zusammenarbeit und Entwicklung: BMZ Toolkit 2.0 – Digitalisierung in der Entwicklungszusammenarbeit, Bonn 2019.

Boeke, J. H.: Economics and Economic Policy of Dual Societies, New York 1953.

Böll, W.: Staat und Nicht-Regierungsorganisationen in der Entwicklungspolitik – Komplementarität oder Konkurrenz, in: v. Hauff, M., Werner H. (Hrsg.): Komplementarität oder Konkurrenz? Berlin 1991, S. 3-34.

Boulding, K. E.: Die Ökonomie als Moralwissenschaft, in: Boulding, K.E.: Ökonomie als Wissenschaft, München 1976, S. 123-143.

Bourdieu, P.: Ökonomisches Kapital, kulturelles Kapital, soziales Kapital, in: Kreckel, R. (Hrsg.): Soziale Ungleichheiten, Göttingen 1983, S. 183-198.

Bregha, F. U. A.: National Strategies for Sustainable Development – Challenges, Approaches and Innovations in Strategic and Co-ordinated Action – Basel on a 19-Country Analysis, Winnipeg, Bonn 2004.

Brown, P.G., Timmermann, P. (eds.): Ecological Economics for the Anthroprocene – An emerging Paradigm, New York 2015.

Brown-Weiss, E.: In Fairness to Future Generations: International Law, Common Patrimony, and Intergenerational Equity, New York 1989.

Bundesregierung: 17 globale Ziele für nachhaltige Entwicklung, o.J., URL: http://www.bmub.bund.de/fileadmin/Daten_BMU/Bilder_Logos/sdgs_logo_de.png.

Carlowitz, H. C. von: Sylvicultura oeconomica oder haußwirtschaftliche Nachricht und naturmäßige Anweisung zur wilden Baum-Zucht; Leipzig 1713 (Reprint Freiberg 2000).

Chenery, H., Ahluwalia, M. S., Bell, C. L. G., Duloy, J.: Redistribution with Growth, London 1974.

Cho, C.H., Michelon, G., Patten, D.M. and Roberts, R.W.: CSR disclosure: the more things change […]?, *Accounting, Auditing & Accountability Journal*, (2015) Vol. 28 No. 1, pp. 14-35.

Clarkson, P.M., Li, Y., Richardson, G.D. and Vasvari, F.P.: Revisiting the relation between environmental performance and environmental disclosure: an empirical analysis, *Accounting, Organizations and Society*, Vol. 33 Nos 4/5, (2008), pp. 303-327.

Corrado, C., Jäger, K.: Communication Networks, ICT and Productivity Growth in Europe, Ed. The Conference Board. Online: www.conference-board.orf/economics, zuletzt geprüft 04.06.2017.

Costanza, R., Patten, B. C.: Defining and Predicting Sustainability, in: Ecological Economics 15 (2), 1995, S. 193-196.

Dalal-Clayton, B., Bass, S.: Sustainable Development Strategies – A Resource Book, London 2002.

Daly, H. E., Farley, J.: Ecological Economics, 2. Ed., Washington 2013.

Daly, H. E.: On Sustainable Development and National Accounts, in: Collard, D., Pearce, D., Ulph, D. (eds): Economics, Growth and Sustainable Environment: Essays in Memory of Richard Lecomber, New York 1988, S. 41-56.

Daly, H. E.: Toward Some Operational Principles of Sustainable Development, in: Ecological Principles, 2, 1990, S. 1-6.

Daly, H. E.: Wirtschaft jenseits von Wachstum. Die Volkswirtschaftslehre Nachhaltiger Entwicklung, Salzburg 1999.

Decker, K.: Poverty Reduction Strategy Papers: Ein taugliches Instrument der politischen Konditionalität?, in: Nord-Süd aktuell, Bd. 17, H. 3, 2003, S. 487-492.

DEval (Deutsches Evaluierungsinstitut der Entwicklungszusammenarbeit): Nachhaltigkeit in der Deutschen Entwicklungszusammenarbeit. Meta-Evaluierung 2018, Bonn 2018.

Dfid u.a.: Poverty and Climate Change. Reducing the Vulnerability of the Poor through Adaption, London 2003.

Diefenbacher, H.: Gerechtigkeit und Nachhaltigkeit – Zum Verhältnis von Ethik und Ökonomie, Darmstadt 2001.

Diefenbacher, H.: Indikatoren nachhaltiger Entwicklung in Deutschland –Ein alternatives Indikatorensystem zur nationalen Nachhaltigkeitsstrategie, Heidelberg 2004.

Diefenbacher, H., Zieschank, R.: Woran sich Wohlstand wirklich messen lässt: Alternativen zum Bruttoinlandsprodukt, München 2011.

Diefenbacher, H., Held, B., Rodenhäuser, D.: Aktualisierung und methodische Überarbeitung des Nationalen Wohlfahrtsindex 2.0 für Deutschland 1991-2012, im Auftrag des Umweltbundesamtes, Dessau-Roßlau 2016.

Dittmar, M.: Development towards sustainability: How to judge past and proposed policies? In: Science of the Total Environment,472/2014, S. 282-288.

Drèze, J., Sen, A.: Indien – Ein Land und seine Widersprüche, München 2014.

Durth, R., Körner, H., Michaelowa, K.: Neue Entwicklungsökonomie, Stuttgart 2002.

Elbasha, E. H., Roe, T. L.: On Endogenous Road: The Implications of the Environmental Externalities, in: Journal of Environmental Economics and Management, No. 31, 1995, S. 240-268.

Engelkamp, P., Sell, F.L.: Einführung in die Volkswirtschaftslehre, Heidelberg 2011.

Europäische Kommission: National Sustainable Development Strategies in the European Union – A First Analysis by the European Commission, Commission Staff Working Document, Europäische Kommission, o. O. 2004.

Endres, A., Radke, V.: Indikatoren einer nachhaltigen Entwicklung; Berlin 1998.

Fischer, D., von Hauff, M.: Nachhaltiger Konsum, Wiesbaden 2017.

Fischer, K.: Corporate Sustainable Governance: Ein Konstrukt zur Analyse und Erklärung nachhaltigkeitsintendierter Steuerungsformen in einer globalen Wirtschaft, Kaiserslautern 2015.

Frank, A.G.: Capitalism and Underdevelopment in Latin America, New York 1967.

GENANET (Leitstelle Geschlechtergerechtigkeit und Nachhaltigkeit): Stellungnahme zum Fortschrittsbericht 2004 der Bundesregierung zur nationalen Nachhaltigkeitsstrategie, Frankfurt 2004.

Georgescu-Roegen, N.: The Entropy Law and Economic Process; Cambridge 1971.

Gleser, S.H., Schneider, S.H.: Meinungsmonitor Entwicklungspolitik 2018: Einstellungen zu Entwicklungszusammenarbeit und nachhaltiger Entwicklung, Bonn 2018.

Global Footprint Network: Total Ecological Footprint, http://data.footprintnetwork.org/#/, zuletzt geprüft am 28.05.2019.

Global Partnership for Effective Development Co-operation: First High-Level Meeting of the Global Partnership for Effective Development Co-operation: Building Towards an Inclusive Post-2015 Development Agenda, 2014. URL: http://effectivecooperation.org/wp-content/uploads/2015/01/MEMORIA-FINAL.pdf.

Goerlich, H.: Good Governance und Gute Verwaltung – Zum europäischen Recht auf gute Verwaltung, in: Die öffentliche Verwaltung, Heft 8, April 2006, S. 313-323.

Grossmann, G. M., Helpman, E.: Endogenous Innovation in the Theory of Growth, in: The Journal of Economic Perspectives, 8, 1994, S. 23-44.

Grunwald, A., Kopfmüller, J.: Nachhaltigkeit, 2. Aufl., Frankfurt/New York 2012.

Gulati, S.: Indien – Ein potentieller Take-off-Kandidat? Anwendung eines institutionen-ökonomischen Erklärungsmodells, Freiburg 1999.

Hagemann, H.: Entwicklungstheorien des ausgewogenen versus unausgewogenen Wachstums, in: Kurz, H.D. (Hrsg.): Studien zur Entwicklung der ökonomischen Theorie XXXI, Berlin 2016, S. 153-180.

Hagemann, H.: Wachstums- und Entwicklungstheorien: Vom Beginn der 1960er Jahre bis Ende der 1980er Jahre, in: Achem, K., Nörr, K. W., Schefold, B. (Hrsg.): Der Gestaltungsanspruch der Wissenschaft, Stuttgart 2006, S. 187-212.

Hartwick, J. M.: Intergenerational Equity and the Investing of Rents from Exhaustible Resources, in: American Economic Review, Vol. 67, Issue 5, 1977, S. 972-974.

Hauff, M. von: Nachhaltige Entwicklung – Grundlagen und Umsetzung, 2. Aufl., München 2014.

Hauff, M. von: Wachstum – Die Kontroverse um nachhaltiges Wachstum, Wiesbaden 2015.

Hauff, M. von, Claus, K.: Fair Trade, 3. Aufl., Konstanz 2017.

Hauff, M. von, Jörg, A.: Nachhaltiges Wachstum, 2. Aufl., München 2017.

Hauff, M. von, Kandpal, C.: The way to Sustainable Development Goal 7 "Affordable, reliable, sustainable, and modern energy": The example of India, in: South Asia Chronicle 6 2018.

Hauff, M. von, Kruse, B.: Die Relevanz der Entwicklungsstrategien – Rahmenbedingungen und Perspektiven, in: v. Hauff, M., Werner, H. (Hrsg.): Entwicklungsstrategien in der Dritten Welt, Ludwigsburg – Berlin 1993, S. 13-118.

Hauff, M. von, Kuhnke, C., Hobelsberger, C.: Sustainable Development Policy, in: v. Hauff, M., Kuhnke, C. (eds): Sustainable Development Policy, London New York 2017, S. 3-23.

Hauff, M. von, Mistri, A.: Economic Development and Water Sustainability. Study from an emerging Nation, India, Delhi 2016.

Hauff, M. von, Schiffer, H.: Soziale Nachhaltigkeit im Kontext der neuen Institutionenökonomik, Volkswirtschaftliche Diskussionsbeiträge an der Technischen Universität Kaiserslautern, Nr. 30-10, Kaiserslautern 2010.

Hauff, M. von, Schulz, R., Wagner, R.: Deutschlands Nachhaltigkeitsstrategie, Konstanz 2018.

Hauff, M. von, Veling, A.: India's Need for a Sustqinability Strategy – Creating a Stable and Balanced Development, Delhi 2017.

Hauff, M. von, Werner, H.: Die Perspektiven der Strukturanpassungspolitik der Weltbank – bleibt SAP das entwicklungspolitische Paradigma der 90er Jahre? In: v. Hauff, M., Werner, H. (Hrsg.): Strukturanpassungspolitik der Weltbank, Berlin 1992.

Hauff, V. (Hrsg.): Unsere gemeinsame Zukunft – Der Brundtland-Bericht der Weltkommission für Umwelt und Entwicklung, Greven 1989.

Haug, S.: Soziales Kapital. Ein kritischer Überblick über den aktuellen Forschungsstand. Arbeitspapiere des Arbeitsbereiches II 15. Mannheimer Zentrum für Europäische Sozialforschung, Mannheim 1997.

Hayek, F. A., von: Die Theorie komplexer Phänomene, Vorträge und Aufsätze, Walter-Eucken-Institut, Tübingen 1972, S. 7-38.

Hemmer, H.R.: Wirtschaftsprobleme der Entwicklungsländer. Eine Einführung, 2.Aufl., München 2002.

Hicks, J. R.: Value and Capital. An Enquiry into some Fundamental Principals of Economic Theory, 2nd ed., Oxford 1946.

High Level Forum on Aid Effectiveness: Aktionsplan von Accra. 2008 URL: http://www.oecd.org/dac/aideffectiveness/42564567.pdf.

High Level Forum on Aid Effectiveness: Busan Partnership for effective development co-operation, 2011, URL: http://www.oecd.org/dac/ aideffectiveness/49650173.pdf.

Hillebrandt, B., u. a.: Nachhaltige Entwicklung in Deutschland – ausgewählte Problemfelder und Lösungsansätze, Essen 2000.

Hirschman, A. O.: The Strategy of Economic Development, New Haven 1958 (Deutsche Übersetzung: Die Strategie der wirtschaftlichen Entwicklung, Stuttgart 1967).

Hobelsberger, C., Kuhnke, C.: Nachhaltige Entwicklungspolitik, in: v. Hauff, M., Nguyen, T. (Hrsg.): Nachhaltige Wirtschaftspolitik, Baden-Baden 2013, S. 345-382.

Houdret, A. et al.: Nachhaltiges Wassermanagement durch Green Economy, Analysen und Stellungnehmen Deutsches Institut für Entwicklungspolitik, 4/2012.

Husain, M. M.: Aid Effectiveness: On the Radar and Off the Radar, in: Development Policy Review 35 (3), 2017, S. 337-348.

IEA International Energy Agency: India energy outlook, *World Energy Outlook Special Report*, Vienna: 2015.

IEA International Energy Agency: Energy and air pollution, *World Energy Outlook Special Report*, Vienna 2016.

International Bank for Reconstruction and Development, World Bank:Poverty and Shared Prosperity 2018,Washington, 2018.

Isenmann, R., V. Hauff, M. (Hrsg.): Industrial Ecology – Mit Ökologie zukunftsorientiert wirtschaften, Heidelberg 2007.

Jackson, T.: Wohlstand ohne Wachstum, 3. Aufl., München 2017.

Jayal, N. G.: Reinventing the State: The Emergence of Alternative Models of Governance in India in the 1990s, in: Jayal, N. G., Pai, S. (eds.): Democratic Governance in India – Challenges of Poverty, Development, and Identity, New Delhi 2001, S. 132-151.

Jolley, H., R.: Redistribution with Growth, London 1974.

Jürgenmeyer, C.: Zwischen Mehrheits- und Konsensdemokratie: Staat und Politik in Indien, in: Dosch, J., Mols, M., Ölschläger, J.(eds.): Staat und Demokratie in Asien. Zur politischen Transformation einer Weltregion (Politikwissenschaftliche Perspektiven 13). Berlin 2007, S. 129-141.

Kapp, W. K.: Soziale Kosten der Marktwirtschaft, Frankfurt 1979.

Kaufmann, D., Kraay, A., Mastruzzi, M.: Governance Matters III: Governance Indicators for 1996-2002, The World Bank, June 30, 2003.

Kirchgässner, G.: Gibt es die ökologische und soziale Marktwirtschaft?, in: Außenwirtschaft, 57. Jahrgang, Heft IV 2002, S. 391-406.

Khor, M.: Der Brand-Bericht aus der Sicht des Südens, in: Nuscheler, F. (Hrsg.): Entwicklung und Frieden im 21. Jahrhundert, Bonn 2000, S. 98-119.

KOM: Mitteilung der Kommission an das Europäische Parlament, den Rat, den Europäischen Wirtschaft- und Sozialausschuss und den Ausschuss der Regionen: Rio+20: hin zu einer umweltverträglichen Wirtschaft und besserer Governance, Brüssel 2011.

Kruse, B.: Beschäftigungsprogramme als Instrument der städtischen Armutsbekämpfung in Indien, Regensburg 1997.

Lachmann, W.: Entwicklungspolitik, Band 1: Grundlagen, 2. Auflage, München/Wien 2004.

Lakshman, N.: The Political Economy of Good Governance for Poverty Alleviation Policies, Asian Development Bank, May 2003.

Lampenscherf, E. A.: Energy potential of the mountains,

Le Blanc, D.: Towards Integration at Last? The Sustainable Development Goals as a Network of Targets, 2015.

Lewis, W.A.: Unlimited Labour: Further Notes, in: The Manchester School, Band 26, 1958.

Liu, J., Yang, W.: Water Sustainability for China and Beyond. Science, Vol. 337, 2012, S. 649-650.

Loewe, M.: Relevanz der Millennium Development Goals (MDGs) für die Länder des Nahen Ostens und Nordafrikas sowie für die deutsche Entwicklungszusammenarbeit mit dieser Region, Bonn 2005.

Luks, F.: Innovationen, Wachstum und Nachhaltigkeit. Eine ökologisch-ökonomische Betrachtung in: Jahrbuch ökologische Ökonomik – Innovationen und Nachhaltigkeit, Band 4, Marburg 2005, S. 41-62.

Mawdsley, E., Savage, L., Kim, a. S. : A 'post-aid world? Paradigm shift in foreign aid and development cooperation at the 2011 Busan High Level Forum, in: The Geographical Journal, Vol. 180, No. 1, 2014, S. 27-38.

McNamara, R.: Ansprache an die Gouverneure, Nairobi 24.9. 1973.

Meadows, D., u.a.: Die Grenzen des Wachstums, Stuttgart 1972.

Menzel, U.: Entwicklungstheorie, in: Stockmann, R., Menzel, U., Nuscheler, F. (Hrsg.): Entwicklungspolitik. Theorien – Probleme – Strategien, München 2010, S. 11-159.

Merkel, W., Krück, M.: Social Justice and Democracy: Investing the Link, in: Internationale Politik und Gesellschaft, (1), 2004, S. 134-158.

Metha, V.: India's top 7 challenges, from skills to water scarcity, Online unter: https://agenda.weforum.org/2014/11/seven-key-priorities-indias-future/.

Meyer, T.: Eine Theorie der sozialen Demokratie, in: perspektiven ds 21 (1) 2004, S. 5-16.

Menzel, U.: Entwicklungstheorie, in: Stockmann, R., Menzel, U., Nuscheler, F.: Entwicklungspolitik. Theorien – Probleme – Strategien, München 2010, S. 11-159.

Messner, D., Scholz, I.: Entwicklungspolitik als Beitrag zur globalen Zukunftssicherung, in: Faust, J., Neubert, S. (Hrsg.): Wirksamere Entwicklungspolitik: Befunde, Reformen, Instrumente, Baden-Baden 2010, S. 71-100.

Michaelis, N. V.: Nachhaltige Entwicklung und programmgebundene Kreditvergabe der Weltbank, Regensburg 2003.

Myrdal, G.: Ökonomische Theorie und unterentwickelte Regionen, Stuttgart 1959.

Myrdal, G.: Das politische Element der nationalökonomischen Doktrinbildung, 2. Auflage, Bonn-Bad Godesberg 1976.

Neck, R., Schneider, F.: Wirtschaftspolitik, München 2013.

Neymayer, E.: Week versus Strong Sustainability, 4. ed., Cheltenham 2013.

North, D. C., Wallis, J. J.: Integrating Institutional Change and Technical Change in Economic History. A Transaction Cost Approach, in: Journal of Institutional and Theoretical Economics, Jg. 150, Heft 4 1994, S. 609-624.

Nurske, R.: Problems of Capital Formation in Underdeveloped Countries, Oxford 1953.

Franz Nuscheler: Was heißt Unterentwicklung – Was heißt Entwicklung? In: Nohlen, Dieter/ Franz Nuscheler (Hrsg.): Handbuch der Dritten Welt. Grundprobleme, Theorien, Strategien, Bonn, 1992, S. 31-75.

Nuscheler, F.: Lern- und Arbeitsbuch Entwicklungspolitik, 6. Aufl., Bonn 1995.

Nuscheler, F. / Roth, M.: Die Millennium-Entwicklungsziele: ihr Potenzial und ihre Schwachstellen. Eine kritische Zusammenfassung, in: Nuscheler, F. / Roth, M. (Hrsg.): Die Millennium-Entwicklungsziele. Entwicklungspolitischer Königsweg oder ein Irrweg? EINE WELT-Texte der Stiftung Entwicklung und Frieden, Bd. 20. Bonn 2006, S. 15-42.

Nuscheler, Weltprobleme, in: Stockmann, R., Menzel, U., Nuscheler, F.: Entwicklungspolitik. Theorien – Probleme – Strategien, München 2010, S. 161-349.

Nuscheler, F.: Weltprobleme. In: Stockmann; Menzel; Nuscheler: Entwicklungspolitik. Theorien – Probleme – Strategien. 2. Auflage. Berlin/Boston 2016, S. 205-421.

Nuscheler, F., Wittmann, V.: From governance to good governance, in: v. Hauff, M., Kuhnke, C. (eds): Sustainable Development Policy, Routledge, London and New York 2017, S. 91-113.

OECD: Towards sustainable development – Indicators to measure progress, Paris 2000.

OECD: Technologies for cleaner Production and Products – Towards technological Transformation of Sustainable Development, Paris 1995.

OECD (Organization for Economic Co-operation and Development): Strategies for Sustainable Development. Practical guidance for development co-operation. Paris 2001.

OECD - Organisation for Economic Co-operation and Development: Auf dem Weg zu umweltverträglichen Wachstum, Zusammenfassung für politische Entscheidungsträger, Paris 2012.

OECD (2015a): Development Assistance Committee (DAC). URL: http://www.oecd.org/dac/dac-glossary.htm#DAC.

OECD: Aspekte der Fragilität 2015: Lassen sich die Ambitionen der Post-2015-Agenda erfüllen?, OECD Publishing, Paris, 2015b DOI:10.1 787/ 9789264234345-de.

Ong, T., Trirekansi, T., Djajadikerta, H.G.: Hard and soft sustainability disclosures: Australia's resources industries, in: Accounting Research Journal, Vol. 29 Issue, 2, 2016, pp. 198-217.

Overland, J., Simons, K., Spagat, M.: Political Instability and Growth in Dictatorships, William Davidson Institute Working Paper Nr. 354, University of Michigan, Michigan 2000.

Paul, S.: Corruption: Who will bell the cat?, Economic and Political Weekly, 7. Juni 1997, S. 1350-1355.

Paul, S.: Control of Corruption And Good Governance, in: Journal of Governance and Political Analyses, Volume 1, October 2017, S. 28-38.

Pearce, G. W., Atkinson, G. D.: Capital Theory and the Measurement of Sustainable Development: An Indicator of Weak Sustainability, in: Eco-logical Economics 8 (1) 1993, S. 103-108.

Pearce, G. W., Atkinson, G. D.: The Concept of Sustainable Development, in: Schweizerische Zeitschrift für Volkswirtschaft und Statistik 134 (3) 1998, S. 251-271.

Peet, J., Bossel, H.: An Ethics-Based Systems Approach to Indicators of Sustainable Development, in: International Journal of Sustainable Development, 3. Jg., 2000, H. 3, S. 221-238.

Piketti, T.: Das Kapital im 21.Jahrhundert, München 2014.

Pittel, K.: Nachhaltige Entwicklung und Wirtschaftswachstum, in: WiSt Heft 9, 2004, S. 537-544.

Porter, M. E., van der Linde, C.: Toward a New Conception of the Environment – Competitiveness Relationship, in: The Journal of Economic Perspectives, 9, 1995, S. 97-118.

Pradhan, P. et al.-: A Systematic Study of Sustainable Development Goals (SDG) Interactions, in: Earth's Future 2017.

Prebisch, R.: The Economic Development of Latin America and its Principal Problems, New York: United Nations 1950.

Priewe, J.: Begrenzt ökologische Nachhaltigkeit das Wirtschaftswachstum?, in: Zeitschrift für Umweltpolitik & Umweltrecht, 25. Jahrgang, 2/2002, S. 153-172.

Quibria, M. G.: Growth and Poverty Lessons from the East Asian Miracle Revisited, ADBI Research Paper 33, Tokio 2002.

Rahaman, M.M., Varis, O.: Integrated water resources management: evolution, prospects and future challenges. Sustainability: Science, Practice, & Policy 1(1):15-21, 2005. URL: http://d20nn6mxpbiih2.cloudfront.net/sspp-journal/SSPP-v1.1.rahaman.pdf.

Rao, P. K.: Sustainable Development: Economics and Policy, Oxford 2000.

Rat für nachhaltige Entwicklung: Schwerpunkte der nationalen Nachhaltigkeitsstrategie 2004 – Stellungnahme des Rates für Nachhaltige Entwicklung zum Konsultationspapier des Bundeskanzleramtes zum Fortschrittsbericht 2004, Berlin 2004.

Rawls, J.: Eine Theorie der Gerechtigkeit, Frankfurt 1979.

Ray, B.: India – Sustainable Development and Good Governance Issues, Delhi 1999.

Renn, O., León, CH., Clar, G.: Nachhaltige Entwicklung in Baden-Württemberg – Statusbericht 2000 – Langfassung, Stuttgart 2000.

Rogall, H.: Ökologische Ökonomie, 2. Aufl., Wiesbaden 2008.

Rosenstein-Rodan, P.: Problems of Industrialisation in Eastern and South-Eastern Europe, in: Economic Journal, 53, 1943, S. 202-211.

Rostow, W.: The Economics of Take-off into Sustained Growth, London 1963.

Rothermund, D.: Indien – Aufstieg einer asiatischen Macht, München 2008.

Sachs, J. D.: The Age of Sustainable Development, New York 2015.

Sangmeister, H., Schönstedt, A. H.: Wege und Irrwege zum Wohlstand – Theorien und Strategien wirtschaftlicher Entwicklung, Baden-Baden 2009.

Sangmeister, H.: EZ 4.0 – Chancen, Risiken und viele offene Fragen, in: Sangmeister, H., Wagner, H. (Hrsg.): Entwicklungszusammenarbeit 4.0 – Digitalisierung und globale Verantwortung, Baden Baden 2018, S. 21-32.

Scholz, I.: National strategies for sustainable development between Rio 1992 and New York 2015, in: v. Hauff, M., Kuhnke, C. (eds): Sustainable Development Policy, Routledge, London and New York 2017, S. 68-87.

Schulz, T.W.: Investing in People. The Economics of Population Quality. University of Chicago Press, 1981.

Schumpeter, J.: Theorie der wirtschaftlichen Entwicklung, Berlin 1911.

Scott, B. R.: Reflektionen über ein halbes Jahrhundert Organisationssoziologie in: Senge K., Hellmann, K.-U. (Hrsg.): Einführung in den Neoinstitutionalismus, Wiesbaden 2006, S. 201-253.

Seltemeier, R., Christ, I.: Chencen für nachhaltige Entwicklung durch Digitalisierung, in: Sangmeister, H., Wagner, H. (Hrsg.): Entwicklungszusammenarbeit 4.0 – Digitalisierung und globale Verantwortung, Baden-Baden 2018, S. 33-56.

Sen, A.: Lebensstandard und Lebenserwartung, in: Spektrum der Wissenschaft (11) 1993, S. 38-45.

Sen, A.: Ökonomie für den Menschen – Wiege zur Gerechtigkeit und Solidarität in der Marktwirtschaft, München, Wien 2000.

Sen, A.: The Idea of Justice, London 2010.

Sen, A.: The Ends and Means of Sustainability, in: Journal of Human Development and Capabilities, Vol. 14, No.1, 2013, S. 6-20.

Spash, C.L.: The Shallow or the Deep Ecological Economics Movement? In: Ecological Economics, 93 2013, S. 351-362.

Spash, C.L.: Handbook of Ecological Economics: Nature and Society, London 2017.

Solow, R. M.: A Contribution to the Theory of Economic Growth, Quarterly Journal of Economics, 70 (1), February 1956, 65-94.

Solow, R. M.: Intergenerational Equity and Exhaustible Resources, in: Review of Economic Studies: Symposium on the economics of exhaustible re-sources, Vol. 41, 1974, S. 29-45.

Solow, R. M.: Sustainability: An Economist's Perspective, in: Dorfman, R., Dorfman, N. (eds.): Economics of the Environment, 3rd, New York 1993, S. 179-197.

Spangenberg, J. H.: Die ökonomische Nachhaltigkeit der Wirtschaft – Theorien, Kriterien und Indikatoren, Berlin 2005.

Stiglitz, J.: Growth with exhaustible Natural Resources: Efficient and Optimal Growth Paths, in: Review of Economic Studies: Symposium on the Economics of Exhaustible Resources, Vol. 41, 1974, S. 123-137.

Stiglitz, J., Weiss, A.: Credit Rationing in Markets with Imperfect Information, in: American Economic Review, 71, 1981, S. 393-410.

Stiglitz, J.: Some Lessons from the East Asian Miracle, World Bank Research Server 11 (2) 1996, S. 174-180.

Stiglitz, J., Sen, A., Fitoussi, J.P.: *Mismeasuring Our Lives.* The New Press, New York 2010,

Stiglitz, J.: Der Preis der Ungleichheit – Wie die Spaltung der Gesellschaft unsere Zukunft bedroht, München 2012.

Steurer, R.: Paradigmen der Nachhaltigkeit, in: Zeitschrift für Umweltpolitik und Umweltrecht, 24. Jahrgang, 4/2001, S. 537-566.

Stockmann, R., Menzel, U., Nuscheler, F.: Entwicklungspolitik. Theorien – Probleme – Strategien, München 2010.

Stockmann, R., Meyer, W.: Evaluation of sustainable development, in: v. Hauff, M., Kuhnke, C. (eds): Sustainable Development Policy,Routledge, London and New York 2017, S. 68-87.

Stöver, J. u.a.: Strategie 2030 Indien, Hrsg. HWWI, Hamburg 2014.

Streeten, P.: Unbalanced Growth, Oxford Economic Papers, N.S., 11, 1959, S. 167-190.

Summers, L.: Herausforderung für die Entwicklungsländerforschung, in: Finanzierung und Entwicklung, Sept. 1991, S. 1-6.

The Earth Institute of Columbia University: How Information and Communications Technology can Accelerate Action on the Sustainable Development Goals, Final Report, Ericsson 2018.

Theobald, C.: Zur Ökonomik des Staates – Good Governance und die Perzeption der Weltbank, Baden-Baden 2000.

Todaro, P. T., Smith, S. C.: Economic Development, Twelfth Edition, Edinburgh u.a. 2015.

Transparency International: Global Corruption Report 2017, Berlin 2018.

Tremmel, J.: Nachhaltigkeit als politische und analytische Kategorie – Der deutsche Diskurs um nachhaltige Entwicklung im Spiegel der Interessen der Akteure, Hochschulschriften zur Nachhaltigkeit, München 2003.

Ul Haq, M.: Der Wandel in der Kreditpolitik der Weltbank, in: Finanzierung und Entwicklung, Jg. 15 (2) 1978.

UN United Nations: Resolution adopted by the General Assembly on 25 September 2015 - 70/1. Transforming our world: the 2030 Agenda for Sustainable Development, 70. Tagung der Generalversammlung – Tagesordnungspunkte 15 und 116, New York 2015 A/Res/70/1, URL: http://www.un.org/ga/search/view_doc.asp?symbol=A/RES/70/1&Lang =E, Abrufdatum: 27.03.2017.

UN United Nations: Realizing the Right to Development, New York, Geneva 2013.

UN United Nations: SDG Report 2018, New York, 2018, https://unstats.un.org/sdgs/report/2018/goal-12/, Abrufdatum: 2.06.2019.

UNCED: Agenda 21, New York 1992.

UNDESA UN Department of Economic and Social Affairs (2002): Guidance in Preparing a National Sustainable Development Strategy: Managing Sustainable Development in the New Millennium. URL: www.un.org/esa/sustdev/publications/nsds_guidance.pdf, last accessed 25 February 2015.

UNDESA-DSD: Assessment Report on National Sustainable Development Strategies – The Global Picture 2003; o. O. 04.2004, URL: http://www.un.org/esa/sustdev/natlinfo/nsds/assessmentreport_2003.pdf.

UNEP: Green Economy – Developing Countries Success Stories, United Nations Environment Programme, New York 2010.

United Nations General Assembly: A/RES/55/2 18 September 2000. United Nations Millennium Declaration, http://www.un.org/millennium/ declaration/ares552e.pdf.

United Nations General Assembly: 66th Session. "The future we want" (A/RES/55/2). New York: United Nations 2012.

United Nations General Assembly: A/RES/68/6 – 9. October 2013. Outcome Document of the Special Event to Follow up Efforts Made Towards Achieving the Millenium Development Goals, http://icpdtaskforce.org/re sources/N1343981.pdf.

United Nations Department of Economic and Social Affairs 2015: United Nations Summit to adopt the post-2015 development agenda, https://sustainabledevelopment.un.org/post2015/ summit.

Usher, W.: The Evolution of Postwar Doctrins in Development Economics, in: History of Political Economy. Annual Supplement to Vol. 28: The Post 1945 Industrialization of Economics, ed. A. W. Coats 1996, S. 312-336.

Uzzi, B.: Social Structure and Competition in Interfirm Networks: The Paradox of Embeddedness, in: Administrative Science Quarterly 29 (4) 1997, S. 598-621.

Van der Veen, G., Schenau, S. und Balde, K.: Monitoring green growth in the Netherlands – Best practices for a broader international scale, Vorlage für DGINS. 2012

Varshney, A.: Democracy and Poverty. Paper presented at the conference of the World Development Report, 15-16 August, Department for International Development and Institute of Development Studies, University of Sussex 2000.

Vereinte Nationen: Ziele für nachhaltige Entwicklung – Bericht 2018, New York 2018.

Vöö, Vöw u.a.: Heidelberger Erklärung zur Umsetzung und Weiterentwicklung der Deutschen Nachhaltigkeitsstrategie, in: Ökologisches Wirtschaften – „Spezialperspektiven nationaler Nachhaltigkeitsstrategien", H. 3-4, 2003, S. 15-16.

Voigt, S.: Institutionenökonomik, 2. Auflage, Paderborn 2009.

Wackernagel, M., Beyers, B.: *Der Ecological Footprint. Die Welt neu vermessen.* Europäische Verlagsanstalt, Hamburg 2010.

Wackernagel, M., Rees, W.E.: Our Ecological Footprint – reducing human impact on earth, Gabriola Island 1996.

WBGU: Keine Entwicklung ohne Umweltschutz: Empfehlungen zum Millennium+5-Gipfel, Berlin 2005.

WELTBANK: Armut. Weltentwicklungsbericht 1990, Washington 1990.

WELTBANK: Chancengerechtigkeit und Entwicklung (Weltentwicklungsbericht 2006), Washington 2006.

WELTBANK: Global Economic Prospects and the Developing Countries. Washington 2000.

WELTBANK: International Debt Statistics, Washington 2019.

WELTBANK: Nachhaltige Entwicklung in einer dynamischen Welt – Institutionen, Wachstum und Lebensqualität verbessern (Weltentwicklungsbericht 2003), Washington 2003.

WELTBANK: Poverty Reduction and Economic Management Network (PREM), Economic Premise 2013, Washington 2013.

WELTBANK: World Development Indicators 2016, Washington 2016.

WELTBANK: World Development Report 2002: Building Institutions for Markets, New York 2002.

Wilderer, P.: Sustainable Water Supply and sanitation: backbone of civilization, in: v. Hauff, M., Kuhnke, C. (eds): Sustainable Development Policy, Lon-don New York 2017, S. 297-315.

Witt, U.: Innovationsförderung als Königsweg zur Nachhaltigkeit? In: Jahrbuch Ökologische Ökonomik – Innovationen und Nachhaltigkeit, Band 4, Marburg 2005, S. 87-94.

World Economic Forum: This is the story of India's GDP growth, https://www.weforum.org/agenda/2018/04/india-s-remarkably-robust-and-resilient-growth-story, zuletzt geprüft am 28.05.2019.

Woods, N. (2008): Whose aid? Whose influence? China, emerging donors and the silent revolution in development assistance. In: International Affairs 84 (6), S. 1205-1221.

Woolcock, M.: Social Capital and Economic Development: Toward a Theoretical Synthesis and Policy Framework, in: Theory and Society, Bd. 27, Nr. 2, 1998, S. 151-208.

World Energy Outlook 2017;_https://cdn.pixabay.com/photo/2014/04/02/16/19/map-306920_960_720.png.

World Summit on Sustainable Development (WSSD): Plan of Implementation of the World Summit on Sustainable Development, in: WSSD (Hrsg.): Report of the World *Summit on Sustainable Development, Nr. A/Conf. 199/20, New York 2002.*

WSSD (World Summit on Sustainable Development): Johannesburg Declaration, 2002.

Wu, J. et al.: Information and Communications Technologies for Sustainable Development Goals: State of the Art, Needs and Perspectives, IEEE 2018.

Zeigermann, U.: Governing Sustainable Development through 'Policy Coherence'? The production and circulation of knowledge in the EU and the OECD, in: *European Journal of Sustainable Development* (2018), 7, 1, S. 133-149.

Index